슬기로운
메타버스
라이프

한국메타버스연구원 강지경 김남선
공 저 김영호 김주현 김태영 박미숙
박상길 박인자 이민호 전대호
감 수 김진선

미디어북

슬기로운 메타버스 라이프

초 판 인 쇄 2022년 2월 17일
초 판 발 행 2022년 2월 25일

공 저 자 한국메타버스연구원 강지경 김남선
김영호 김주현 김태영 박미숙
박상길 박인자 이민호 전대호

발 행 인 정상훈
디 자 인 신아름
펴 낸 곳 미디어북

서울특별시 관악구 봉천로 472
코업레지던스 B1층 102호 고시계사

대 표 02-817-2400 팩 스 02-817-8998
考試界・고시계사・미디어북 02-817-0418~9
www.gosi-law.com
E-mail : goshigye@chollian.net

판 매 처 미디어북·고시계사
주 문 전 화 817-2400
주 문 팩 스 817-8998

정가 20,000원 ISBN 979-11-89888-25-1 03320

미디어북은 고시계사 자매회사입니다

메타버스 라이프
슬기롭게 즐기기

Preface

최근 들어 언론이나 뉴스 등에서 심심치 않게 '메타버스(metaverse)'를 언급하고 있다. 메타버스를 활용한 드라마가 벌써 낯설지 않다. 많은 사람들이 메타버스가 무엇인지 아직도 모르는 가운데 지구 곳곳에서 메타버스에 대한 열풍이 감지되고 있다.

팬데믹으로 이제 사람의 왕래가 줄어들고 대한민국 최대 명절인 설명절만 해도 가족을 찾아 떠나는 발길이 끝닿은 데가 없이 이어졌었던 민족 대이동의 줄도 많이 짧아졌다. 상다리가 휘어질 정도로 차례 상을 차려놓고 자손들이 모여 절을 하며 이집 저집 줄줄이 찾아다니면서 세배를 하던 모습도 수그러들었다.

이제 휘어질 정도로 가득 쌓은 음식을 앞에 놓고 절을 하는 것이 아니라 노트북을 앞에 놓고 줌(ZOOM)을 켜고 조상에 대한 예를 차린다. 그나마 이건 낫다. 아예 명절을 없애고 집콕을 하는 이들도 상당수 늘었다. 이유는 코로나19로 인한 경제적 압박과 감염에 대한 불안함이다.

형제가 많은 집은 형제를 대표해서 몇몇이 고향의 부모님을 찾아뵈었고 불과 몇 년 전만해도 볼 수 있었던 이집 저집 친척을 방문하던 풍습도 많이 사라졌다. 그냥 내 부모님만 찾아뵙고 단출하게 차린 차례 상 앞에서 예를 올린 가족이 많아졌다. 이렇게 고향을 방문하고 귀경을 해도 께름칙한 마음은 사라지지 않는다.

메타버스는 코로나19도 거리두기도 필요가 없는 세상이다. 즉 가상현실세계로 이 안에서는 상상이 현실이 되고 현실이 또한 상상이 되어 나래를 맘껏 펼칠 수 있다. 그래서 전 세계적으로 불고 있는 메타버스 열풍은 이제 국경도, 인종도, 문화도, 세대도 다 허무는 등 장벽이 없는 세계이다.

이 안에서 우리는 얼어붙은 경제를 회복하고 단절됐던 이웃과 가족과 사랑하는 이들과 함께 소통하며 교류를 이어가고 있다. 어쩌면 대면의 시대보다 더 활발한 소통이 비대면 메타버스 세계 속에서 이뤄지고 있다.

또한 이 세계 속에서 현실에서 이루지 못한 경제활동을 이어가면서 현실에서 보다 더 많은 수익을 창출하는 이들도 속출하고 있다. 말 그대로 메타버스는 이제 새로운 신세계이며 동시에 가상이 아닌 우리의 현실마저 대체해가고 있는 듯하다.

많은 사람들이 궁금해 한다. 과연 메타버스의 한계가 무엇이며 그 발전의 끝은 무엇일지를. 그러나 이 부분은 아무도 예측할 수 없다. 말 그대로 상상의 세계, 현실을 초월한 가상현실세계로 인류가 발전하는 그 이상으로 결과물들을 머지않은 날 우리 눈앞에, 우리 삶 속에서 누리게 될 것이라 확신한다.

「슬기로운 메타버스 라이프」는 메타버스가 무엇인지 궁금한 이들을 위해 한국메타버스연구원 메타버스 강사과정을 수료한 강지경·김남선·김영호·김주현·김태영·박미숙·박상길·박인자·이민호·전대호 연구원이 모여 집필했다.

내용은 2개 파트로 나눠 파트1은 실전편으로 게더타운 활용 및 공간 제작 방법, 나도 제페토 크리에이터, 나도 제페토 빌드잇 마스터!, 로블록스(Roblox) 아이들의 놀이터에서 어른까지로 국내 메타버스 관련 대표되는 플렛폼의 활용 방법을 자세히 기록해 놓았다.

파트2는 이론편으로 디지털시대의 기본 메타버스와 NFT, 메타버스 활용사례와 활용전망, 메타버스의 산업적 흐름 및 동향, 게더타운의 교육 응용사례와 활용방안, 메타버스와 만난 진로교육, 메타버스 시대의 도서관의 변화에 대해 알려주고 있다.

한국메타버스연구원은 메타버스를 전 국민에게 널리 알리고 보급하고자 메타버스 강사양성과정을 진행하고 있으며 그 일환으로 「슬기로운 메타버스 라이프」를 발간하면서 메타버스에 보다 더 쉽고 빠르게 그리고 재미있게 다가서기를 기대한다.

한 걸음 더 나아간다면 메타버스를 통해 경제를 회복하고 젊은이들은 일자리를 찾고 수익을 창출해 코로나19 이전보다 더 나은 삶을 찾아가기를 희망한다.

끝으로 이 책의 감수를 맡아 수고하신 파이낸스투데이 전문위원, 이사이며 현재 한국메타버스연구원 행정부원장이신 김진선 교수님께 감사를 드리며 미디어북 임직원 여러분께도 감사의 말씀을 전한다.

2022년 2월

한국메타버스연구원 **최 재 용** 원장

공저자 소개

강 지 경

한국메타버스연구원의 지도교수 겸 제주지회장을 맡고 있으며 학교와 기관 등에서 코딩과 메타버스 활용교육을 하고 있다.

(kangjk0928@gmail.com)

김 남 선

항상 바른 생각과 친절한 마음으로 아이 어른 모두에게 책을 통해 지혜로운 삶을 나누며 '사서'의 중요성과 가치를 유지하며 책을 사랑할 수 있도록 노력하고 있는 현재 초등학교도서관 20년차 사서이며 한국메타버스연구원 연구원으로 활동하고 있다.

(nsma0110@naver.com)

김 영 호

한국메타버스연구원 소속 연구원으로서 메타버스 관련 칼럼을 기고 중이며, 저서를 집필하고 강의를 준비 중이다. 2022년부터 메타버스와 NFT 강사로서 전국적으로 활동할 예정이다. 현 그린켐텍 대표로서 산업전반에 메타버스와 NFT 활용방안을 연구 중 이다.

(yhkim.metaverse@gmail.com)

김 주 현

현재 한국NFT협회 이사이며, 동시에 한국메타버스연구원 소속 지도교수 및 연구원으로서 메타버스 관련 강의, 제페토, 이프랜드, 게더타운 등 플랫폼 활용교육 및 컨설팅을 진행하고 있다. 특히, 가상공간 제작 프로젝트를 통한 메타버스 저변 확대에 힘쓰고 있다.

(bluelife77@naver.com)

김 태 영

한국메타버스연구원 지도교수이며 한국메타버스연구원 책임연구원으로 활동 중에 있다. 또한 현재 로케이에듀 대표이며 고려사이버대학교 겸임교수로 활동하고 있다.

(ktaey2003@naver.com)

박 미 숙

한국메타버스연구원으로 부산지회소속이며 Ktcs디지털배움터 전문 강사로 활동했다. 현재 스마트폰지도사, 메타버스 전문 강사, 걷기지도사로 활동 중이다.

(pms775@naver.com)

공저자 소개

박 상 길

3D프린팅운용기능사, 스마트폰활용지도사, 노인스포츠지도사로 활동 중이며 현재 3D프린팅교육업체 FOS 대표로 있으며 한국메타버스연구원에서 연구원으로 활동 중이다.

(p8862283@hanmail.net)

교육대학원을 졸업하고 공무원, 기업체 연수원, 대학교, 기관에서 다수의 강의를 했고 프로그래밍언어, 로블록스 게임 개발, 제페토, 게더타운 맵 제작, 메타버스 강의를 전문으로 하고 있다.

(dalae71@naver.com)

박 인 자

이 민 호

현재 우리함께연구소 소장이며 한국메타버스연구원의 연구원을 맡고 있으며 7기 수강생 튜터교수로 활동 중이다. 동시에 인성전문강사로 활동 중이며, 대한민국 경찰타임즈에 칼럼게재 등을 활발히 하고 있다.

(9799ti@naver.com)

전직 마이크로소프트 윈도우즈 서버 플랫폼 공인강사로 활동 하였으며, 윈도우즈 서버 플랫폼, 클라우드 솔루션, IBM SystemX 서버 기술지원 엔지니어로 근무 했다. 현재 한국메타버스연구원 인증강사로 제페토, 게더타운, 로블록스, ZEP등 메타버스 플랫폼 교육을 진행하고 있다. (netjdh@naver.com)

전 대 호

감수자 **김 진 선**

'i-MBC 하나더 TV 매거진' 발행인, 세종대학교 세종 CEO 문학포럼 지도교수를 거쳐 현재 한국메타버스연구원 행정부원장, 파이낸스투데이 전문위원/이사, (사)4차산업혁명연구원 공동대표, 한국소셜미디어전문가협회 감사, SNS스토리저널 대표로 전국을 대상으로 출판 및 뉴스크리에이터 과정을 진행하고 있다.

Contents

PART 1 실 전

CHAPTER 01 게더타운 활용 및 공간 제작 방법

CHAPTER 02 나도 제페토 크리에이터

CHAPTER 03 나도 제페토 빌드잇 마스터!

CHAPTER 04 로블록스(Roblox) 아이들의 놀이터에서 어른까지

PART 2
이 론

CHAPTER 01 디지털시대의 기본 메타버스와 NFT

CHAPTER 02 메타버스 활용사례와 활용전망

CHAPTER 03 메타버스의 산업적 흐름 및 동향

CHAPTER 04 게더타운의 교육 분야 활용방안

CHAPTER 05 메타버스와 만난 진로교육

CHAPTER 06 메타버스 시대의 도서관의 변화

PART 01

실전

Chapter
1

게더타운 활용 및 공간 제작 방법

김주현

Chapter

01 게더타운 활용 및 공간 제작 방법

Prologue

우리는 코로나19로 인해 사회적 거리두기로 집 콕 해야만 했던 현실에서 벗어나 메타버스라는 가상세계에서 서로 소통하기 시작했다. 대부분 게임으로만 여겨왔던 가상세계를 이제 현실세계와 연결해 사회, 문화, 경제 활동까지도 인정하기 시작한 것이다. 메타버스 디지털 가상세계에 대해 우리 모두가 관심을 갖고 그 공간에서 일어나는 교육, 행사, 축제, 모임, 회의 등 이러한 활동에 주목해야 한다. 그리고 이곳에 참여하기 위해서는 메타버스 플랫폼에 대한 이해를 높여야 한다.

팬데믹으로 인해 제일 큰 위기가 된 분야는 교육 분야로 학교에서는 교실에 모여서 진행하는 오프라인 수업이 대폭 줄어들고 줌(ZOOM)과 같은 화상회의 시스템을 통한 비대면 교육이 활성화됐다. 하지만, 줌에 익숙해지면서 아무런 액션 없이 화면만 바라봐야 하는 학생들 입장에서는 점점 집중력과 재미, 상호 소통함에 한계가 나타나기 시작했다.

필자는 비대면 강의와 여러 공공기관 및 기업의 행사를 위해 메타버스 플랫폼 중 게더타운을 주로 사용한다. 게더타운(Gather town)은 줌 기능에 아바타(캐릭터), 가상공간이 합쳐져 지루함을 극복한 재미요소와 공간에 실재 함께 하는 느낌을 갖게 하는 요소들이 어우러진 메타버스 플랫폼 중 하나이다. 공공기관, 학교, 기업, 단체 등에서 교육, 행사, 모임 등에 이 플랫폼을 적극 활용하면서 매우 긍정적인 반응이 일어나고 있다.

비대면 강의 및 교육, 행사, 모임 등을 하기 위한 가상공간은 이제 없어서는 안 될 요소가 됐다. 이런 공간을 내가 직접 만들어 사람들과 함께 소통한다면 어떨까? 필자는 이런 생각으로 사용법만 나열된 다른 서적과는 달리 가상공간(맵)을 간단히 만들어보는 과정을 통해 관련 기능들을 설명하는 방식을 택했다. 사용법에는 비슷한 패턴이 존재한다. 이를 알고 나면 응용과 확장된 기능을 쉽게 찾아 스스로 익힐 수 있는 힘이 생긴다고 필자는 믿고 있다.

지금부터 게더타운의 실재를 알아보고 소중한 사람들과 함께할 나만의 가상공간을 만들 힘을 가져보자.

1. 게더타운(gather.town) 소개

게더타운을 만들고 운영하는 기업 '게더(Gather)'는 2020년 5월에 필립 왕 사이러스 타브리지, 쿠마일 재퍼가 미국 실리콘밸리에서 공동 창업한 스타트업(Startup) 회사로 창업 1년 만에 2조 3,000억 원의 기업 가치를 인정받고, 400만 명의 사용자를 확보한 유니콘 기업으로 성장했다.

2021년 2월, 스탠포드 대학의 제레미 바일렌슨 교수팀이 '기술, 마음 그리고 행동' 저널에 발표한 논문 '비언어적 과부하 : 줌 피로의 원인에 대한 이론적 논거'에서 줌피로의 원인 4가지를 발표했는데, 이러한 피로감에 대한 대안을 제시하며 빠르게 성장한 플랫폼이 바로 게더타운(Gather town)인 것이다.

게더타운(Gather town)은 현재 많이 사용되고 있는 줌 기능에 아바타(캐릭터)와 가상공간이 합쳐져 앙증맞은 캐릭터가 이동하면서 소통하고, 가상공간에서 제공하는 오브젝트와 상호작용하면서 재미와 실재적인 활동느낌을 경험할 수 있는 클라우드 기반의 온라인 플랫폼이다.

[그림1] 미국 스타트업 기업 ‘게더(Gather)’ 소속 멤버들

(출처 : https://www.gather.town/about)

[그림2] ‘게더(Gather)’ 소속 멤버들의 일하는 방식

(출처 : https://www.gather.town/careers)

게더타운은 크롬(Chrome), 파이어폭스(Firefox) 웹브라우저에서 사용할 것을 권장하고 있지만, 마이크로소프트 엣지(Microsoft Edge)에서도 사용이 가능하다. 모바일(스마트폰, 태블릿) 버전도 기능에 한계는 있지만 점점 개선되고 있어 현재(2021.12.)는 상호작용까지 가능해졌다.

메타버스 시대에는 클라우드 방식의 디지털 가상세계에서 모든 것이 이뤄지기 때문에 인터넷 속도와 PC(노트북)의 하드웨어 사양이 기존 웹 검색, 문서작성, 동영상 재생용보다는 훨씬 높아야 한다. 하지만, 클라우드 방식이므로 다른 메타버스 플랫폼과 같이 게더타운도 동시 참여자수가 일정범위(25명 까지 무료)를 넘어서면 시스템이 불안정해, 반응이 느려지거나 캐릭터 접속지연 등의 현상들이 생길 수 있다. 이럴 때 해당 동시 참여자수와 사용시간을 고려해 유료 사용으로 전환하면 어느 정도 현상이 완화될 수 있다.

[그림3] 게더타운 동시사용자수, 사용시간 따른 가격표

게더타운에서는 동시 사용자수와 사용시간에 따른 비용을 명시하고 있다. 동시 사용자가 최대 25명까지는 무료로 사용할 수 있지만, 25명이 초과될 경우 비용이 발생한다. 500명 이내 사용자가 2시간 사용할 경우 1인당 $2 추가, 하루 사용할 경우 1인당 $3 추가, 한 달 사용할 경우 1인당 $7를 산정해서 지불해야 한다.

예를 들면, 공공기관에서 동시 참여자수가 200명이고, 행사시간이 3시간인 비대면 게더타운 행사를 하게 된다면 발생비용은 아래와 같이 산정해 볼 수 있는데 비용 비교 후 효율적인 비용을 채택하는 것이 좋다.

(2021.12.기준)

<table>
<tr><td colspan="2">행사시간</td><td>오후 2시 ~ 5시까지
(3시간)</td><td>☞ 실무에서는 총 5시간으로 본다.
(행사 전 리허설/점검 1시간, 행사 후 1시간 추가)</td></tr>
<tr><td colspan="2">예상 동시 참여자수</td><td colspan="2">200명</td></tr>
<tr><td>1</td><td>2시간(1인당) 비용 적용 시</td><td colspan="2">게더타운 가격표에 맞춰 **6시간 사용**, 200명으로 산정하면
☞ 발생비용 : 200명×$6 = **$1,200 (한화 약 143만원)**</td></tr>
<tr><td>2</td><td>하루(1인당) 비용 적용 시</td><td colspan="2">행사시간을 6시간이 아닌 **하루**로 산정해보면
☞ 발생비용 : 200명×$3 = **$600 (한화 약 72만원)**</td></tr>
<tr><td>3</td><td>월(1인당) 비용 적용 시</td><td colspan="2">**한 달**에 매 행사마다 동시사용자수가 200명이고,
크고 작은 지속적인 행사를 한다면
☞ 발생비용 : 200명×$7 = **$1,400 (한화 약 167만원)**</td></tr>
</table>

[표1] 게더타운 유료 사용 시, 가격 산정 예시

위 행사의 경우는 '하루' 비용으로 정산하는 것이 효율적이다.

2. 게더타운 시작하기

1) 게더타운 가입

크롬 웹브라우저를 열고 주소 창에 게더타운 사이트 주소인 'gather.town'을 입력하면 [그림4]와 같은 화면이 나온다. ❶ [Login]클릭 ❷ 크롬웹브라우저가 설치돼 있고 구글 gmail 계정이 있다면 쉽게 로그인을 할 수 있다. ❸ 구글 gmail 계정이 아닌 다른 메일 계정을 갖고 있다면 매번 계정 정보 입력 후 ❹ 그 메일에 접속해 인증키 코드를 확인해서 기재해야 하는 번거로움이 있다.

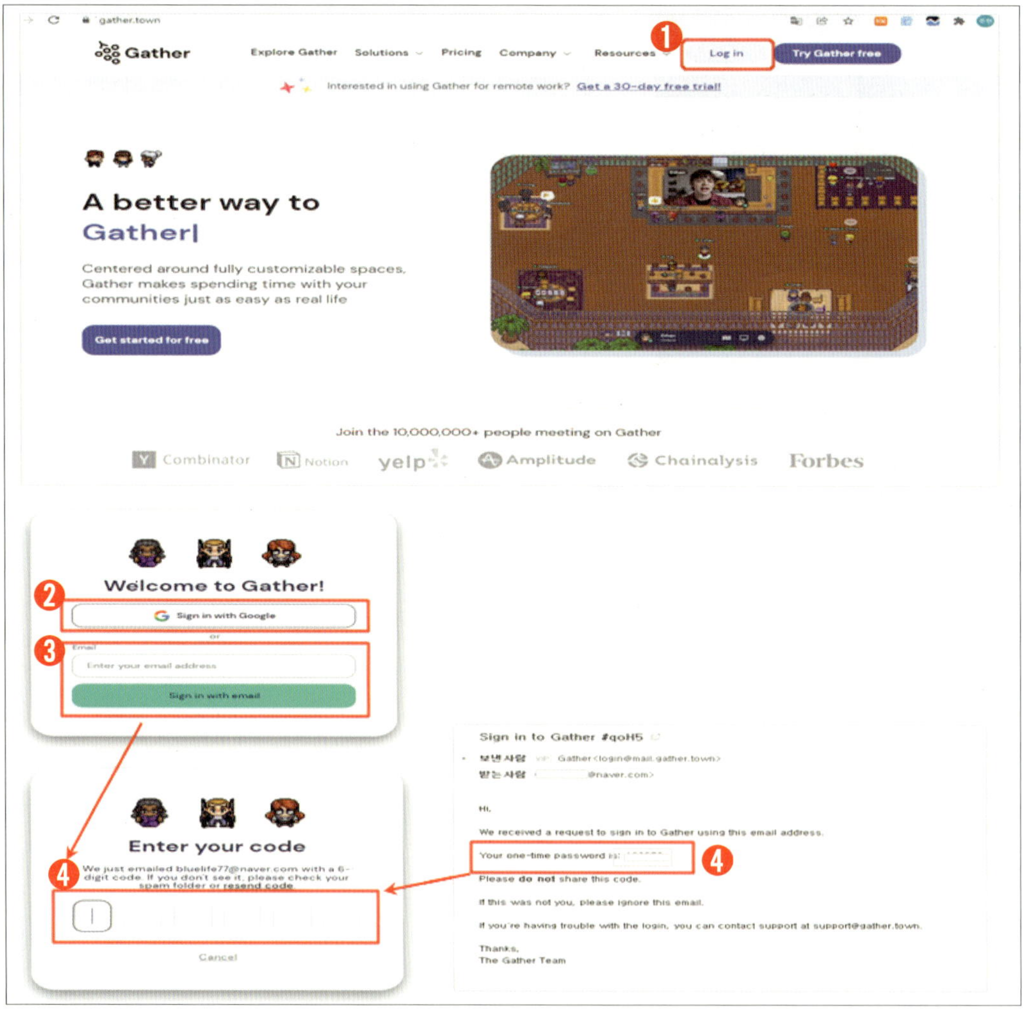

[그림4] 게더타운 접속 및 회원가입 순서

2) 캐릭터 꾸미기

게더타운 가입을 완료하면 [그림5]와 같이 캐릭터를 꾸밀 수 있는 화면이 나타난다. 여기서 피부색, 머리스타일을 비롯 옷 스타일, 액세서리 등 나를 대신할 수 있는 캐릭터를 꾸며볼 수 있다. 캐릭터 꾸미기가 완료되면 [Next Step]을 클릭 후 캐릭터 이름을 설정해주면 완료된다.

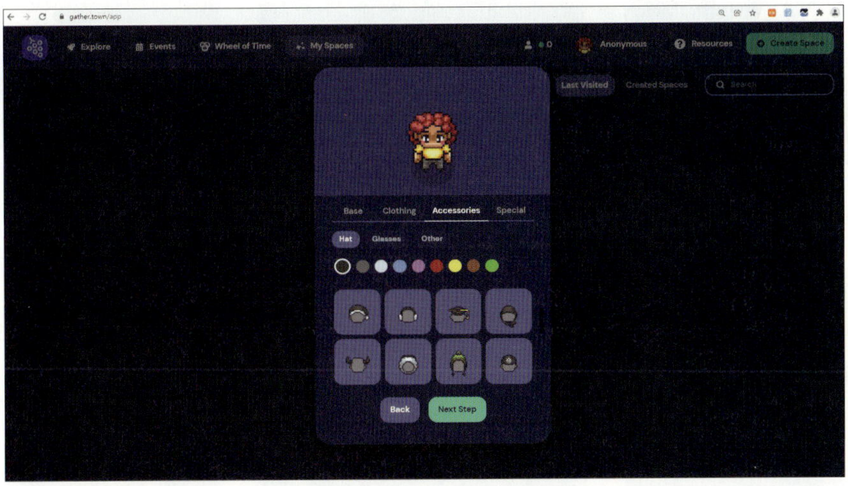

[그림5] 캐릭터 꾸미기

[그림6]은 캐릭터의 신체적 스타일을 설정하는 부분이다. [Base]를 클릭해서 Skin부분에서 피부색을 변경해 볼 수 있고, Hair 부분에서는 헤어스타일을, Facial Hair 부분에서는 수염을 간단히 설정할 수 있다.

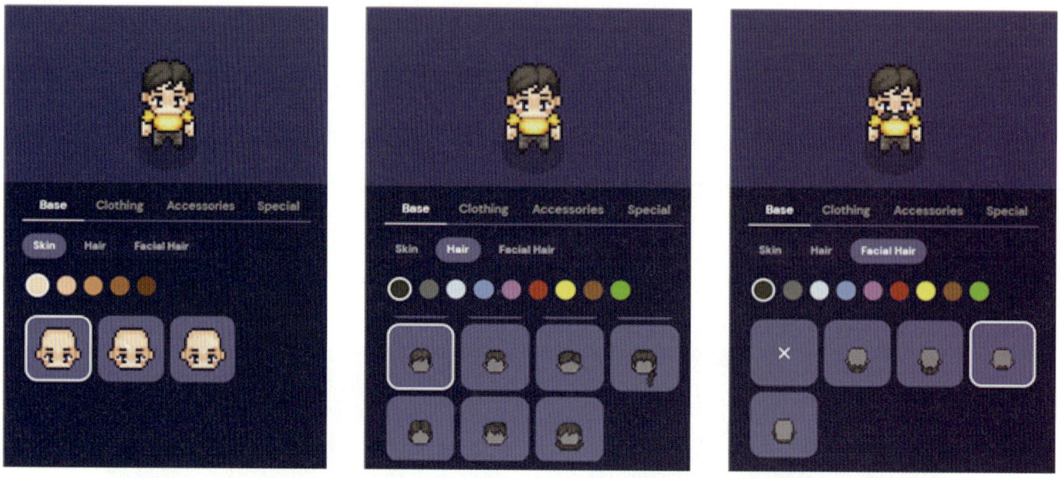

[그림6] 캐릭터 피부색, 헤어스타일, 수염스타일 설정

이번에는 캐릭터의 옷 스타일인데 [Clothing]을 클릭하면 Top(상의), Bottom(하의), shoes(신발)을 설정해 볼 수 있다.

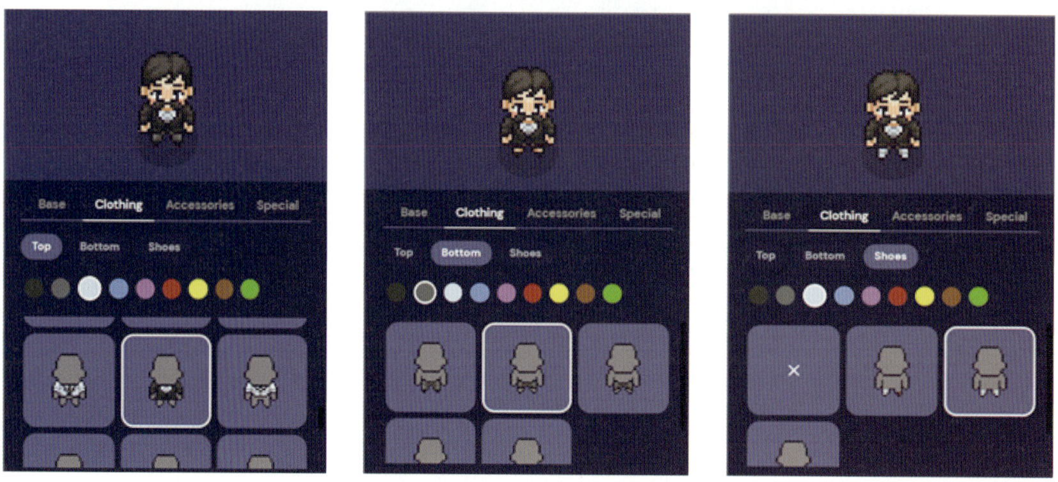

[그림7] 캐릭터의 옷 스타일 설정

그 외 모자, 안경, 기타 등등 캐릭터 액세서리도 준비돼 있다. 그리고 특별한 날에 사용할 수 있는 캐릭터 모양도 기간별로 제공하고 있어 특정 기간이지만 단조로운 캐릭터에서 새로운 캐릭터의 모습으로 설정해 볼 수 있다.

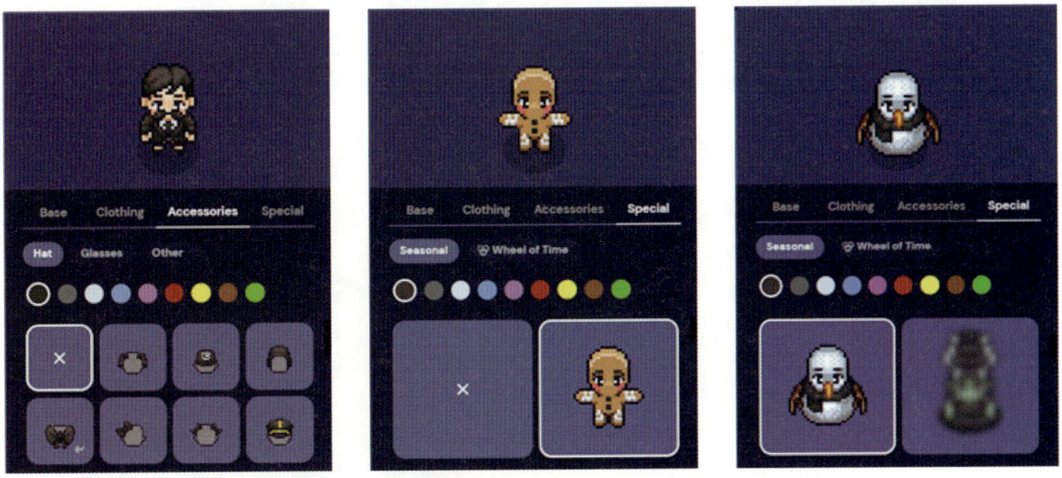

[그림8] 캐릭터의 액세서리 및 스페셜 캐릭터

3. 게더타운 템플릿 공간개설 및 사용방법

1) 템플릿 공간 들어가기

게더타운에는 이미 만들어진 여러 가지 템플릿 맵들을 제공한다. 우선 앞으로 '공간(Space), 맵(Map), 룸(Room)' 이라는 용어가 섞여서 사용될 것이다. 엄밀히 보면 모두 다른 의미이지만 여기서는 캐릭터가 존재하는 가상공간을 가리키는 것으로 이해하기 바란다. 그럼 템플릿 맵으로 들어가 보도록 하자.

❶ 게더타운 홈 화면에서 오른쪽 상단 [Create Space] 클릭 ❷ 게더타운을 어떤 용도로 사용할 것인지 묻는 간단한 설문형 창이 나오는데, 왼쪽 첫 번째를 선택하고 [Select Space] 클릭 ❸ [See other templates] 클릭 ❹ 여러 템플릿이 수량과 함께 보여지는 데, ❺ 'Cozy Office'를 선택하면 오른쪽 하단에 공간이름, 비밀번호, 공간용도에 대한 화면이

나온다. ❻ 공간이름만 적고 ❼ 공간용도는 “Remote Office”를 선택한 후, 입장한다. 공간 이름은 한글이 적용되지 않으니, 영문으로 적어야 한다.

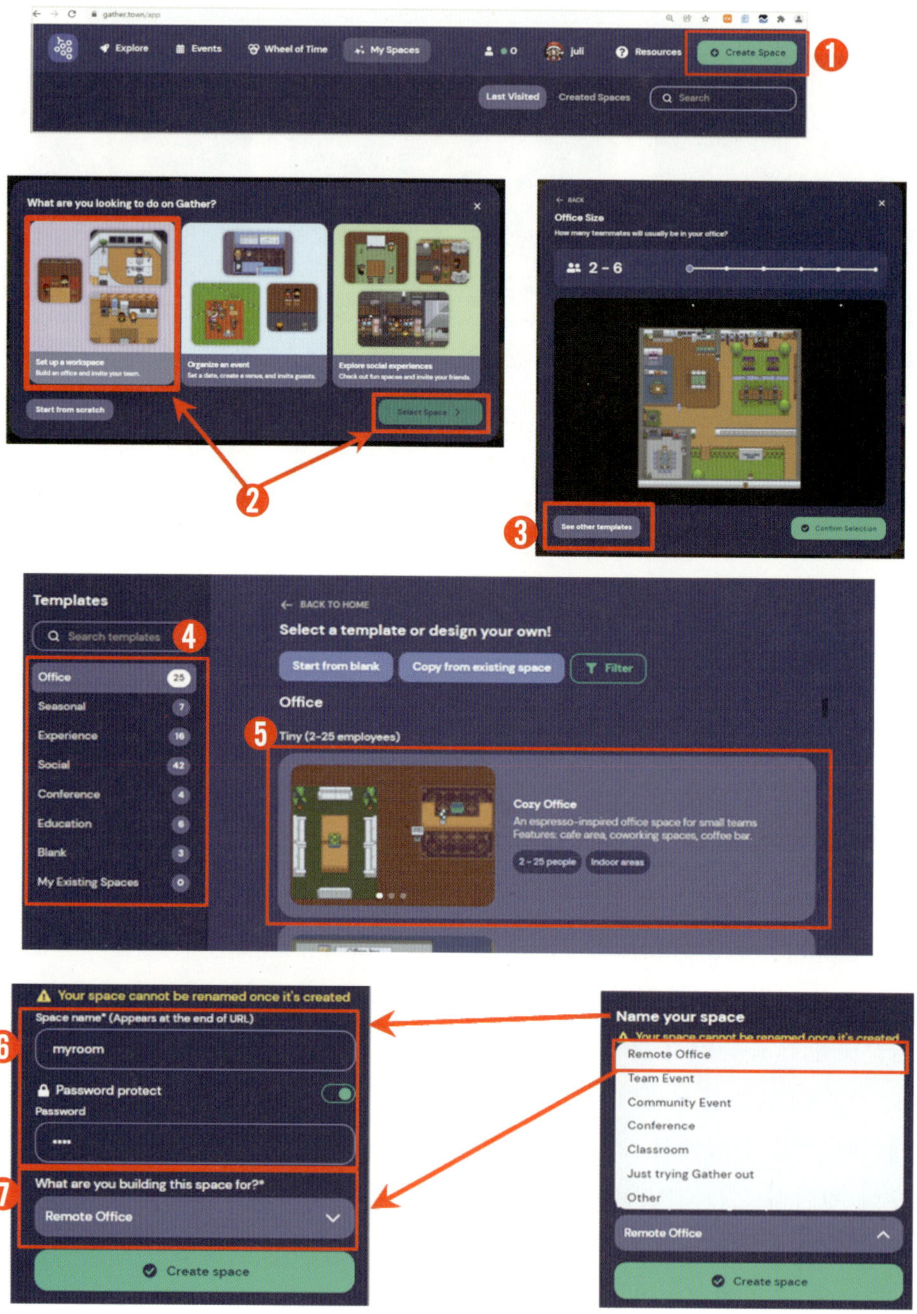

[그림9] 게더타운 공간개설방법

[그림10]은 공간으로 들어오기 직전에 보이는 화면으로 우선 카메라와 마이크를 On 또는 Off 설정을 하고 [Join the Gathering]을 클릭한다.

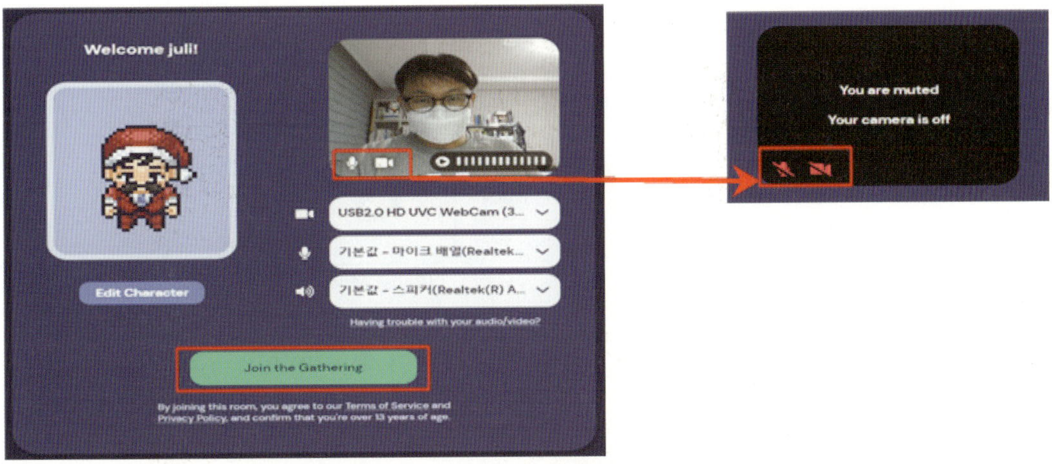

[그림10] 게더타운 맵 입장 전 캐릭터 및 사용자화면 설정

이제 게더타운의 템플릿 맵으로 들어왔다. [그림11]은 맵 입장 시 초기화면으로 초대링크 관련 팝업창과 캐릭터 이동 작동 법에 대해 간단히 표기돼 있다.

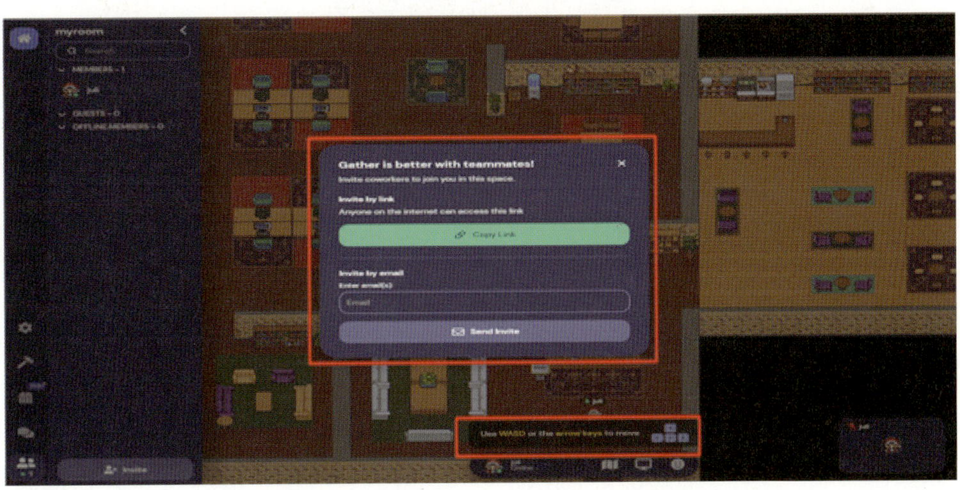

[그림11] 게더타운 맵 입장 시, 초기 화면

2) 게더타운 주요기능

게더타운에서 캐릭터 동작법과 맵에서 제공하는 여러 가지 기능들에 대해서 알아보도록 하자. 우선 캐릭터 동작에 자주 사용되는 단축키는 아래와 같다.

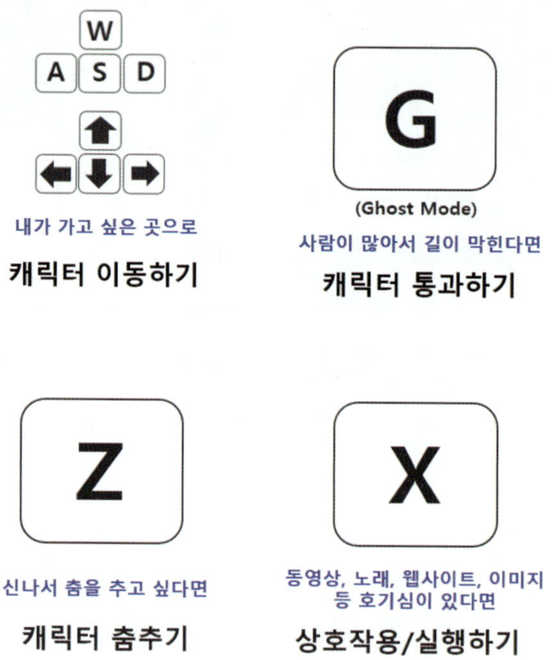

[그림12] 캐릭터 동작 단축키

(1) 캐릭터 이동하기

캐릭터를 이동시키기 위해서는 키보드의 오른쪽 하단 화살표 방향키 또는 왼쪽 영문자판 A, S, D, W키를 누르면 된다.

(2) 캐릭터 통과하기

캐릭터들이 많이 모여 있는 곳에서는 나아갈 길이 막혀 자신의 캐릭터가 이동을 못하는 경우가 있다. 이런 경우 키보드에서 Ghost 모드인 'G' 키를 누르면서 동시에 방향키를 누른다. 그러면 캐릭터는 [그림14]와 같이 유령처럼 투명해지면서 다른 캐릭터를 통과하며 이동하게 된다. 하지만, 벽이나 사물은 통과할 수 없다.

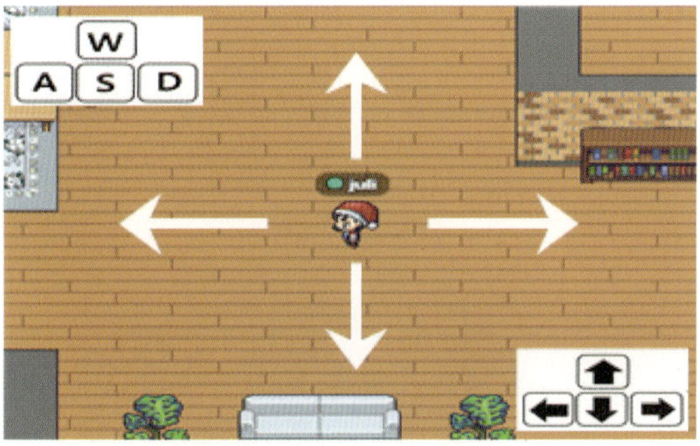

[그림13] 캐릭터 이동하기

[그림14] 캐릭터 통과하기

(3) 캐릭터 춤추기

모든 캐릭터가 단조로운 춤동작을 갖고 있다. 키보드에서 'Z' 키를 누르면 캐릭터가 춤을 춘다. 'Z'에서 손을 떼어도 계속 캐릭터가 춤을 추는데 멈추기 위해서는 방향키를 살짝 눌러 움직여주면 된다.

(4) 상호작용(실행)하기

캐릭터가 어떤 오브젝트 근처에 갔을 때 [그림16]과 같은 메시지(Press 'X' to interact)가 나온다면 키보드에서 'X' 키를 눌러 무엇이 실행되는지 확인해 볼 필요가 있다. 유튜브 동영상, 웹 사이트, 블로그, 이미지, 방명록, 설문지 등 URL을 이용해 연결 가능한 콘텐츠를 캐릭터가 직접 실행시킬 수 있다. 게더타운 비대면 행사에서 '보물찾기', '방탈출'과 같은 이벤트에서 많이 사용되는 기능이다.

[그림15] 캐릭터 춤추기

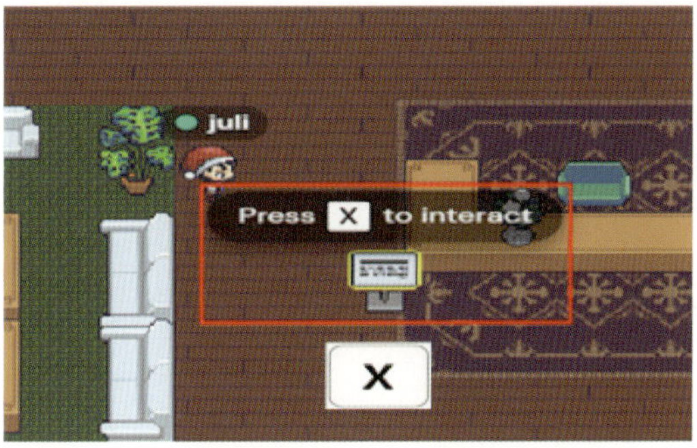

[그림16] 캐릭터와 오브젝트의 상호작용

(5) 미니맵(Minimap)

미니멥의 기능은 캐릭터가 있는 방의 전체 맵 구조를 한눈에 볼 수 있으며 룸 안에서 내 캐릭터의 위치를 확인할 수 있다.

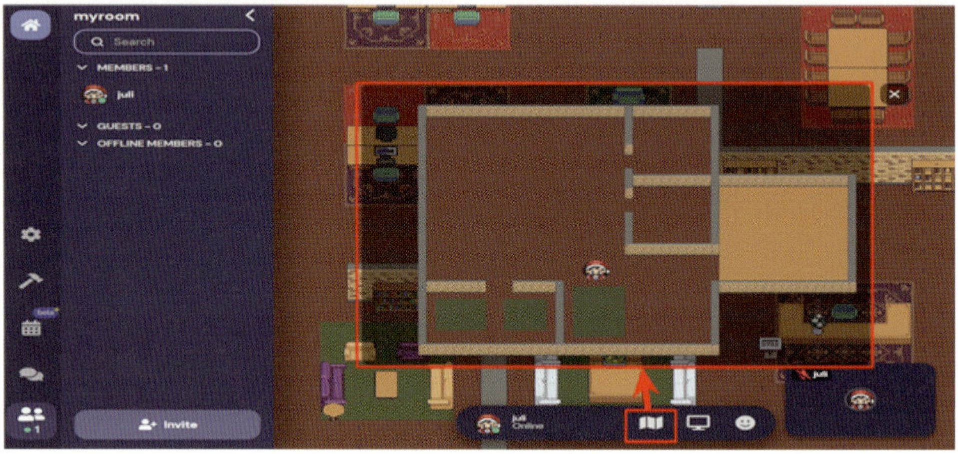

[그림17] 미니맵 보기

(6) 화면공유(Screenshare)

화상회의 플랫폼 줌과 같이 게더타운에서도 '화면공유' 기능을 제공한다. 화면의 중앙 하단 모니터 모양을 클릭하면 공유할 화면을 선택할 수 있는 창이 뜨는데, 공유할 화면을 미리 띄워놓으면 바로 선택해서 공유할 수 있다. '공유할 정보 선택' 화면의 종류는 아래 표와 같다.

1	전체화면	모니터 내에 화면들을 모두 공유하므로 불필요한 창까지 공개될 수 있다.
2	창	선택한 창만 공유된다. 다른 창의 화면이 열리더라도 지정된 창화면만 보인다.
3	Chrome탭	크롬 웹브라우저의 여러 탭 중 선택한 탭의 브라우저 화면만 공유된다.

[표2] '공유할 정보 선택' 화면의 종류

◉ 시스템 오디오 공유

만약, 동영상 화면을 공유한다면 동영상에서 나오는 소리도 공유 받는 사용자들에게 들리도록 해야 한다. 이를 위해서는 화면 공유 시, [시스템 오디오 공유] 박스를 체크한 후 [공유] 버튼을 클릭해야 한다.

[그림18] 게더타운 맵에서 화면공유 방법

(7) 이모티콘 사용하기

캐릭터를 통해 감정 또는 의사를 표현하기 위해 이모티콘을 사용할 수 있다. 해당 이모티콘을 마우스로 클릭해도 되지만 키보드 숫자 키를 눌러도 사용된다. 1번(손 흔들기), 2번(하트), 3번(폭죽), 4번(엄지 척), 5번(물음표)은 표현 후 자동으로 사라지지만, 6번(손들기)는  버튼을 클릭하지 않으면 사라지지 않는다. 그리고 [Edit]를 클릭하면 1번~5번까지의 이모티콘을 다른 이모티콘으로 교체해서 사용할 수 있다.

[그림19] 캐릭터 이모티콘 사용법

(8) 초대링크 보내기(Invite)

게더타운 공간을 개설했으니 함께할 사람들을 초대해보자. ❶ 화면 왼쪽 하단에 [Invite] 버튼을 클릭하면 ❷ 화면 중간에 초대자를 구분해 초대링크에 대한 창이 나타난다. 초대받는 자는 Members인 경우와 Guest인 경우로 구분하는데, Guest는 링크 만료기간을 1시간, 6시간, 12시간, 1일, 7일, 30일로 설정해야 한다.

◉ 맵링크를 보내는 방법 2가지

- 초대할 사람들의 이메일 주소들을 일괄 입력해 동시에 여러 명에게 발송할 수 있고
- 단체 톡 방이 있다면 [Copy Link]를 해 단체 톡 방에 맵 링크주소를 공개하는 방법이 있다.

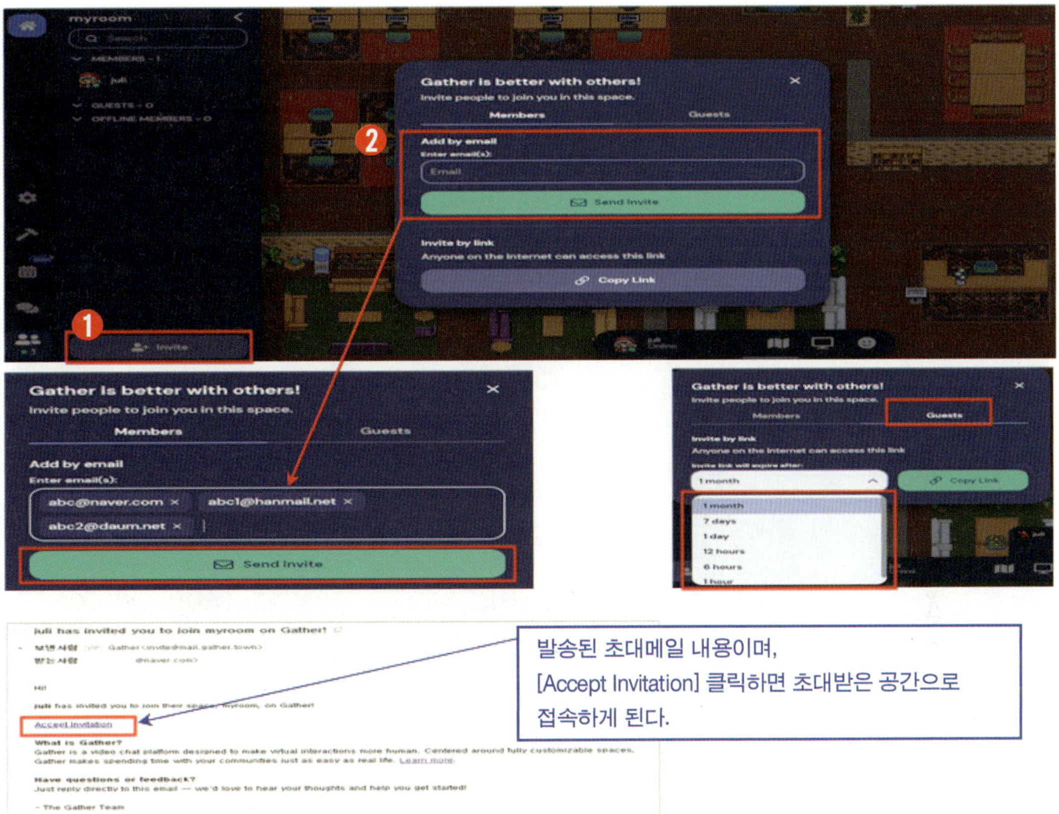

[그림20] 초대 맵 링크 발송 및 링크 접속방법

(9) 맵 사이즈 조정하기

맵 사이즈는 기본적으로 '스마트줌(Smart Zoom)'으로 설정돼 있기 때문에 사용자 PC의 해상도에 따라 맵 사이즈를 조정해줘야 할 필요가 있다. ❶ 왼쪽 하단 (settings, 설정) 버튼을 클릭하면 ❷ 화면 중간에 설정화면이 나타난다. [User]클릭 ❸ [General] 클릭해 ❹ 'Use Smart Zoom'이 활성화돼 있는지 확인한다. 기본적으로 'Use Smart Zoom'이 활성화돼 있기 때문에 수동으로 조정하기 위해서는 비활성화를 해줘야 한다.

[그림21] 맵 사이즈 조정 방법

❺ 'Use Smart Zoom'을 비활성화하면 바로 밑에 있는 'Manual Map Zoom' 기능이 활성화되는데, 100%로 우선 맞춰준다. 이 후에는 맵 사이즈를 'ctrl+마우스 스크롤 업/다운' 해서 조정할 수 있다.

(10) 공간 비밀번호 설정 및 해제

앞에서 본 '템플릿 공간 들어가기'에서 공간 개설 시, '공간이름, 비밀번호' 그리고 '공간용도'를 지정하는 과정을 보았다. 그 과정 중 비밀번호(Password) 설정 및 해제하는 부분을 알아보자.

❶ 톱니바퀴모양(settings, 설정)을 클릭하면 화면 중앙에 설정창이 나타난다. ❷ [Space] 클릭 ❸ [Space Access]를 클릭하면 ❹ 비밀번호 입력창이 보이는 데 기존 공간에

비밀번호가 없거나 있더라도 다시 다른 비밀번호를 입력하고 [Save]를 클릭하면 방금 입력한 비밀번호로 변경된다. ❺ 비밀번호가 이미 설정돼 있다면 [Remove(if exist)] 버튼을 클릭해 기존 비밀번호를 제거할 수 있다. 이렇게 되면 비밀번호 미 설정된 상태가 돼 공간 링크주소를 아는 사람은 누구나 입장가능한 상태가 된다.

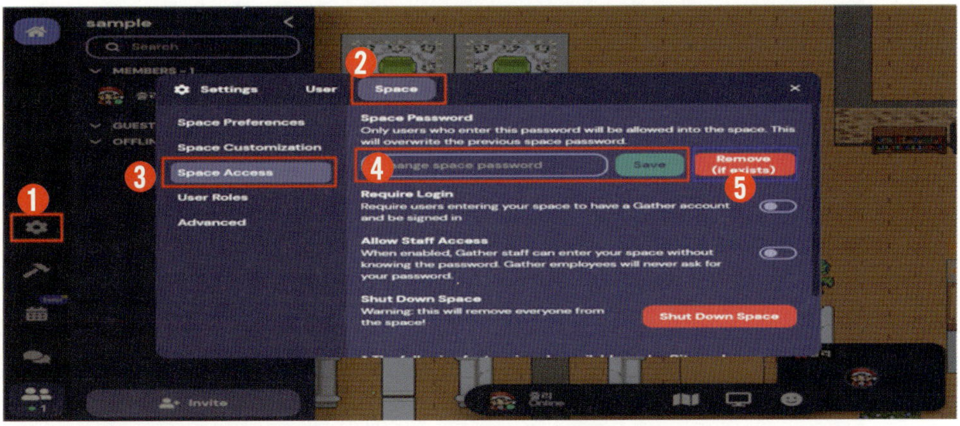

[그림22] 공간 비밀번호 설정 및 해제

4. Mapmaker 사용법

1) Mapmaker 들어가기

게더타운은 맵을 사용자가 직접 만들 수 있고 외부 플랫폼과 연동이 쉬운 장점이 있다. 이 때문에 맵 메이커 기능을 익히면 나만의 게더타운 가상공간을 만들어 활용할 수 있다. 필자는 맵 메이커의 기능을 단순 설명하기 보다는 [그림23]의 '샘플 맵'을 완성해가는 과정에서 그 기능을 이해하고 익히는 방식으로 진행하겠다.

하나의 공간을 스스로 완성해본다면 빨리 익숙해질 것이고 응용 및 확장을 통해 원하는 공간을 빠른 시간에 제작할 수 있을 것이다. 다음의 완성된 '샘플 맵'을 참고해 지금부터 순서대로 Mapmaker에서 진행해 보겠다.

[그림23] Mapmaker에서 샘플 맵 완성모습
(타일 수 가로*세로 : 35개*32개)

게더타운에 접속하여 ❶ [Create Space]클릭 ❷ 화면 중앙에 나타나는 화면에서 첫 번째 버튼을 클릭하고, [Select Space]클릭 ❸ [See other templates] 클릭 한 후, ❹ [Start from blank]클릭 ❺ *(별표) Blank(Start from Scratch)가 최상위로 올라오면 클릭 ❻ 오른쪽 하단에 "공간이름"과 "비밀번호" 입력 화면이 나타난다. 여기서는 공간이름을 "sample"로, 비밀번호는 설정하지 않는다. 공간용도는 "Remote Office"로 설정한다. ❼ [Open Mapmaker]를 클릭해서 맵제작 환경으로 들어가자.

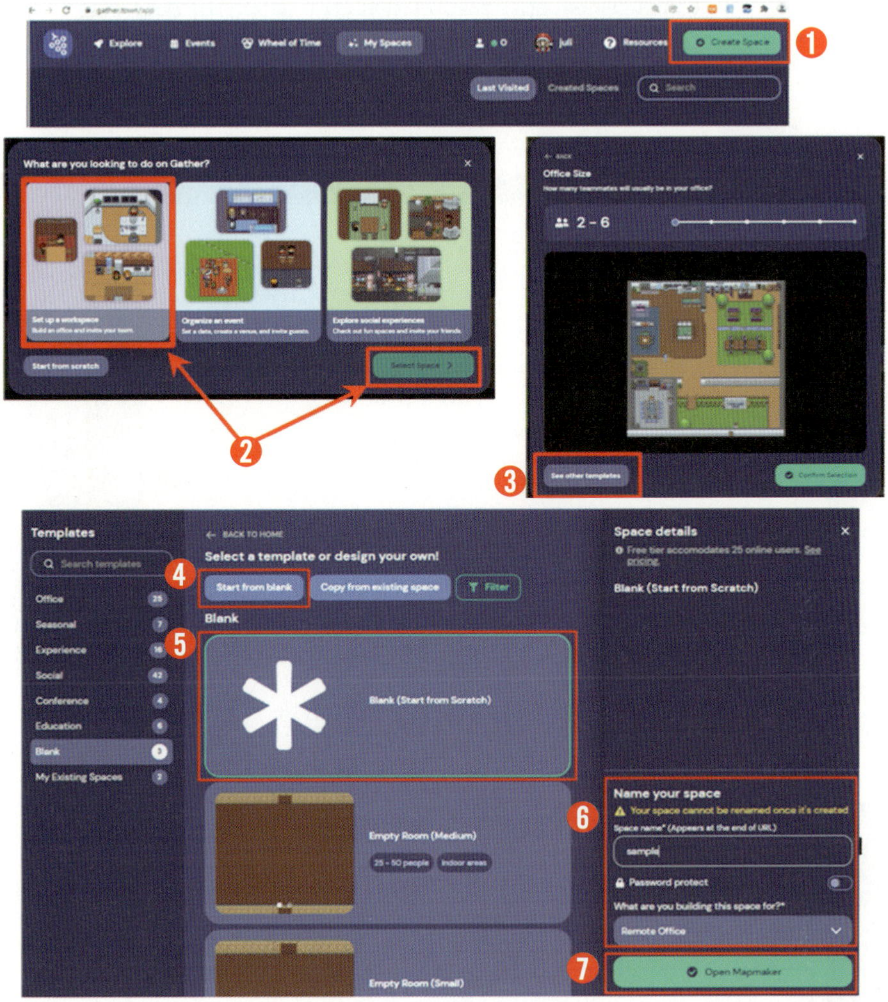

[그림24] Mapmaker 들어가는 순서

필자는 맵 제작할 때 간혹 캐릭터가 카트(캐릭터가 타고 다니는 간이자동차)를 타야 할 경우가 있기에 공간용도를 [Remote Office]로 주로 선택한다. 카트 오브젝트는 Remote Office 공간에서 제공되기 때문이다. [Create Space]를 통해 Blank를 선택하면 바로 Mapmaker 모드로 들어가게 된다.

우리가 앞으로 제작할 '샘플 맵'의 사이즈는 가로 35개 타일, 세로 32개 타일이므로 35개×32pixel, 32개×32pixel로 계산하면 샘플 맵의 해상도(pixel)는 1120×1024pixel 사이즈의 이미지가 된다. 맵 제작할 시 맵 사이즈를 산정하거나 배경이미지를 업로드 할 때 많이 적용되는 부분이니 이해해두면 좋다.

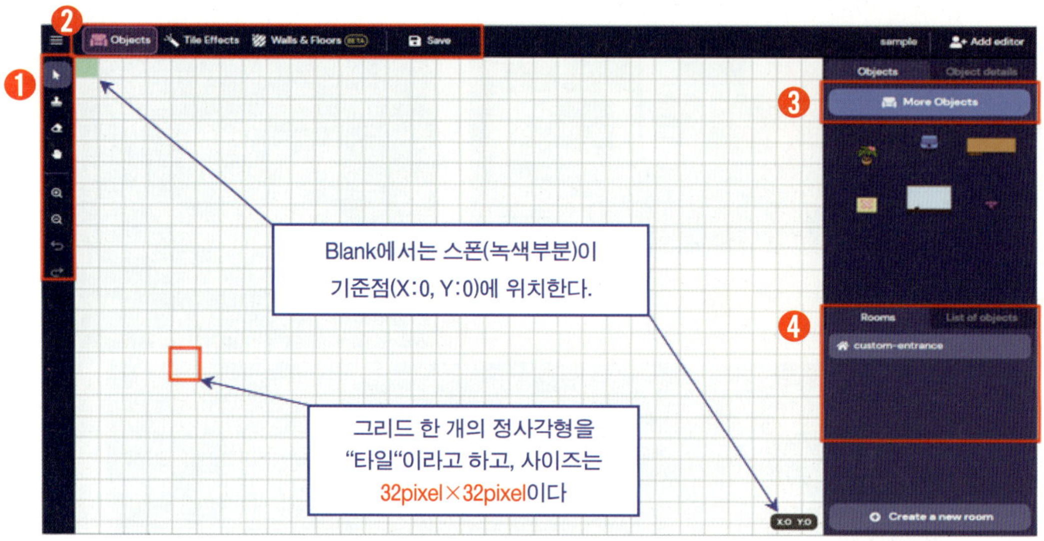

[그림25] Mapmaker 작업 환경

❶

☞ 선택(select V) : 오브젝트나 타일을 선택

☞ 스탬프(stamp B) : 오브젝트, 타일, 벽, 바닥을 배치

☞ 지우개(Eraser E) : 오브젝트, 타일, 벽, 바닥을 제거

☞ 손(Hand H) : 맵상의 위치를 옮길 때 사용

☞ 확대(Zoom in, Ctrl+마우스 스크롤업) : 맵 확대할 때

☞ 축소(Zoom out, Ctrl+마우스 스크롤다운): 맵 축소할 때

☞ 작업취소(Undo, Ctrl + Z) : 마지막 작업 취소

☞ 작업재실행(Redo, Ctrl + Shift+ Z) : 취소 작업 재실행

❷

▶  (오브젝트)

공간(맵)에 놓을 물건들, 상호작용 기능이 있는 아이템을 선택하고 설정할 수 있는 환경모드이다.

▶ Tile Effects (타일 효과)

공간(맵)의 타일에 아래 효과를 적용시킬 수 있는 환경 모드이다.

1	Impassable (임패서블)	캐릭터가 지나갈 수 없는 부분(벽, 책상, 건물 등)에 적용하는 효과로 공간의 실재감을 주기 위해 사용한다.
2	Spawn(스폰)	캐릭터가 공간에 처음 등장하는 위치를 지정하는 효과로 여러 룸으로 이뤄진 공간에 캐릭터가 첫 입장하는 곳을 지정한다.
3	Portal(포털)	캐릭터를 다른 위치나 장소로 순간 이동시키는 효과로 맵과 맵을 연결할 때 사용한다.
4	Private Area (프라이빗 공간)	동일 ID구역에 위치한 캐릭터(사람)끼리만 소통할 수 있는 효과로 소모임, 그룹 네트워킹, 조별 프로젝트 등에 적용한다.
5	Spotlight (스포트라이트)	동일공간에 있는 캐릭터(사람)들에게 방송하는 효과로 하나의 룸 안에서만 모든 사람들에게 공지·공개방송 시 적용한다.

[표3] 타일 효과 종류

▶ Walls & Floors BETA (벽과 바닥)

현재 Beta 버전으로 벽은 6종, 바닥은 31종으로 종류가 다양하지 않다.

❸ More Objects (Objects선택, 설정)

공간 내에 배치할 오브젝트들을 선택하고 상호작용 관련 옵션을 설정할 수 있다.

❹ Rooms (Room생성, 삭제)

Room을 추가 생성해 여러 개의 공간을 꾸밀 수 있고 룸들 간 Portal 연결을 통해 다양한 룸을 가진 공간을 만들어 낼 수 있다. 불필요한 룸은 삭제할 수도 있다.

2) 게더타운 맵 만들기

이제 샘플 맵 제작을 해보도록 하자.

(1) 벽면(Wall) 설치

❶ 앞에 제시한 '샘플 맵' 사이즈를 고려해 [Walls & Floors]를 클릭 ❷ 'Beta warning' 화면이 나오는데 여기서 [Continue]를 클릭한다.

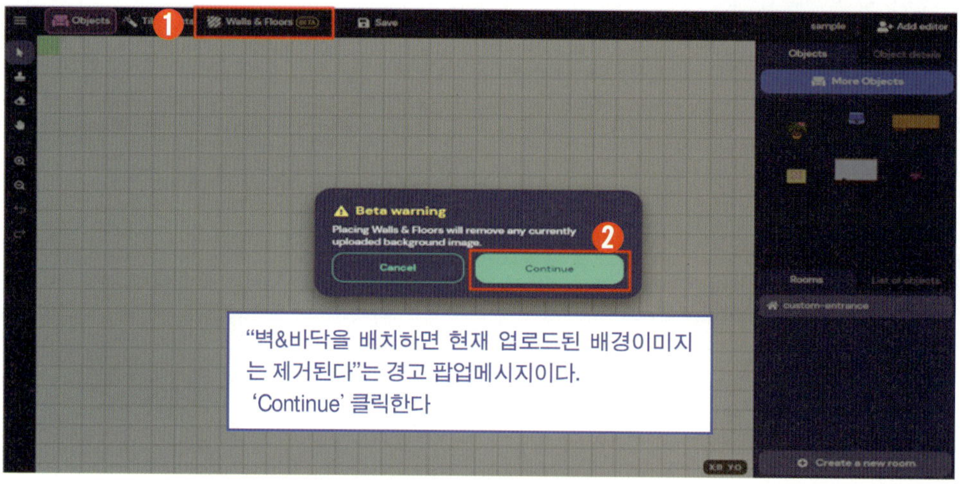

[그림26] 벽면(Wall) 작업 환경 들어가기

❸ 아직 벽 종류가 6개밖에 되지 않는다. 이중 원하는 타입의 벽을 선택한 후 ❹ 앞에 제시된 '샘플 맵' 사이즈에 맞춰 드래그를 하면 선 긋듯이 벽면을 생성할 수 있다.

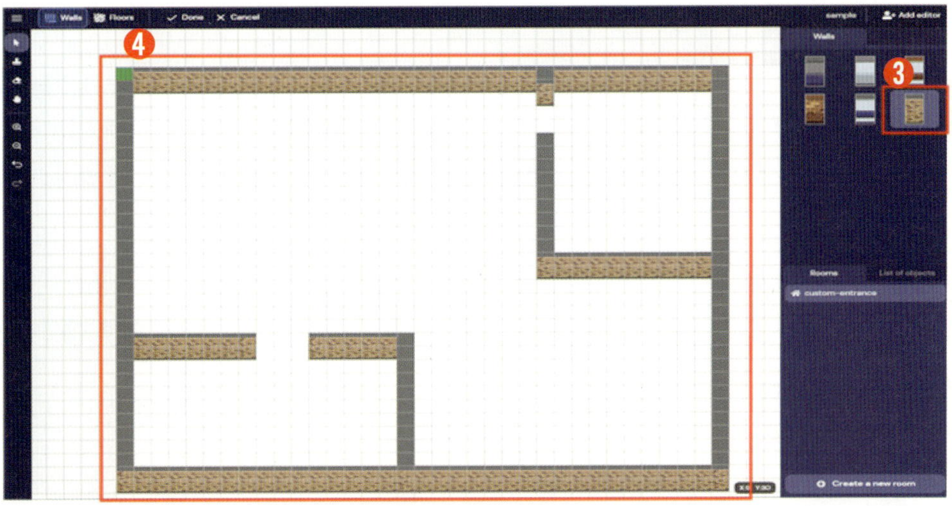

[그림27] 벽면 작업 상태

(2) 바닥(Floors) 설치

❶ [Floors] 클릭 후 ❷ [Floor tiles]에서 원하는 바닥타일을 선택하고 ❸ 왼쪽 상단 위치에 마우스를 대고 오른쪽 하단 대각선으로 드래그하면 바닥을 완성시킬 수 있다. ❹ 완료 후에는 [Done]을 클릭한다.

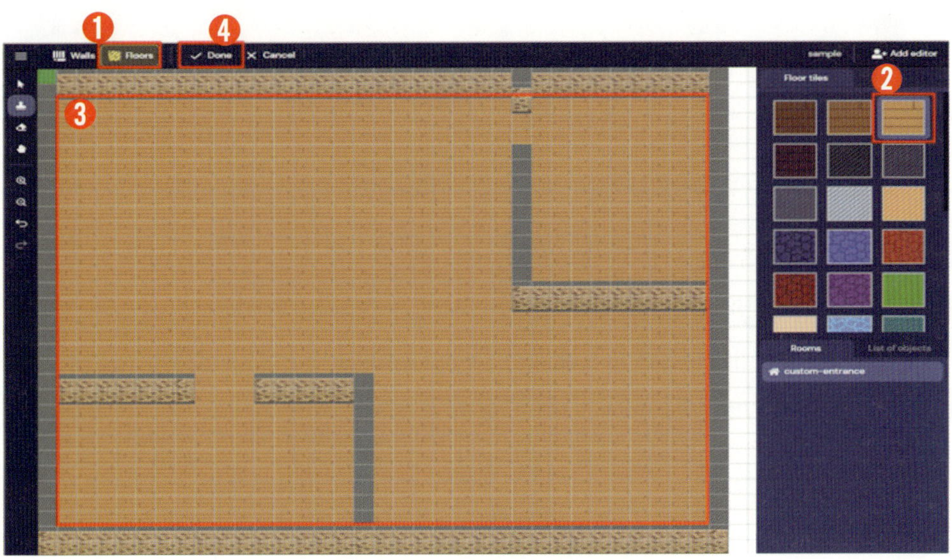

[그림28] 바닥(Floors) 설치 작업 순서

(3) 스폰(Spawn) 삭제 및 배치

❶ [Tile Effects]를 클릭해 ❷ [Spawn] 선택한 후 ❸ [Eraser(지우개)]를 선택한다. ❹ 기본 Spawn(녹색부분)을 삭제해준다. Blank 모드에서는 항상 X:0, Y:0 위치에 기본 Spawn이 있는데 '샘플 맵'에서는 벽면 속에 기본 Spawn이 들어가 있기 때문에 삭제해줘야 한다.

다시 ❺ 선택(Select)을 클릭 후 다시 ❻ Spawn을 클릭해서 캐릭터가 이 공간에 들어올 첫 번째 위치에 ❼ 새로운 Spawn을 생성한다. 새로운 spawn이 생성됐으면 ❽ [Save]를 클릭해 저장한다.

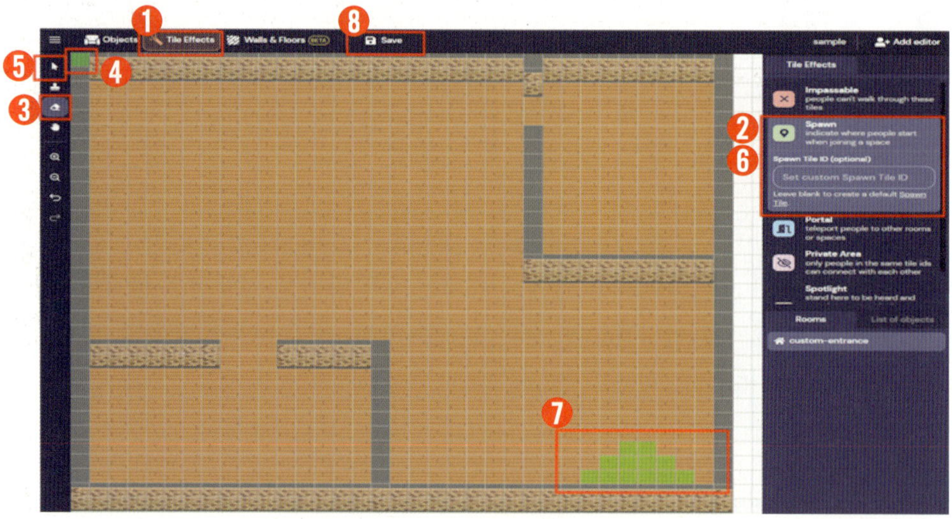

[그림29] Spawn Effect 적용 순서

만약, 기본 Spawn을 삭제한 후 새로운 Spawn을 생성하지 않고 [Save]를 클릭한다면 저장이 되지 않고 [그림30]과 같이 오류 메시지창이 뜬다. Mapmaker에서는 공간에 최소한 한 개의 Spwan이 있어야 저장이 됨을 명심하자. 오류 메시지창이 나타나면 [Go back] 클릭한 다음 맵에 Spawn을 생성하고 다시 저장하면 된다.

[그림30] Spawn 없이 저장했을 때 오류메시지

(4) 임패서블(Impassable) 처리

❶ [Tile Effects]를 선택하고 ❷ [Impassable]을 클릭 후 ❸ 캐릭터가 지나갈 수 없는 곳을 클릭, 클릭, 드래그 한다. ❹ Impassable 처리가 완료됐다면 [Save]를 클릭해 저장한다.

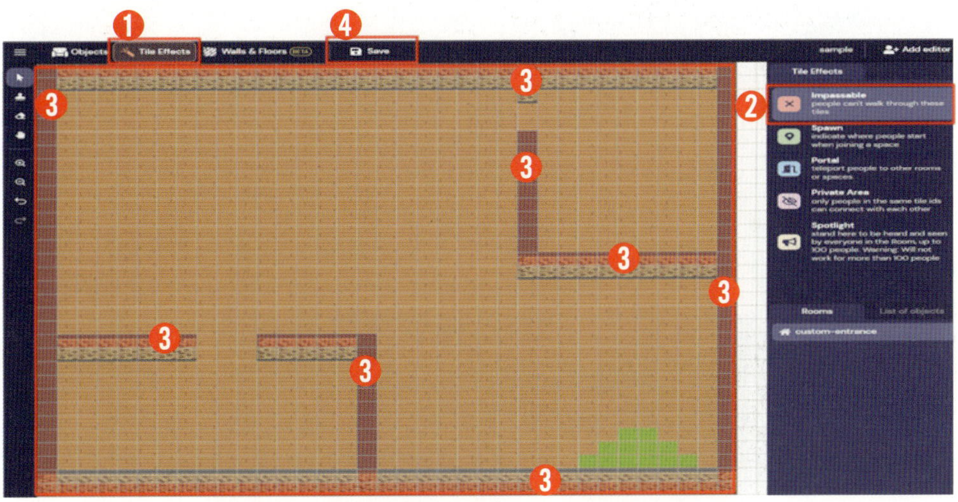

[그림31] Impassable Effect 적용 순서

(5) 오브젝트 배치1(Rug)

❶ [Objects]클릭 ❷ 오른쪽 상단의 [More Objects] 버튼을 클릭하면 화면중앙에 Objects창이 팝업 된다. ❸ 왼쪽 Objects 카테고리에서 [Decoration]을 클릭해서 ❹ rug

를 검색한다. ❺ 사이즈별로 찾아 하나씩 선택한 다음 ❻ 색상을 변경하고 ❼ [Select] 클릭해 맵에서 해당 위치에 배치시킨다.

* 배치할 Objects : [Decoration]-Needlepoint Rug(3×3, 5×5, 4×6)

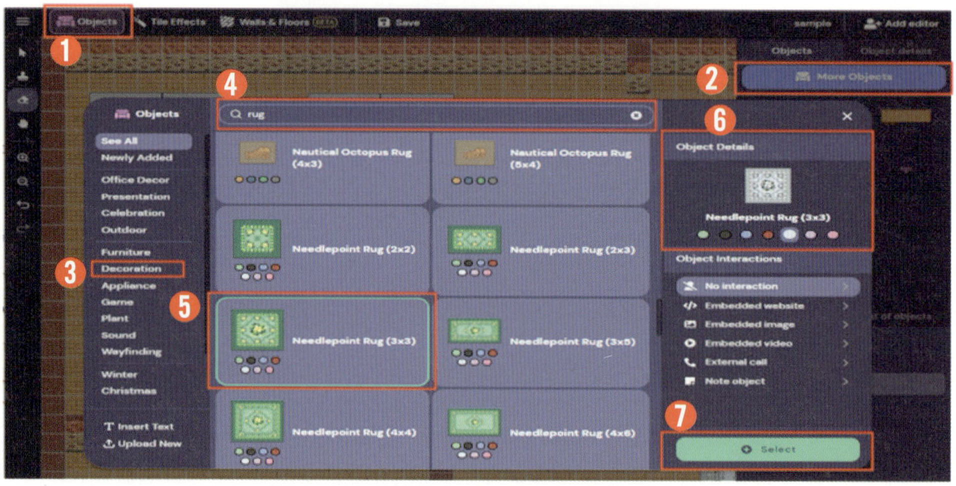

[그림32] Rug 오브젝트 배치 작업 순서

이번 Objects 배치결과는 아래와 같다.

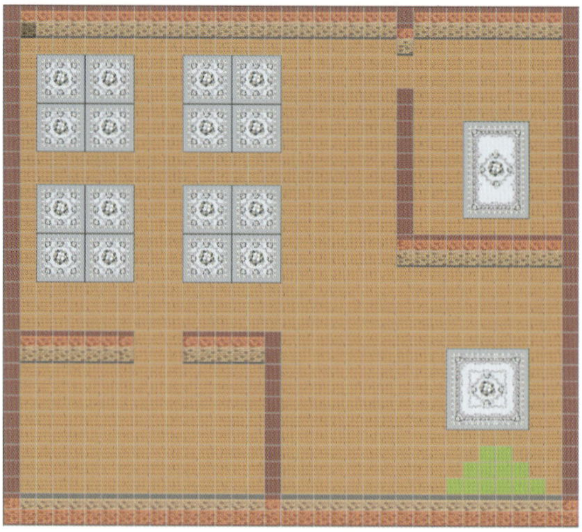

[그림33] Rug 오브젝트 배치 상태

(6) 오브젝트 배치2(테이블, 의자 등 사무용 가구)

❶ [Objects]를 클릭 ❷ [More Objects]를 클릭 ❸ 아래에 제시한 '배치할 Objects' 명을 검색해서 찾는다. ❹ 찾은 Object를 클릭 ❺ 해당 Object의 속성을 변경시키는 부분인데 대부분 방향과 색상을 변경시키거나, 상호작용요소(URL 링크나 이미지, Zoom연결, 노트 메시지)를 설정할 수 있다. 지금은 해당 Object에 따라 원하는 방향과 색상만을 변경시키며 진행한다. ❻ 해당 Object에 대한 변경이 완료됐다면 [Select]을 클릭한 후 맵에 위치시킨다.

* 배치할 Objects : Bar('U'Shape), Chippendale Table(2×2), Table(1×3), Mod Chair, Bookshelf(2×4), Bookshelf(2×3), Bookshelf(2×2), couch, armchair, Octogonal Chippendale Table

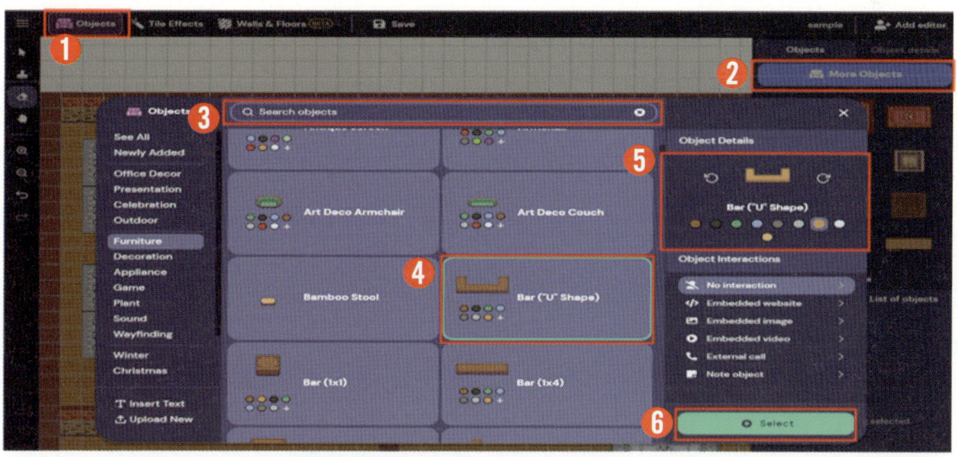

[그림34] 사무용 가구 오브젝트 배치 작업 순서

이번 Objects 배치결과는 다음과 같다.

[그림35] 사무용 가구 오브젝트 배치상태

(7) 오브젝트 배치3(화분 및 기타)

앞의 (6)번 방식대로 [Objects]를 클릭하고 해당 Object를 검색해 맵 상에 배치시킨다. 검색 시 [그림36]의 ❸과 같이 [See All]을 선택한 상태에서 Object를 검색해야 한다.

* 배치할 Objects : Bouquet, Water Cooler, Potted Plant(Monstera), Photo Album, Piano, Potted Plant(Banana Leaf), Battle Tetris, Bulletin(image), Whiteboard, Laptop, Clock(Wall), Christmas tree

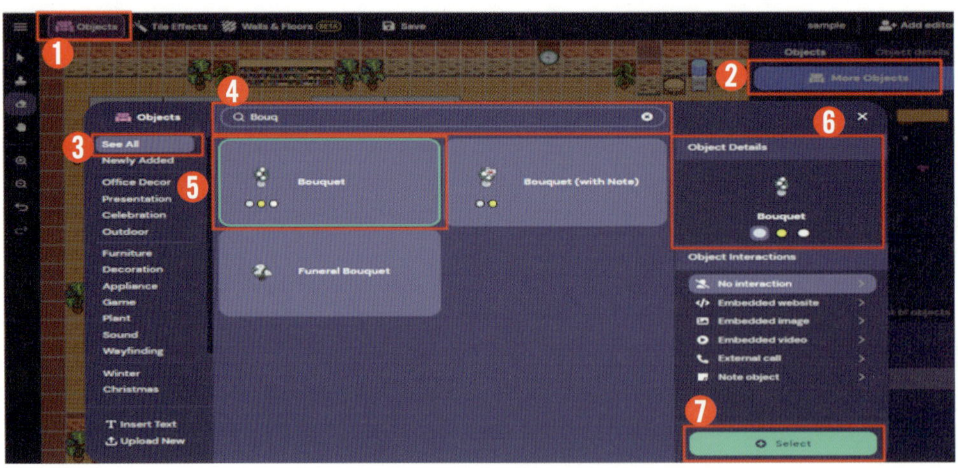

[그림36] 화분 및 기타 오브젝트 배치 작업 순서

이번 Objects 배치결과는 아래와 같다.

[그림37] 화분 및 기타 오브젝트 배치 상태

지금까지 Objects를 배치만 시켜왔지 실제 배치된 맵 상에서 캐릭터가 돌아다닐 때 어떨지를 중간 중간에 확인하지 못했다. 배치한 Objects가 제대로 배치된 것인지 캐릭터를 등장시켜 확인해보자.

❶ 왼쪽 상단 세 개의 선을 클릭 ❷ [Go to Space]클릭 ❸ 카메라와 마이크 조정한다. ❹ [Join the Gathering] 클릭해 제작 중인 '샘플맵'으로 입장한다.

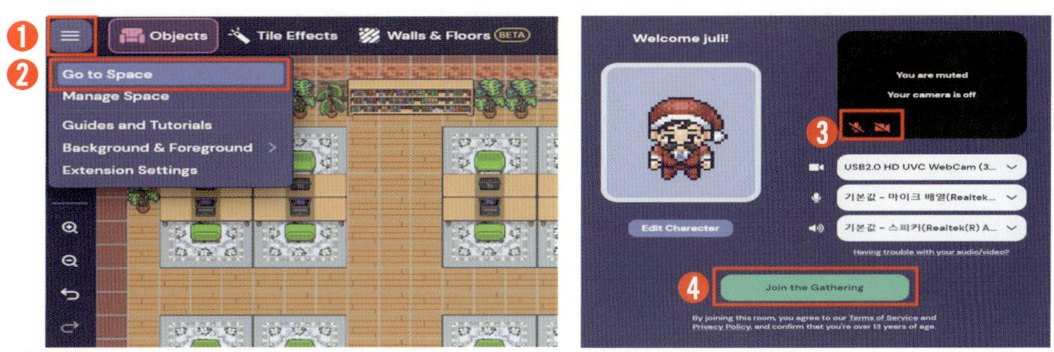

[그림38] Mapmaker시, Space탭 생성 방법

[그림39] 캐릭터 입장시켜 제작중인 맵 작업 상태 확인

캐릭터가 지정된 Spawn 위치에 입장했는지, 돌아다니면서 캐릭터가 다니면 안 되는 부분이 있는지, Objects 배치가 제대로 됐는지, Object 간 캐릭터가 다닐 만한 간격이 되는지 등 실제 캐릭터로 다니면서 확인해본다. 입장한 캐릭터로 현재까지 제작한 '샘플 맵' 공간을 돌아다녀보니 책상 위와 벽면 일부를 지나다니는 것이 포착됐다. Impassable 효과의 보강이 필요해 보인다.

필자는 게더타운 맵을 제작할 때 [그림40]과 같이 항상 Mapmaker와 Space 브라우저를 동시에 열어두고 작업을 한다. Mapmaker에서 수정한 사항들이 2~3초 사이에 바로 적용이 되기 때문이다. Mapmaker에서 [Save]버튼을 클릭한 후, Space탭 화면으로 넘어오면 Mapmaker에서 작업한 변경사항들이 적용돼 바로 확인하며 맵 제작을 진행할 수가 있다.

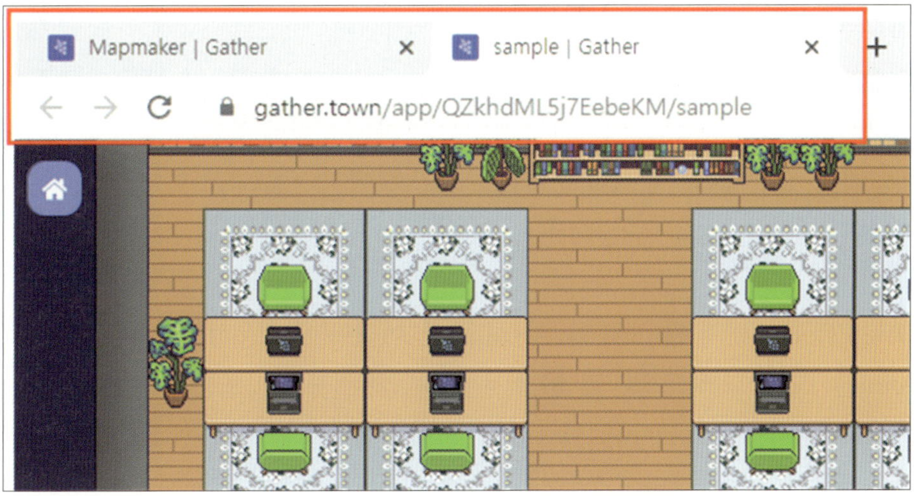

[그림40] Mapmaker 작업 시, 크롬브라우저 탭 구성

(8) 임패서블(Impassable) 수정 및 보강

❶ [Tile Effects]클릭 ❷ [Impassable]클릭 ❸ 해당 위치에 Impassable 처리한다. ❹ Effect 처리가 완료됐으면 [Save]하고 Space 탭으로 넘어가 Effect 처리가 제대로 됐는지 확인해 본다.

[그림41] Impassable 보강 작업 순서

(9) 개인 공간(Private Area) 적용

흔히 개인 공간 또는 프라이빗 공간(Private Area)이라고 말하는 데 이 공간에 들어온 캐릭터끼리만 소통이 가능하다. 여기서 소통하는 소리는 외부에 들리지 않기 때문에 소그룹 네트워킹 공간, 소모임 공간, 조별 프로젝트 공간 등에 자주 그리고 다양하게 사용되는 공간 효과이다.

❶ [Tile Effects] 클릭 ❷ [Private Area] 클릭, 여러 곳에 적용하므로 Area ID번호를 부여해 Area를 구분하도록 설정한 후 ❸ 적용 타일위치에 드래그 또는 클릭해 Effect 처리한다. ❹ Effect 처리가 완료됐다면 [Save]하고 Space 탭으로 넘어가 Private Area 부분이 밝게 활성화 됐는지 확인해본다.

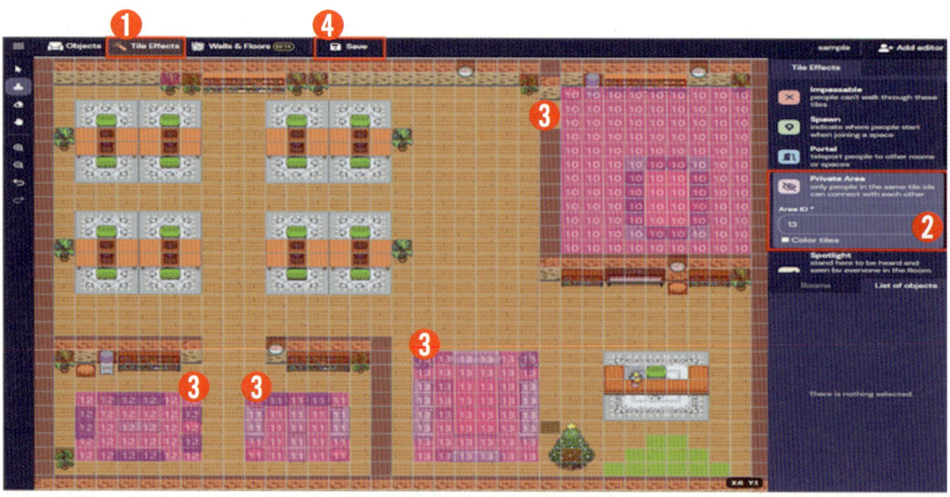

[그림42] Private Area 적용 순서

Private Area는 동일 Area ID번호 구역에 있는 캐릭터만 소통할 수 있기에 해당 구역에 들어오게 되면 왼쪽과 같이 밝게 처리돼 식별이 된다.
또한 화면 중간 하단에 'You have entered a private space'라는 문구를 통해 현재 캐릭터가 Private Area에 있음을 알려준다.

[그림43] 캐릭터가 Private Area에 들어갔을 때

(10) 스포트라이트(Spotlight) 배치

스포트라이트(Spotlight)는 모든 사람들에게 공개적으로 방송을 할 수 있다.

❶ [Tile Effects]클릭 ❷ [Spotlight]클릭 ❸ 스포트라이트를 배치할 위치에 적용 ❹ 배치 완료 후[Save]를 클릭해 저장한 다음 다시 Space 탭으로 넘어가 스포트라이트 효과를 확인해본다.

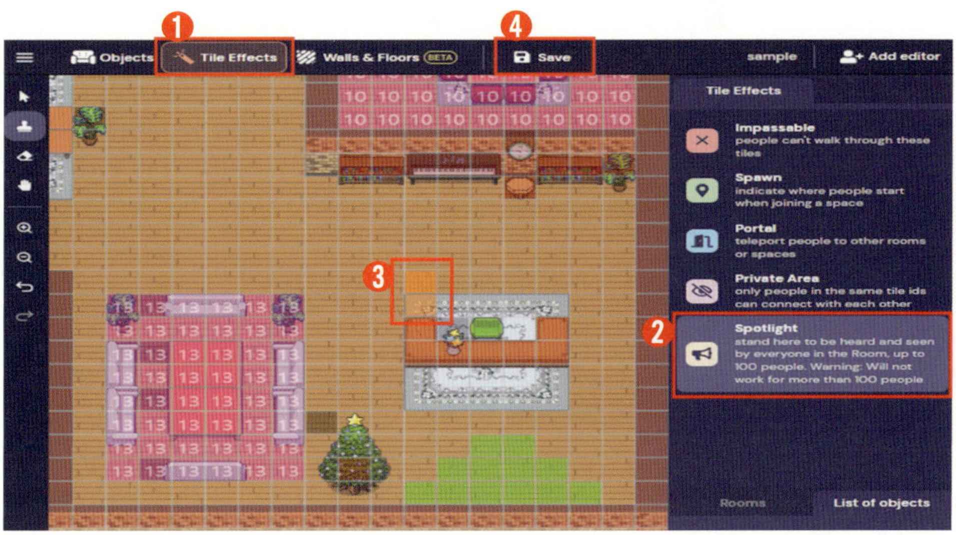

[그림44] Spotlight 적용 순서

타일에 스포트라이트(Spotlight) 효과만 주고 별다른 표시가 하지 않으면 식별하기가 어렵다. 그래서 Spotlight Indicator Object를 맵 상에 표시해줘야 한다.

❶ [Objects] 클릭 ❷ [More Objects] 클릭 ❸ [Wayfinding] 클릭해 ❹ Spotlight Indicator 선택 ❺ 색상 변경여부를 고려해 본다. ❻ [Select] 클릭한 후 스포트라이트 효과 처리된 타일 위에 위치시킨다. ❼ [Save] 클릭해 저장 후 Space 탭으로 넘어가 확인해 본다.

[그림45] Spotlight Indicator 적용 순서

스포트라이트 표기된 부분에 캐릭터가 위치하게 되면, 오른쪽 하단 웹 카메라 쪽에 스피커모양이 생겨나서 캐릭터가 있는 방 안에서 모든 사람들에게 공지내용이나 공개방송을 전달할 수 있게 된다. 그리고 중앙 하단에 아래와 같은 메시지가 보이면서 캐릭터가 스포트라이트 위치에 있음을 알려준다.
"You have stepped on a spotlight square!
Now broadcasting to the whole room."

[그림46] 캐릭터가 Spotlight에 들어갔을 때

(11) 포털(Portal) 적용

지금까지 진행한 방법으로 새로운 맵을 만들어서 연결해도 좋지만 템플릿 맵을 '샘플 맵'의 또 다른 룸으로 등록시켜 서로 포털 연결해 캐릭터가 이동할 수 있도록 해보자.

❶ Mapmaker에서 오른쪽 하단 [Create a new room] 클릭 ❷ Room이름을 'classroom'으로 적고 엔터키를 친다. ❸ 템플릿 룸 중 하나를 등록시킬 예정이니 [Choose from templete]을 선택한다. ❹ Templete room들이 보이는 데 그 중 'classroom-small'을 찾아 선택하고 엔터키를 친다. ❺ 그림과 같이 '샘플 맵'에 또 다른 room으로 등록된다.

[그림 47] Portal 연결할 룸(Room) 생성 순서

'샘플 맵'에 classroom을 등록시켜 룸이 2개가 됐다. 집모양이 있는 룸은 캐릭터가 맨 먼저 입장하는 룸으로 이를 'intro룸'이라고 하겠다. intro룸을 변경하고자 할 경우 [그림48]과 같이 진행하면 된다.

❶ Mapmaker 오른쪽 하단에 intro룸으로 지정할 룸 이름에 마우스를 가져가면 오른쪽 세로 점 세 개가 보인다. 이를 클릭하면 [Set as Primary], [Delete] 두 가지의 메뉴가 보일 것이다. [Delete]는 해당 룸을 삭제하는 것이니 주의하기 바란다. [Set as Primary]를 선택하면 ❷ 집모양이 classroom으로 바뀌게 된다. intro룸이 된 것이다. ❸ Space 탭으로 넘어가 기존 '샘플 맵' 룸에서 [Respwan] 해보면 ❹ classroom으로 캐릭터가 입장하는 것을 확인할 수 있다. 다시 '샘플 룸'으로 intro룸을 변경해놓자.

[그림48] intro룸 설정 방법

Portal Effects를 적용하기 전에 적용할 타일 위치 기를 각 룸에 해두도록 하자. 아래의 Object를 찾아 Portal Effects를 적용할 타일에 배치하도록 한다.

❶ Mapmaker에서 [Objects] 클릭 ❷ [More Objects] 클릭 ❸ 검색 시 [See All]을 선택하고 ❹ 검색 창에서 찾아야 전체검색이 된다. ❺ 아래 배치할 Objects들을 찾아서 클릭한다. ❻ Object를 회전시켜 맵 상황에 맞도록 조정한다. ❼ 완료됐으면 [Select]를 클릭하고 해당 Object를 맵 상에서 원하는 곳에 배치한다.

* 배치할 Objects : Doorway(2-wide), arrow(simple)

[그림49] Doorway 오브젝트 배치 방법

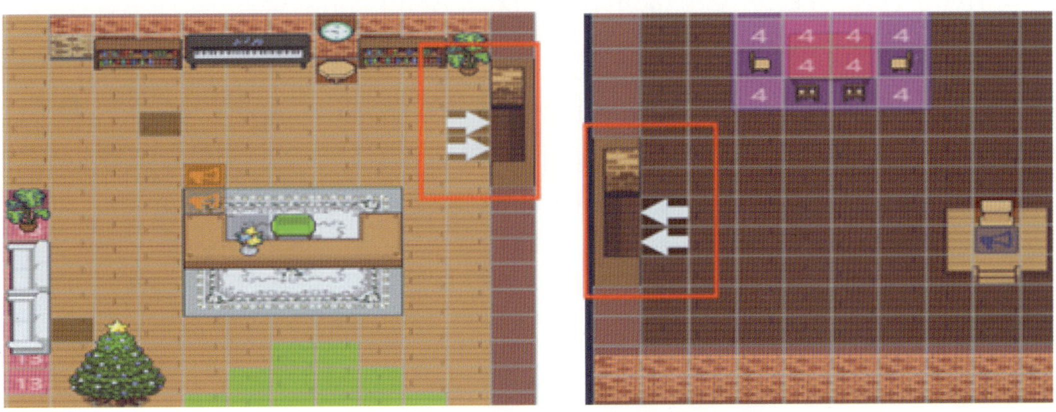

[그림50] Doorway 및 Portal방향 배치 결과

(왼쪽 : intro룸, 오른쪽 : clasroom)

이제 Portal 연결 준비가 됐으니 intro룸과 classroom 간 Portal 연결을 해보도록 하자. Portal은 단 방향이므로 양방향으로 연결되려면 두 번의 작업이 필요하다.

▶ 첫 번째 Portal : 『intro룸 ➡ classroom』

▶ 두 번째 Portal : 『classroom ➡ intro룸』

✓ Portal 연결 시, 주의할 점은

1) 출발지는 특정 타일을 지정해야 한다.

2) 목적지점은 목적지 룸의 다른 Portal 출발지점과 가까운 곳에 두지 않는다. 다른 Portal 출발지와 떨어진 곳 근처를 목적지로 잡아둔다.

3) Portal 설정 중 잘못된 지점을 클릭했다면 다시 새로 Portal을 설정해주는 게 오히려 좋을 수 있다.

❶ [Tile Effects]클릭 ❷ [Portal]클릭 ❸ intro룸의 지정한 출발지점 중 하나의 타일을 선택한다. ❹ 'Pick portal type' 창이 나타나면 [Portal to a room]을 클릭한다. [Portal to another space]는 동일한 링크 주소공간의 다른 룸으로 가는 것이 아니라 완전히 다른 링크주소를 가진 공간의 룸으로 가는 것이다. 우리는 '샘플 맵' 내에 있는 intro룸과 classroom을 연결하는 작업을 하고 있다. ❺ classroom을 선택하면 바로 classroom 맵으로 바뀌면서 파란색 타일이 보일 것이다. ❻ classroom의 Portal 출발지점과 거리가 있는 곳에 파란색 타일을 클릭하면 또 바로 intro룸 맵 화면으로 바뀐다. ❼ 여기서 intro룸 두 번째 Portal 출발지점의 타일을 클릭 해주는데 첫 번째와 동일한 팝업창이 나오니 ❹부터 ❼까지 작업이 반복된다. 완료됐으면 Mapmaker의 왼쪽 상단에 있는 화살표 모양(Select)을 클릭하면 따라다니는 파란색 타일이 사라지면서 Portal 설정 기능이 꺼지게 된다.

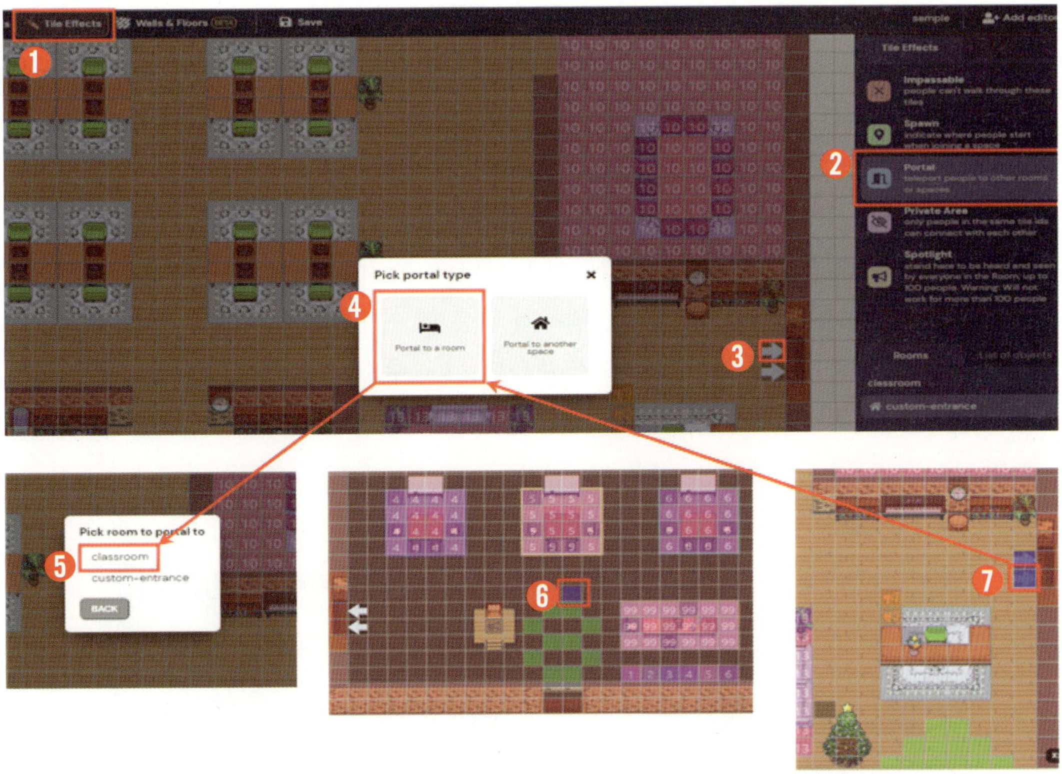

[그림51] Portal Effect 적용 순서

두 번째 작업인『classroom ➡ intro룸』의 Portal연결도 첫 번째 작업순서와 동일하게 수행하면 된다. 반드시 해주어야 양방향 간 캐릭터 이동이 가능해진다.

(12) 오브젝트 상호작용(실행)

게더타운이 다른 플랫폼과의 차이점은 오브젝트에 여러 가지 상호작용을 적용할 수 있다는 것이다. 상호작용할 수 있는 콘텐츠는 웹 사이트, 메시지, 이미지, 동영상과 오브젝트에 기본설정 된 상호작용인 [화이트보드], [피아노], [게임] 등이 있다. 대표적으로 자주 사용되고 있는 [Bulletin]이라는 오브젝트를 통해 유튜브 동영상을 상호작용(실행) 해보도록 하겠다.

먼저 상호작용할 유튜브 동영상의 링크를 복사해두도록 하자. 필자가 유튜브 동영상을 적용해보면서 특정 유튜브 동영상은 링크가 잘 되지 않는 부분이 있음을 알았다. 아래의 방법으로 링크를 확보하는 것을 권장한다.

❶ 우선 연결할 유튜브 동영상을 검색한다. ❷ 유튜브 영상 하단 제목 오른쪽 부분에 [공유]를 클릭 ❸ 화면 중앙에 '공유' 창 화면이 나타난다. 거기서 [퍼가기]를 클릭한다. ❹ 파란색 네모부분의 URL 링크를 사용하는 경우가 많은 데 이 링크는 사용하지 않는다. ❺ '동영상 퍼가기' 화면에서 오른쪽 링크주소가 보인다. 링크주소 부분만 드래그해서 마우스 오른쪽 버튼 클릭 시 나오는 메뉴에서 [복사]를 클릭해 동영상 URL을 확보해 둔다.

[그림52] 상호작용할 유튜브 동영상 링크주소 확보

(출처: https://www.youtube.com/watch?v=sWMMAjK8r4)

유튜브 동영상 링크주소를 확보했으면 [그림53]과 같이 순서대로 오브젝트를 설정해 보자.

❶ Mapmaker에서 왼쪽 상단 [Objects] 클릭 ❷ [More Objects] 클릭 ❸ 화면 중앙에 나타난 팝업창에서 [Wayfinding] 클릭 ❹ 오브젝트 [Bulletin(Video)]를 선택한다. ❺ 동영상 링크일 경우에는 반드시 [Embedded video]를 선택해줘야 한다. ❻ 앞서 확보한 유튜브 동영상 링크주소를 입력하고 캐릭터의 접근반경을 설정해준다. 기본으로 3으로 설정돼 있는데 오브젝트로부터 3개 타일 범위에 들어오면 상호작용 반응을 보인다는 의미이다. ❼ [Advanced Options]클릭 ❽ [Prompt message] 칸에 '유튜브 동영상(키보드 X)'을 입력한다. 캐릭터가 오브젝트로 접근할 때 나타나는 'Press X to interact' 메시지를 변경한 것이다. ❾ [Select] 클릭하고 실제 맵 상에 오브젝트를 배치 후 [Save]를 클릭해 저장한다. 그리고 Space 탭으로 넘어가서 캐릭터를 접근시켜 상호작용(실행)이 되는지 확인해 본다.

[그림53] 오브젝트 상호작용(실행) 설정 순서

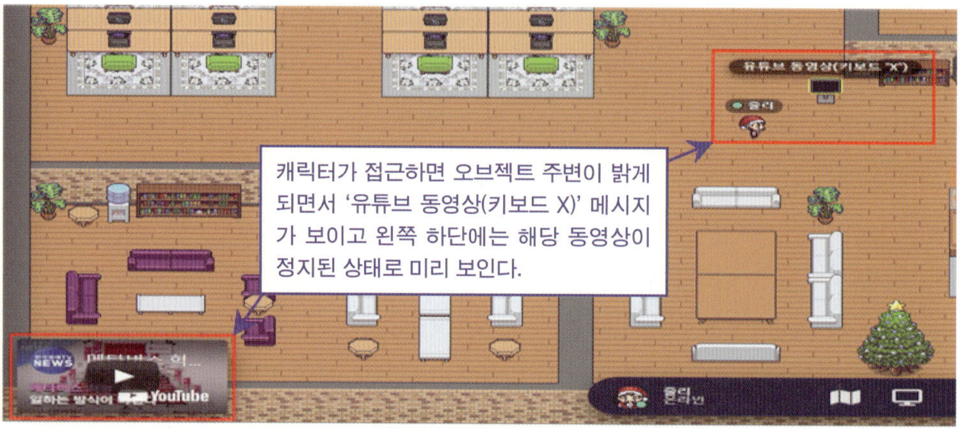

[그림54] 오브젝트 상호작용(실행) 확인

[그림55] 오브젝트 상호작용 콘텐츠 실행 및 닫기

No.	오브젝트	상호작용 시 화면
1	 · 카테고리 : Presentation	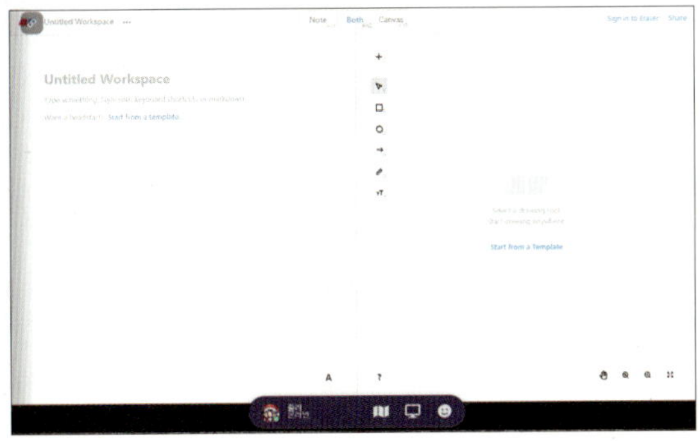
2	 · 카테고리 : Presentation	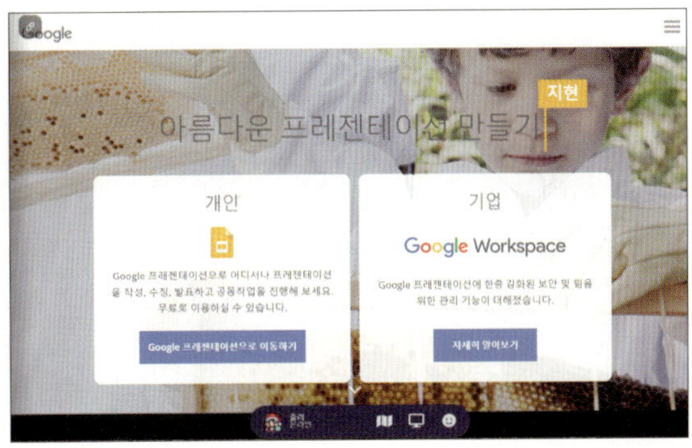
3	 · 카테고리 : game	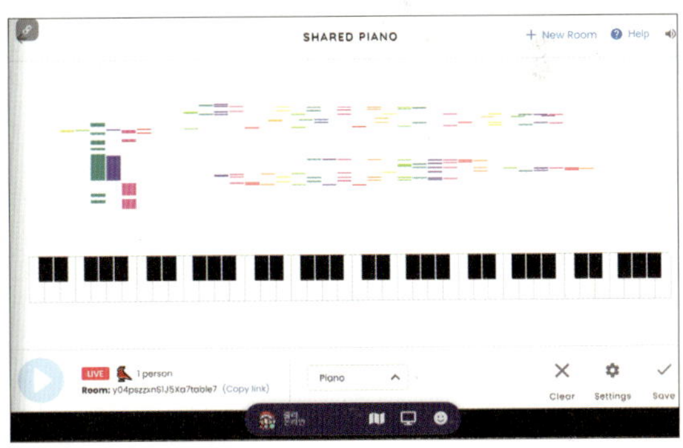

4	 · 카테고리 : game	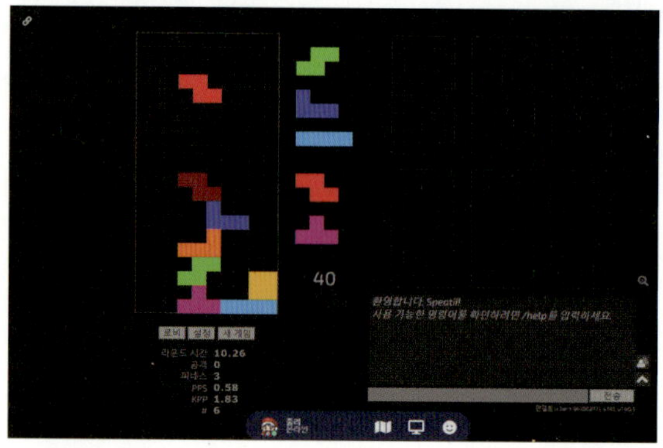
5	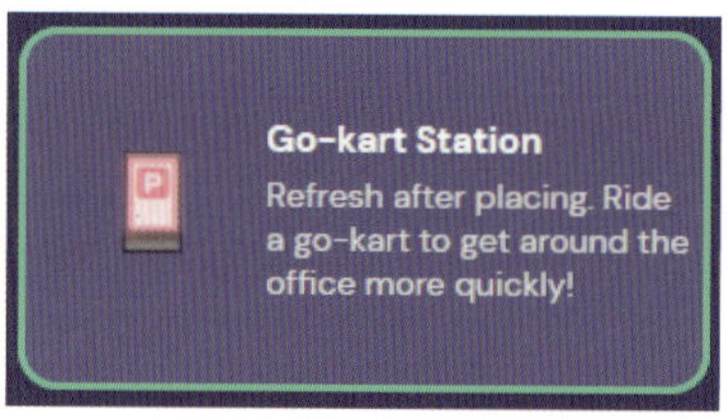 · 카테고리 : Newly Added (Remote Office일 때 가능)	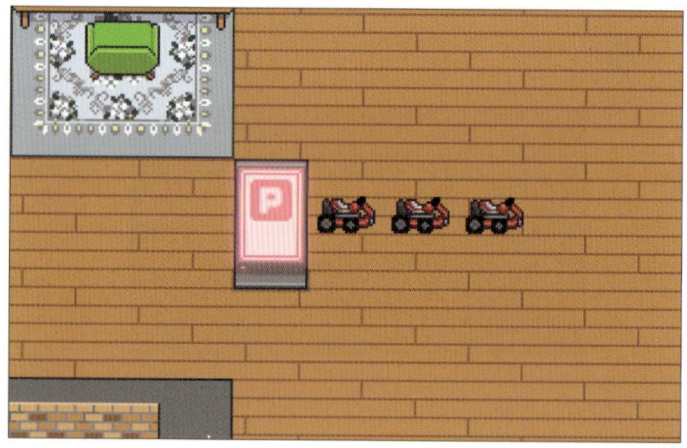

[표4] 게더타운에서 제공하는 상호작용 주요 오브젝트

Epilogue

코로나19로 인한 사회적 거리두기가 우리의 현실세계를 좁혀버렸지만 우리는 메타버스라는 가상공간을 통해서 더 많은 소통의 창구를 열고 있으며 어디든, 무엇이든 할 수 있는 세계에 살게 됐다.

지금은 메타버스 초기시대로 우리는 PC 디스플레이를 통한 가상세계에서 시작하고 있다. 그 선도적인 플랫폼이 게더타운이며 이를 모방한 다양한 플랫폼들이 개발돼 더 풍족한 환경과 기능들이 제공될 것으로 예상한다. 하지만 현재까지 공공기관의 행사 및 기업들의 화상회의와 교육플랫폼으로써 많이 활용되고 그 가치를 인정받고 있는 것이 게더타운 이기에 이에 대한 기본적인 내용과 맵 제작에 대한 내용을 통해서 게더타운을 이해하고 활용할 수 있기를 바란다.

맵을 만든다는 것은 단순히 배경공간을 만드는 것이 아니라 좁아진 현실공간에 대한 그 소중함을 알고 가상세계의 공간이 누군가와의 소통, 소중한 사람들과 함께 할 수 있는 공간으로 생각한다면 내가 만든 공간 하나하나가 큰 의미가 될 것이다.

Chapter

2

나도 제페토 크리에이터

박미숙

Chapter

02 나도 제페토 크리에이터

Prologue

'제페토(ZEPETO)' 처음에는 '게임인가? 뭐지?'라는 궁금증을 갖고 접하게 됐다. 많은 사람들이 '제페토 크리에이터'가 돼 수익을 발생시키고 있고 이것이 미래의 유망직종으로 떠오르면서 도대체 무엇인지, 어떻게 하는 것인지, 알아보고 싶어 시작하게 됐다. 나는 디자인 감각도 없다. 하지만 제페토 세상 안에서는 내가 원하는 캐릭터를 만들고 의상 아이템도 만드는 것이 가능하다. 내가 만든 옷을 입고 월드에서 사람들과 소통하는 것이 가능하다. 무엇보다도 매력 있는 것은 디자인을 못해도, 감각이 없어도 기본적으로 제공되는 템플릿으로 모든 것이 가능하다는 것이다.

제페토(ZEPETO) 세상에서는 함께 배우며 다양한 커뮤니티 활동들이 너무나 많아졌다. 특히 제페토 크리에이터(ZEPETO Creator)는 많은 이들에게 기회를 제공하며 누구나 쉽게 접근할 수 있다는 장점이 있다. 디자인 감각 꽝이고 그림소질도 없지만 제페토 크리에이터가 돼 손 쉬운 방법으로 내가 입고 싶은 옷을 디자인하려고 한다. 독자들도 함께 제페토 아이템 패션 디자이너가 돼 보기를 희망한다.

1. 나도 제페토 크리에이터

'제페토 크리에이터(ZEPETO Creator)'는 아바타 게임에서 의상 등 아이템을 만들어 판매하며 기본으로 제공되는 템플릿을 이용해서 간단한 수정과 편집만으로 가상현실 속 패션 디자이너가 될 수 있다. 평소에 디자인 감각이 없는 사람 또는 원하는 옷을 입고 싶은데 그렇게 하지 못하는 사람들이 손쉽게 디자인하고 아이템을 만들고 입어 볼 수가 있다. 실제로 많은 사람들이 제페토 크리에이터로 활동하며 많은 수익을 내고 있다.

2. 제페토 아이템 제작하기

제페토 아이템 제작방법으로 모바일 버전과 PC 버전을 함께 알아보도록 한다.

1) 아이템 제작하기(모바일 버전)

모바일로 아이템을 만들 때는 'B612' 와 '이미지사이즈' 앱이 필요하기 때문에 [그림1]과 같이 작업에 들어가기 전에 미리 플레이스토어에서 두 가지 앱을 설치해 놓는다.

[그림1] 제페토 선택

우측 하단의 '프로필'을 선택한다.

[그림2] 프로필 선택

상단 우측 바퀴모양의 '설정'을 선택한다.

[그림3] 설정 선택

설정창의 중간에 'become a creator' 또는 '크리에이터 되기'를 선택 한다.

[그림4] 크리에이터 되기 선택

인기, 한 벌 의상, 상의, 외투, 바지&치마, 양말, 신발, 헤드웨어, 액세서리 중에서 만들고 싶은 아이템을 선택한다.

[그림5] 아이템 선택

하단의 '편집'을 선택한다.

[그림6] 편집 선택

'편집'에서 '템플릿 다운로드'를 선택한다.

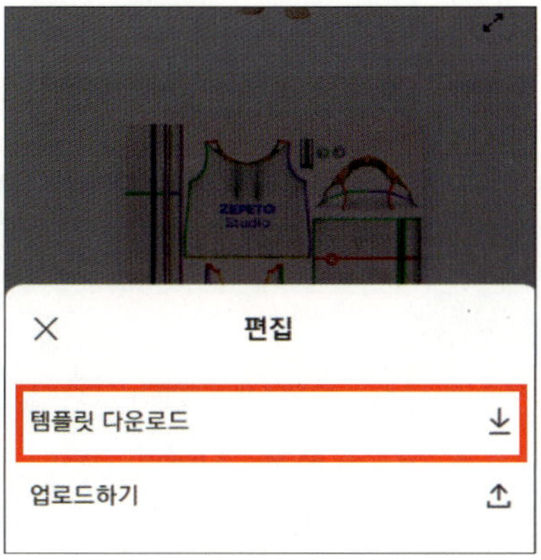

[그림7] 템플릿 다운로드 선택

폰의 하단 가운데 ① 홈 버튼을 클릭해 홈 화면으로 복귀해서 앱 ② 'B612'를 선택한다.

[그림8] B612 선택

'B612'에서 왼쪽 하단 '보정'을 선택한다.

[그림9] 보정 선택

앨범에서 다운로드 한 템플릿을 선택한다.

[그림10] 템플릿 선택

하단의 '브러시'를 선택한다.

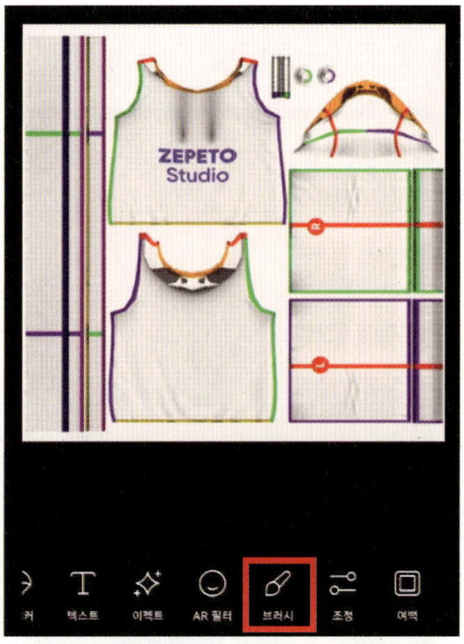

[그림11] 브러시 선택

브러시에서 ① 굵기와 ② 색상을 바꿔준 다음 ③ 체크표시를 선택한다.

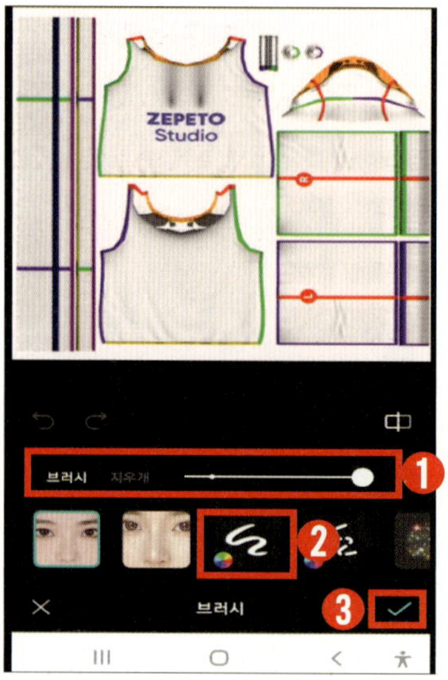

[그림12] 브러시 굵기 색상 변경

스티커나 글씨가 들어갈 부위를 조금만 남기고 ① 전체를 색칠하고 ② 우측하단의 저장하기를 선택한다.

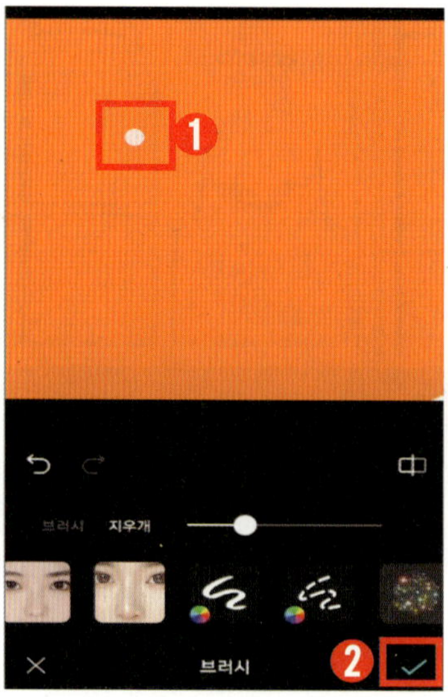

[그림13] 색상 칠하고 저장하기

① '스티커'를 선택하고 ② 원하는 디자인을 선택하고 ③ 원하는 위치로 이동 시킨 후 ④ 체크를 선택해 저장한다.

[그림14] 스티커 선택

편집이 완료됐으면 우측 상단의 '저장'을 누른다.

[그림15] 저장하기3

'B612'에서 만든 이미지를 업로드 할 경우 사이즈가 맞지 않으므로 폰의 하단 중앙의 홈 버튼을 클릭해 바탕화면으로 돌아가 '이미지사이즈' 앱을 열어 사이즈를 조절한다.

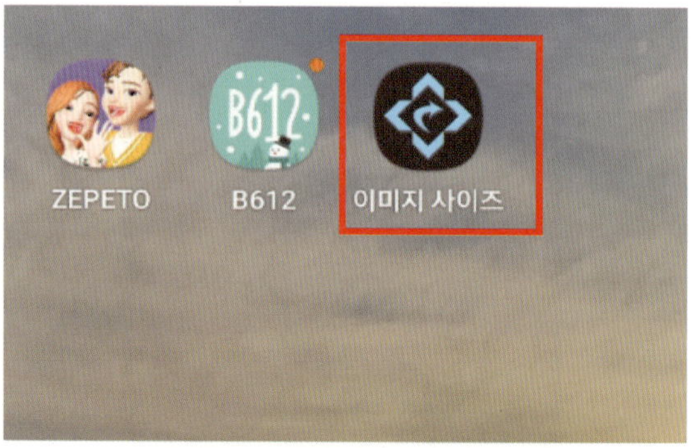

[그림16] 이미지사이즈 불러오기

어플 '이미지사이즈' 크기를 512×512로 변경한다.

[그림17] 이미지사이즈 크기 변경

좌측 상단의 '갤러리' 모양의 아이콘을 터치하고 갤러리에 저장된 폴더를 연다.

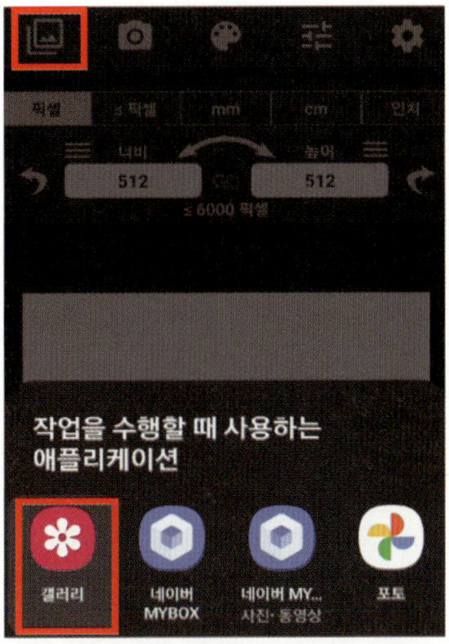

[그림18] 갤러리 선택

이미지 사이즈(512×512)를 확인한 후에 불러온 이미지를 좌측 하단의 '화살표 모양'의 저장하기를 터치한다.

[그림19] 불러온 이미지 저장

여기까지 했으면 다시 폰 하단의 ① 홈 버튼을 클릭해 바탕화면으로 돌아와서 다시 ② '제페토'를 선택한다.

[그림20] 제테토 선택

하단의 '편집'을 클릭한다.

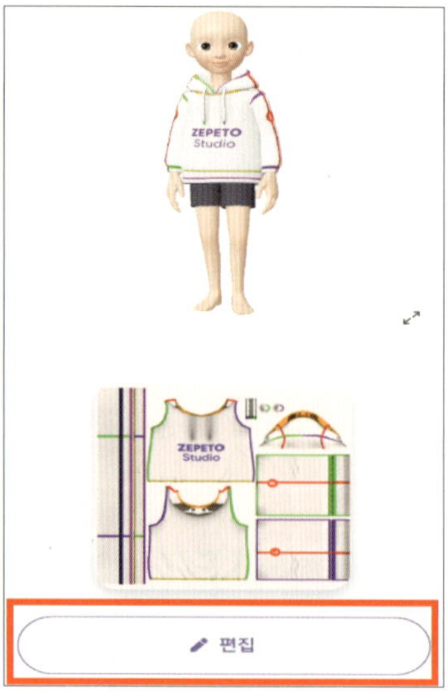

[그림21] 편집클릭

'업로드하기'를 선택한다.

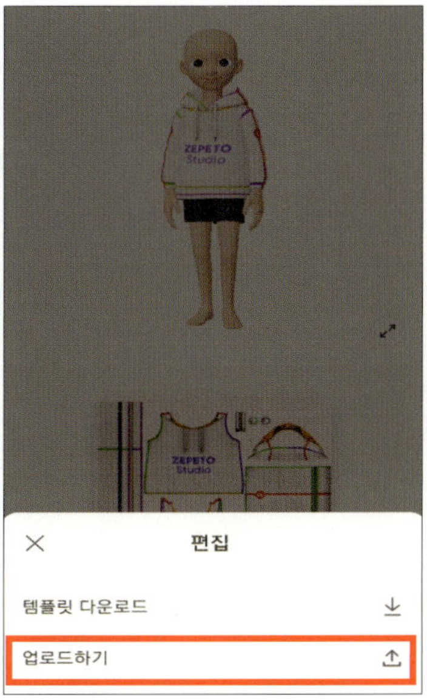

[그림22] 업로드하기 선택

'이미지'를 선택한다.

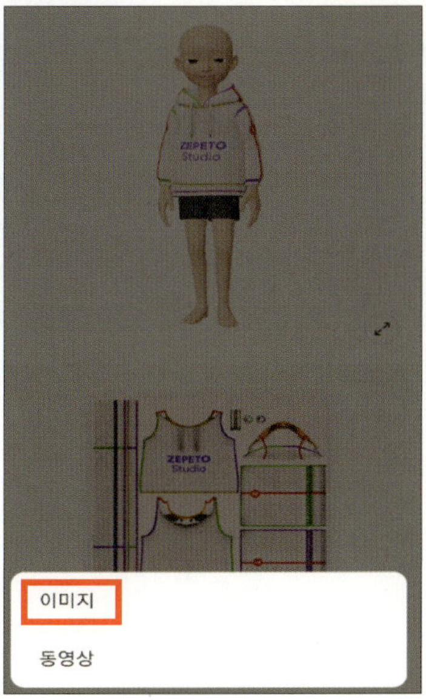

[그림23] 이미지 선택

나의 '앨범'을 선택한다.

[그림24] 앨범 선택

앨범 폴더에서 '이미지 사이즈' 폴더를 찾는다.

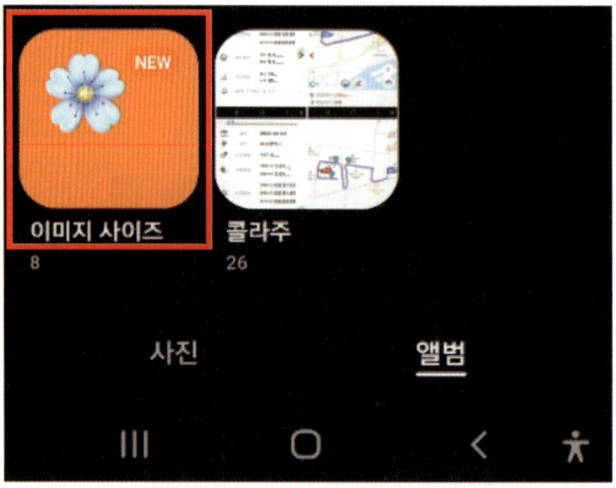

[그림25] 이미지 사이즈 폴더 선택

이미지사이즈 폴더에 저장돼 있는 템플릿을 불러오고 우측상단의 '다음'을 선택한다.

[그림26] 다음 선택

작업한 아이템의 ① 이름, 태그, 가격 등을 적어 넣고 ② 우측상단의 저장하기를 선택한다.

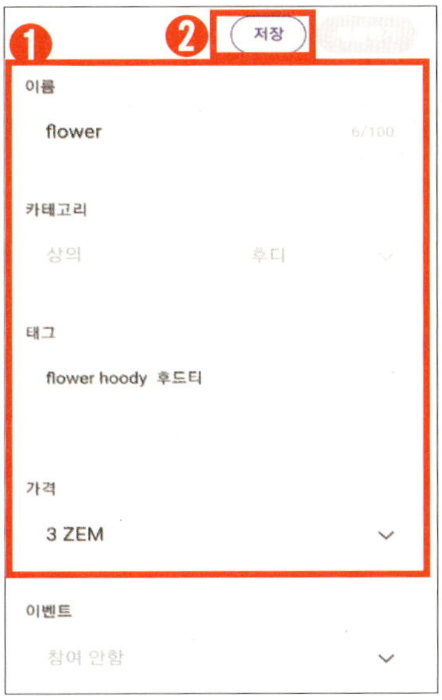

[그림27] 아이템 저장하기

아이템 저장 후 '제출하기'가 활성화 되면 선택해 제출하도록 한다. 아이템은 동시에 3개까지 제출이 가능하며 제출하기 취소는 할 수 있으나 수정은 불가능하다. 아이템 심사일은 최대 2주가 소요된다.

[그림28] 아이템 제출하기

제출하기가 끝나면 하단의 ① '내 아이템'으로 들어가 보면 아이템이 ② '제출됨'으로 바뀐 것을 볼 수 있다.

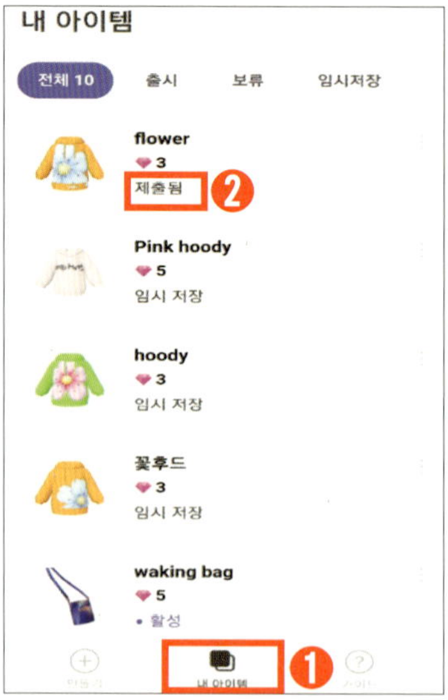

[그림29] 제출됨으로 바뀜

① '내 아이템'으로 가서 ② '점 3개'를 터치한다.

[그림30] 아이템 미리보기

① '점 3개'를 터치하고 ② '휴대폰에서 미리보기'를 선택한다.

[그림31] 휴대폰에서 미리보기

① 좌측 하단의 '홈'으로 돌아가 우측 상단의 ② '종' 모양의 알림을 선택한다.

[그림32] 홈에서 알림 선택

좀 전에 작업한 아이템에 대한 알림을 선택한다.

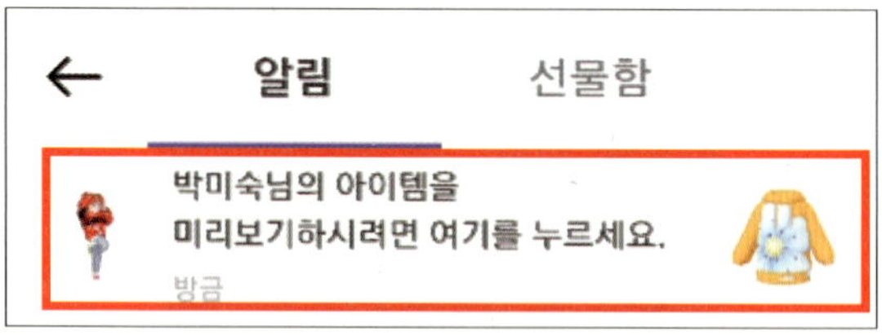

[그림33] 작업아이템 선택

아이템 이미지를 1~5번까지 제스처로 확인이 가능하며 돌려가며 뒷모습도 확인이 가능하다.

[그림34] 아이템 미리 입어보기

2) 아이템 제작하기(PC 버전)

'제페토 스튜디오'에서는 전문적인 디자인 지식이 없어도 누구나 손쉽게 아이템을 만들 수 있도록 기본 아이템 템플릿을 제공하고 있다. 제공된 템플릿을 이용해 전문적으로 제작할 수도 있고 간단하게 제작도 가능하다. 기존 사용자들이 직접 아이템을 제작하고 출시해 판매도 가능하다. PC에서는 '제페토 스튜디오'와 '미리캔버스'를 활용해 제작하도록 한다.

크롬 웹을 설치하고 구글 사이트에서 ① '제페토 스튜디오'를 검색해 ② 선택한다.

[그림35] 제페토 스튜디오 사이트 선택

제페토 스튜디오에서 '시작하기'를 클릭한다.

[그림36] 제페토 스튜디오 홈 화면

제페토 계정 인증방법은 QR코드 인증과 전화번호·이메일 인증 중 선택해 진행한다. 필자는 QR코드로 인증을 선택했다.

[그림37] 제페토 QR코드 선택해 진행

3. 아이템 만들기

계정을 입력하고 로그인 해 들어와서 '+만들기'를 선택한다.

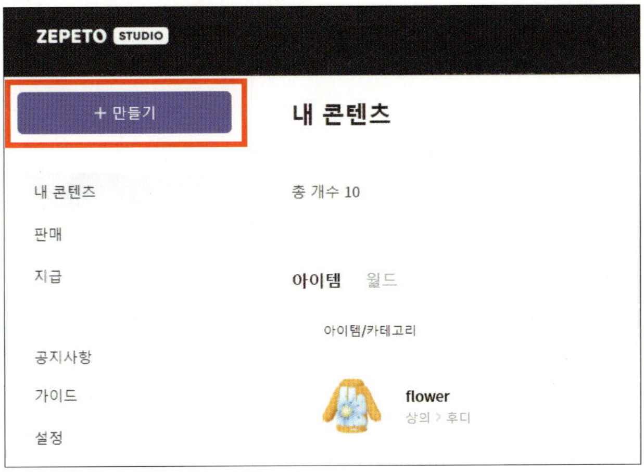

[그림38] '+만들기' 선택

만들고 싶은 콘텐츠를 선택하라고 나오면 '아이템'을 선택한다.

[그림39] 아이템 선택

원하는 아이템을 고를 수 있다. 필자는 '캐주얼 후디'를 선택한다.

[그림40] 캐주얼 후디 선택

템플릿 에디터 화면 상단에 '템플릿 다운로드'를 선택해 저장한다.

[그림41] 템플릿 다운로드

PC에서는 압축 파일로 저장되며 압축 파일을 해제한다.

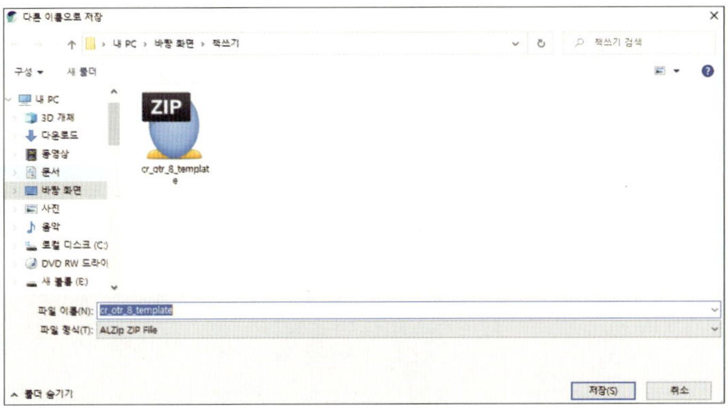

[그림42] 저장하기

구글 검색 창에서 ① '미리캔버스' 검색하고 ② 사이트를 연다.

[그림43] 미리캔버스 검색

미리캔버스에서 회원가입은 ① 이메일, 구글, 페이스북, 네이버, 카카오톡 중 하나를 선택해서 소셜 계정으로 간편하게 가입하고 ② 로그인한다.

[그림44] 로그인 하기

미리캔버스에서 ① '디자인 만들기'를 선택하고 '512×512px(픽셀)'로 지정하고 ② '새 디자인 만들기'를 클릭한다.

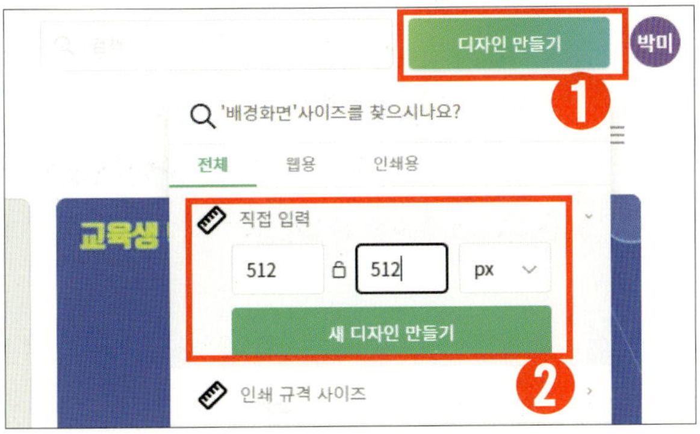

[그림45] 새 디자인 만들기

제페토 스튜디오에서 다운받은 템플릿 파일을 업로드 한다. 좌측의 ① '업로드'를 클릭하고 ② '내 파일 업로드'를 클릭해 내 PC 안에 저장해 놓은 파일을 불러온다.

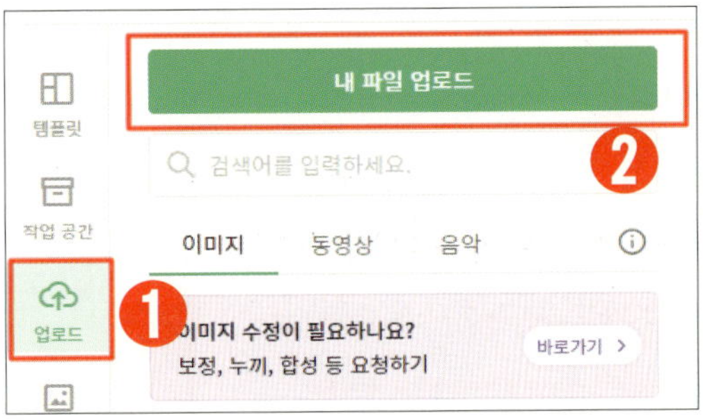

[그림46] 내 파일 업로드

① PC 안에 압축풀기해서 저장해 놓은 파일을 ② 열기한다.

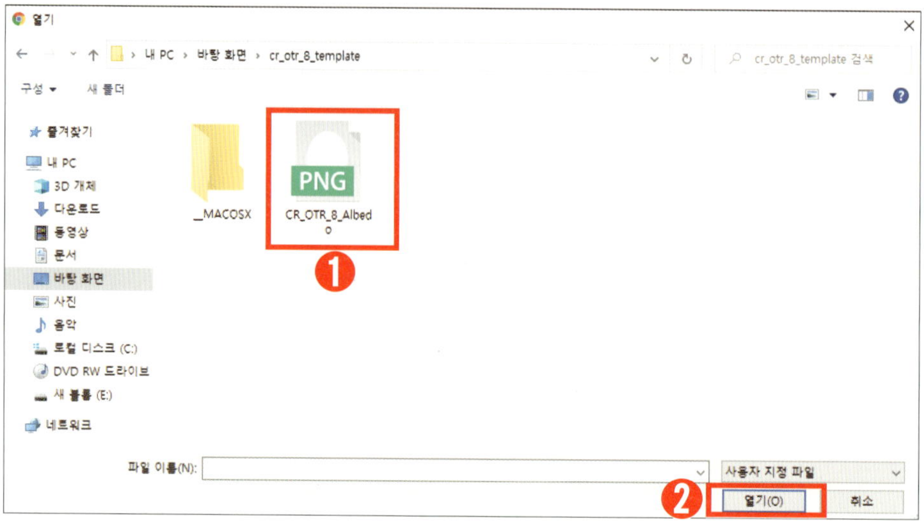

[그림47] 저장해 놓은 파일 불러오기

업로드 한 이미지를 선택하면 오른쪽에 자동으로 보인다.

[그림48] 템플릿 선택

템플릿을 선택한 후 오른쪽 마우스를 클릭해 '배경으로 만들기'를 선택한다.

[그림49] 배경으로 만들기

미리 지정했던 크기의 이미지는 '512×512'px(픽셀)로 저장된다.

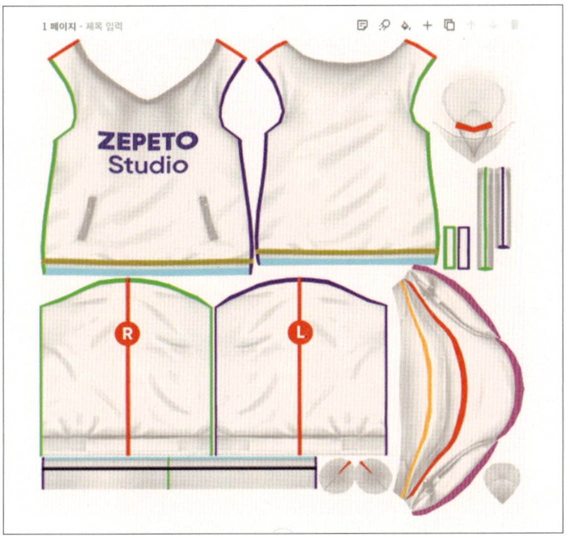

[그림50] 이미지 크기에 맞게 저장

이미지를 갖고 오기 위해서는 왼쪽 화면에 요소나 사진에서 이미지를 선택할 수 있다. 필자는 요소에서 가지고 와서 작업을 했다. ① '요소'를 선택해 원하는 이미지를 선택하면 ② 선택한 이미지가 우측에 나타난다.

[그림51] 옷에 입힐 요소 선택

이미지 크기에 맞춰 불러온 이미지를 확대한다.

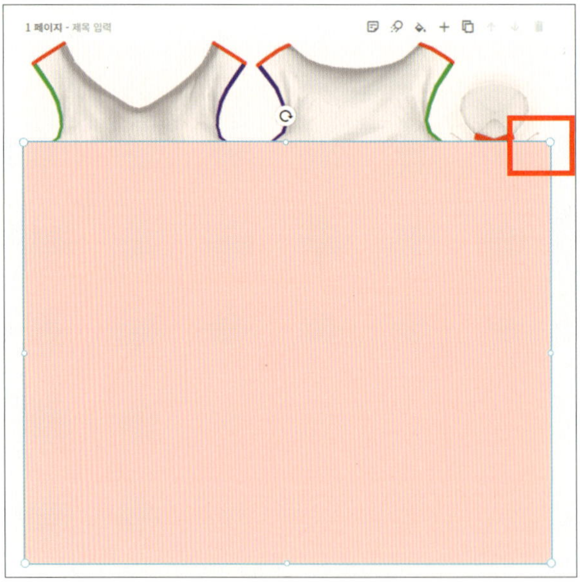

[그림52] 이미지 크기에 맞게 확대한다.

이미지 크기에 맞게 전체를 덮도록 한다.

[그림53] 이미지 크기에 맞게 완성

선택한 옷에 불투명도를 활용해 글자를 넣을 준비를 한다.

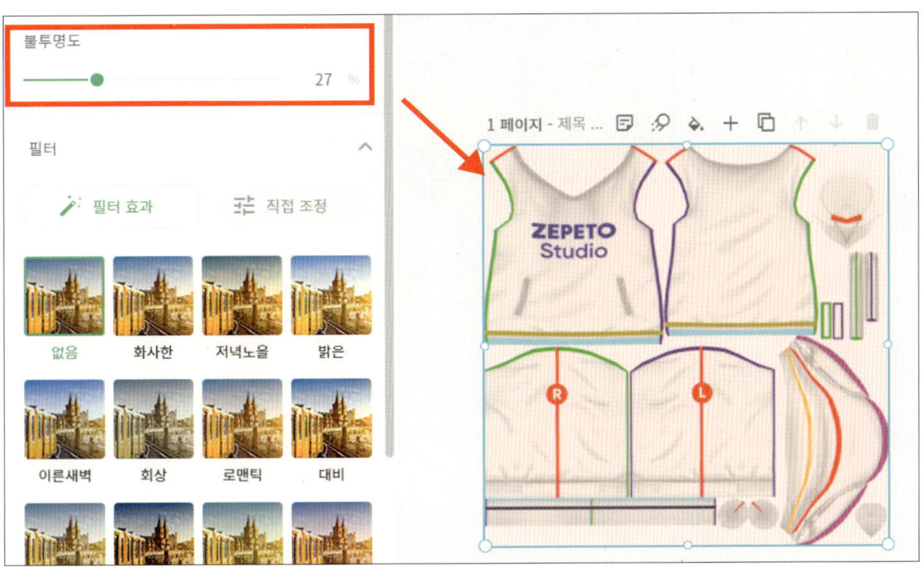

[그림54] 불투명도 활용

글씨를 넣기 위해 좌측에 있는 ① '텍스트'를 선택하고 스타일에 맞게 ② 글씨체를 선택해 활용하도록 한다.

[그림55] 텍스트 선택

텍스트를 입력하도록 한다.

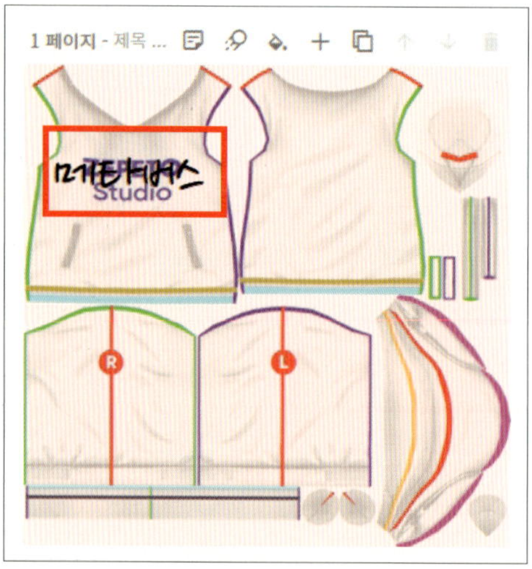

[그림56] 텍스트 입력

텍스트 입력이 끝났으면 다시 '불투명도'를 100으로 바꿔준다.

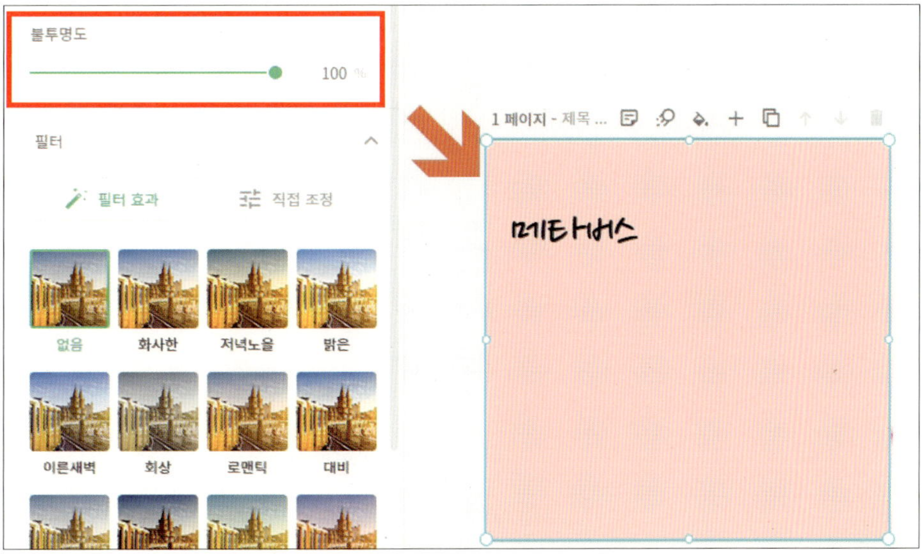

[그림57] 불투명도 100으로 변환

상단 오른쪽 ① '다운로드'를 선택하고 ② 'PNG'를 선택한다. 그리고 ③ '빠른 다운로드'를 선택하도록 한다.

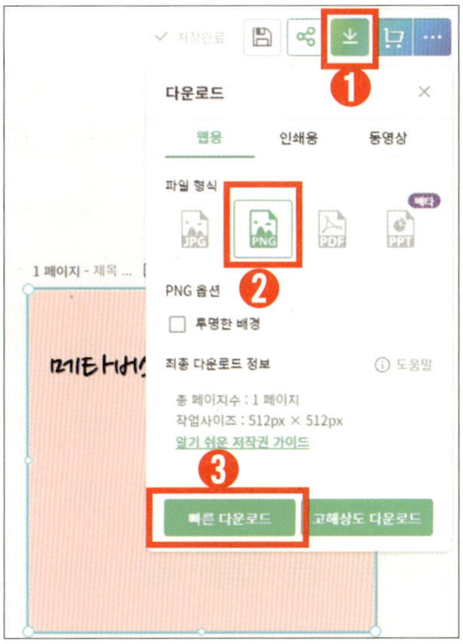

[그림58] PNG로 저장하기

다운로드가 끝났으면 제페토 스튜디오로 돌아와서 '업로드하기'를 선택한다.

[그림59] 업로드하기

업로드 할 ① '파일'을 선택해 ② '열기'를 한다.

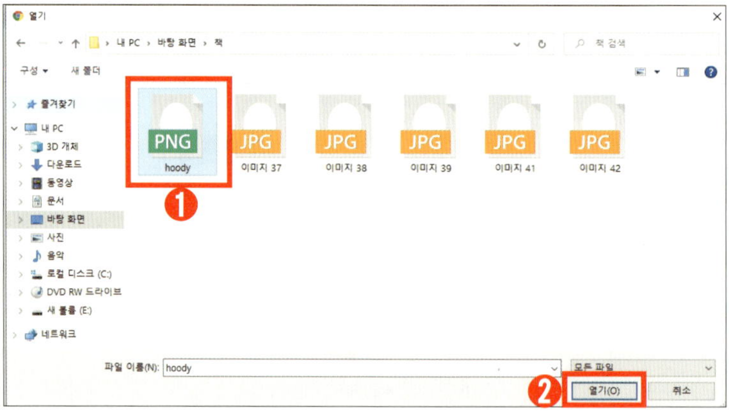

[그림60] 업로드 파일 선택

① '업로드 하기'가 끝나면 캐릭터에 잘 맞는지 보고 ② '확인'을 선택한다.

[그림61] 아이템 확인하기

4. 아이템 가격 정하기 및 미리보기

아이템의 ① 상세정보에서 ② 이름, 카테고리, 태그, 가격을 입력하고 ③ '저장'을 선택한다.

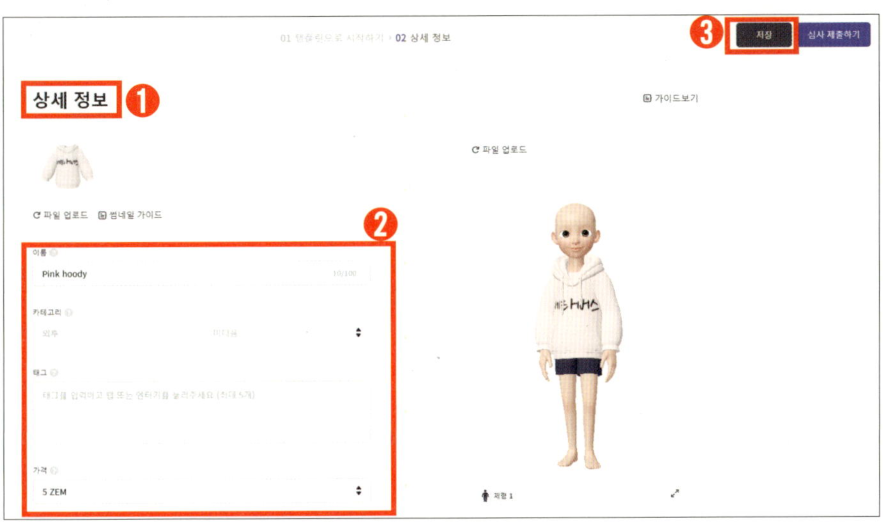

[그림62] 아이템 상세 정보 입력 및 저장

'내 콘텐츠' 선택하고 만든 아이템이 있는지 확인한다.

[그림63] 내 콘텐츠에서 작품 확인

미리보기는 휴대폰에서만 가능하며 오른쪽 상단 '…'를 선택하고 '휴대폰에서 미리 보기'를 선택한다.

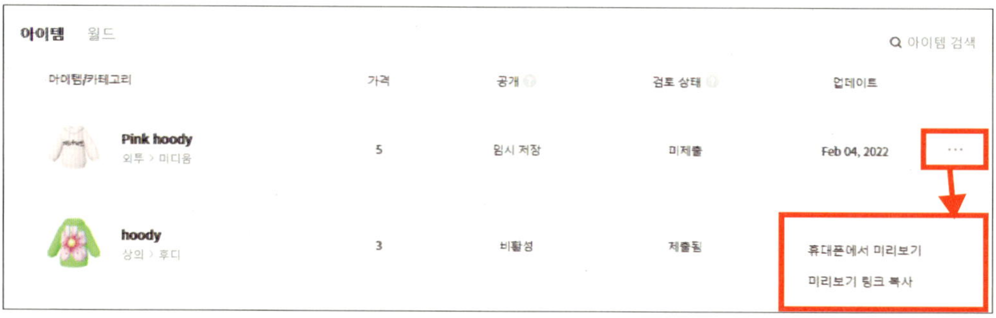

[그림64] 휴대폰에서 미리보기

휴대폰에 설치된 제페토 앱을 열어 '알림 창'을 선택한다.

[그림65] 휴대폰에서 알림 창 선택

알림 창에 '아이템 미리 보기 하시려면 여기를 누르세요'를 선택한다.

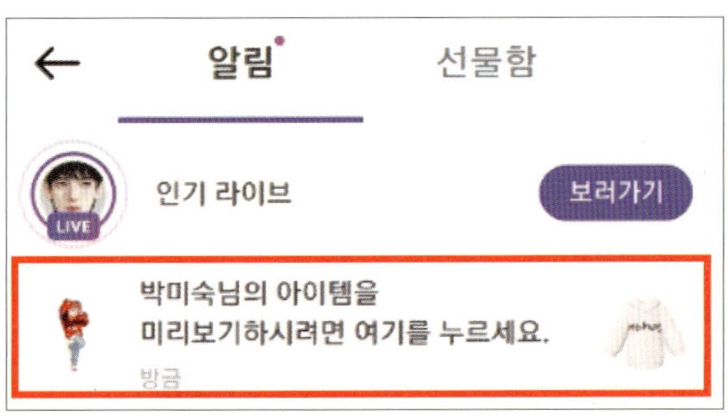

[그림66] 휴대폰에서 아이템 미리보기

아이템 이미지를 1~5번까지 제스처로 확인이 가능하며 돌려가며 뒷모습도 확인이 가능하다.

[그림67] 휴대폰에서 아이템 미리보기

5. 아이템 심사 제출하기 및 수익창출

아이템 확인이 끝났으면 상세 정보 창에서 '심사 제출하기'를 선택한다.

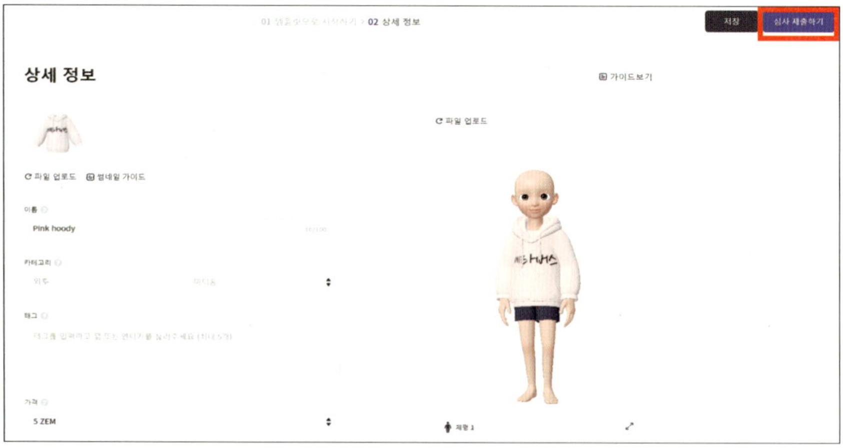

[그림68] 심사 제출하기

심사 가이드라인의 창이 뜨면 확인 후 '심사 제출하기'를 선택한다. 아이템 심사 제출 수량은 최대 3개까지 가능하며, 아이템이 승인 완료되기 전에는 추가로 제출 할 수 없다.

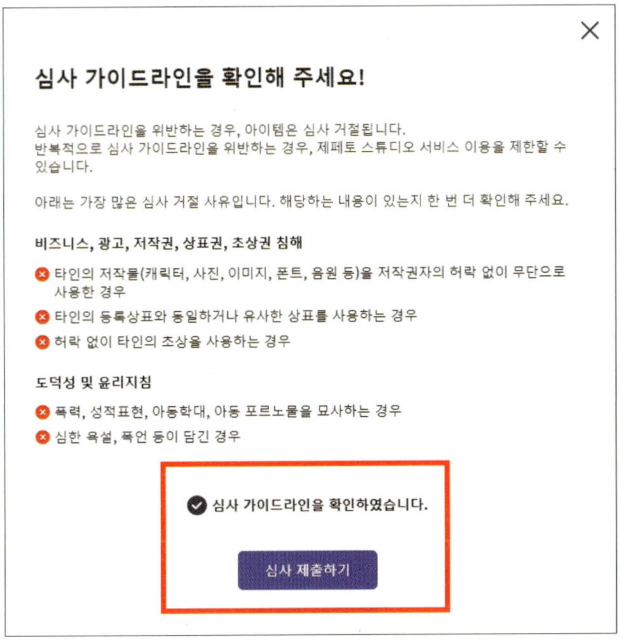

[그림69] 심사 가이드라인 확인

심사 제출하기 된 아이템은 '검토 상태'가 '제출됨'으로 변경된다.

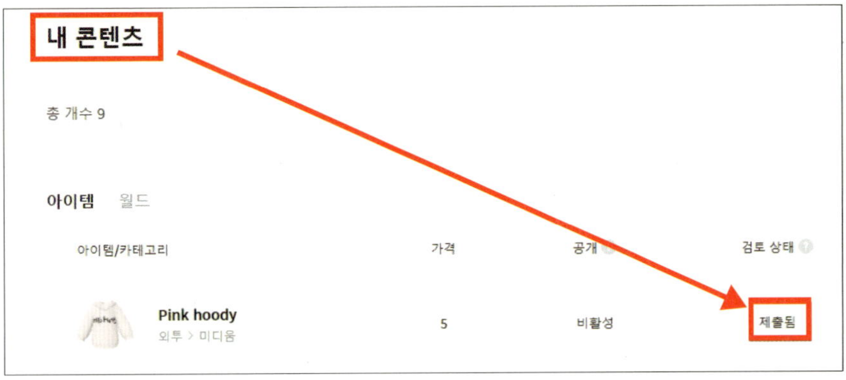

[그림70] 검토상태가 '제출됨'으로 변경

아이템을 저장하거나 심사를 요청하기 전, 아이템 제출을 취소할 수 있다. '심사 제출하기'를 누르면 '제출 취소하기'가 활성화된다. 취소하고 싶다면 '제출 취소하기' 버튼을 선택해 제출을 취소한다.

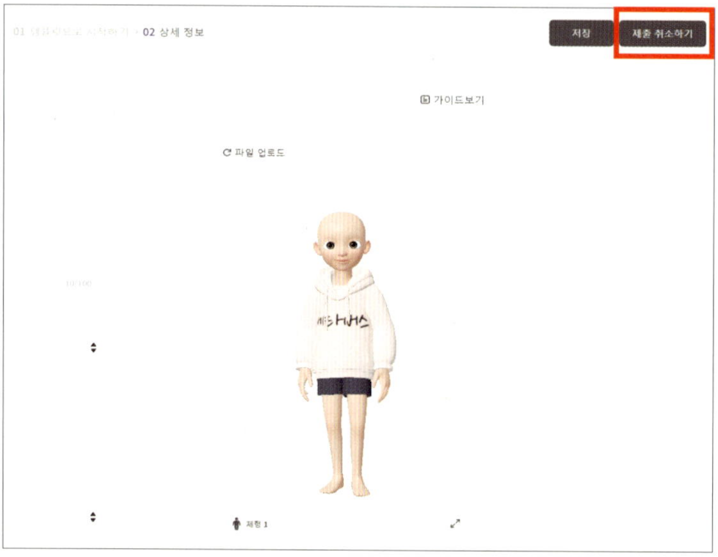

[그림71] 아이템 제출 취소하기

제출하지 않고 임시 저장했던 아이템들을 목록에서 삭제할 수 있다. 임시 저장한 아이템의 더보기 '…' 버튼을 클릭하면 '삭제' 버튼이 보인다. 아이템을 삭제하고 싶다면 '삭제' 버튼을 눌러 삭제하면 된다.

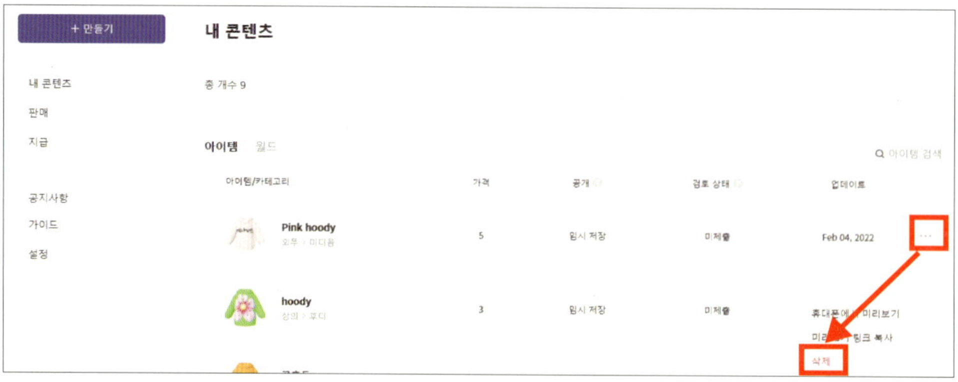

[그림72] 임시 저장 아이템 목록에서 삭제

제페토 스튜디오 '판매' 메뉴에서 내가 등록한 콘텐츠의 매출 통계를 확인 할 수 있다.

- 판매량 : 설정한 기간 중 판매된 아이템의 총 수량
- 판매 : 설정한 기간 중 판매된 아이템의 총 매출액

[그림73] 판매 내역 확인

지금 요청은 매월 25~30일 사이 한 달에 한 번씩만 할 수 있으며, 아이템 판매 수익금 잔고가 '5,000ZEM' 이상일 경우 현금화가 가능하다.

[그림74] 지급 요청하기

Epilogue

제페토 크리에이터에 관심을 갖고 멋진 디자이너가 돼 하나씩 알아보았다. 예전에 만들고 싶은 디자인들이 있어 미싱도 사고 마음에 드는 천도 사고 만들어 본 기억이 있다. 그러기 위해서는 재료비와 수고가 많이 들어간다. 작업 환경도 먼지가 많아서 지속하기가 힘들었다. 제일 중요한 것은 내가 원하는 멋진 작품이 나오지 못했다는 것이다. 핸드메이드라 좋은 점도 있었지만 쉽게 만들기가 어려웠던 것 같다.

제페토 크리에이터에서 아이템을 제작하다보면 기존 템플릿이 제공돼 내가 원하는 대로 만들 수가 있다. 실제로 아이템이 판매가 돼 지속적으로 하다보면 수익까지 낼 수도 있다는 건 얼마나 멋진 일인가? 제페토 크리에이터를 공부하면서 나는 자신감이 생기기 시작했다. 단순히 제페토에서 게임을 하는 것이 아니고 가상세계에서 내가 원하는 상품들을 만들어서 무제한의 사람에게 판매가 가능하며 비용 또한 발생하지 않는 장점이 있다. 물론 수익을 발생하기까지는 노력과 수고가 뒷받침 돼야 함은 당연한 것이다.

메타버스 세상에서는 다양한 기회들을 만날 수 있다. 시대가 변하고 있고 그 흐름에 휩쓸려 가기보다는 메타버스 세상 안에서 본인이 추구하는 꿈을 발견해 시작해보는 것은 어떨까? 상상하는 모든 것을 제페토 가상공간 안에서 만들어내고 함께 즐기는 순환구조가 이뤄지고 있다. 제페토 크리에이터가 돼 여러분들의 꿈이 발견되고 이뤄지는 메타버스 세상, 지금보다 앞으로 더 많은 수익이 창출될 수 있는 곳, 멋진 제페토 크리에이터가 돼 새로운 인생으로 거듭나기를 소망한다.

Chapter
3

나도 제페토 빌드잇 마스터!

전대호

Chapter

03 나도 제페토 빌드잇 마스터!

Prologue

제페토 서비스는 2018년 8월 출시해 한국뿐 아니라 중국과 일본, 미국 등 전 세계 200여 국가에서 1억 3,000만 명 이상의 마음을 사로잡았다. 온라인상에서 또 다른 나의 아이덴티티를 창조함으로써 나이·성별·인종·지역을 넘어서는 친구도 사귈 수 있고, 시간과 공간을 초월해 어디든 갈 수 있다. 상상 속에서만 꿈꿔왔던 무엇이든 만들어낼 수 있는 곳. 오늘도 제페토에서는 끝없는 꿈을 펼치고 있다.

제페토는 3D 아바타를 기반으로 해서 누구나 가슴 속에 꿈꿔왔던 것을 만들어 낼 수 있는 가상세계 플랫폼이다. 당신이 상상하는 것이 무엇이든, 제페토의 가상공간 안에서 만들고 세상의 모든 사람들과 함께 즐길 수 있도록 모바일 앱과 크리에이터/빌더들의 플랫폼을 제공하고 있다.

빌드잇(build it)은 내가 직접 만드는 세상, 단 하나 뿐인 나만의 제페토 맵을 쉽게 만들 수 있는 PC용 맵 에디터이다. 월드에 있는 오브젝트를 자유롭게 배치해 자신만의 맵을 만들어 보자

1. 빌드잇 설치

빌드잇(build it)은 PC용 맵 에디터로, PC(컴퓨터)에만 설치할 수 있다.

1) PC환경 확인

먼저 빌드잇을 원활하게 이용 할 수 있는 권장 PC(컴퓨터) 환경을 확인 하자.

- 운영체제: Windows 10 또는 Mac OS Mojave 이상
- CPU: intel i5 이상
- 메모리: 8GB RAM 이상
- 그래픽: Geforce GTX 660 이상
- Direct X: 10 버전 이상
- 해상도: 1280x720 이상
- 여유 공간: 500MB 이상

2) 빌드잇 클릭

제페토 스튜디오 홈페이지(https://studio.zepeto.me/kr) 화면의 콘텐츠에서 빌드잇을 클릭한다.

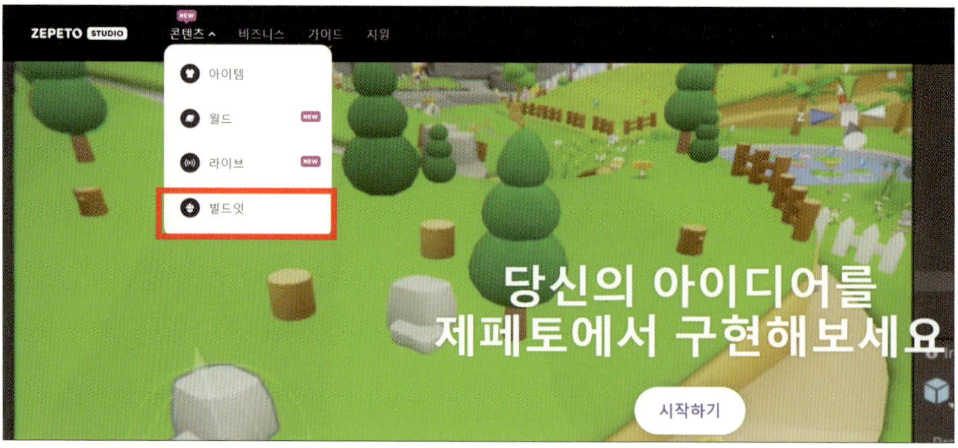

[그림1] 빌드잇 클릭

3) 자신의 PC에 맞는 운영체제를 선택

빌드잇은 모든 것을 무료로 제공하며, 현재 PC에서만 사용 가능하다. 자신의 PC에 맞는 운영체제를 선택한다.

[그림2] 설치 프로그램 다운로드

4) ZEPETO build it 설치 마법사 시작

ZEPETO build it 설치 창에서 'ZEPETO build it 설치 마법사를 시작합니다'라는 내용이 뜨면 '다음' 버튼을 클릭한다.

[그림3] ZEPETO 설치 마법사 시작

5) 설치위치 확인

설치폴더 선택 창에서 '찾아보기' 버튼을 눌러 설치 폴더를 선택하거나 기본 설치위치를 확인 후 '다음' 버튼을 클릭한다.

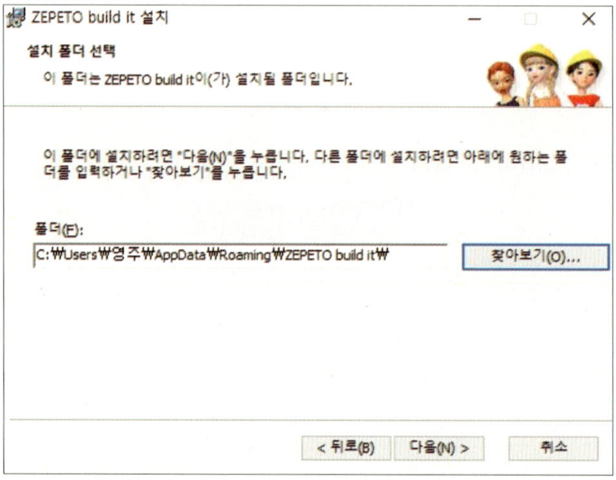

[그림4] 설치 폴더 선택

6) 설치시작

설치준비 창에서 '설치' 버튼을 눌러 설치를 시작 한다.

[그림5] ZEPETO 설치

7) 설치종료

'ZEPETO build it 설치 마법사를 완료하는 중' 창에서 '마침' 버튼을 클릭해 설치를 종료한다.

[그림6] ZEPETO 설치 종료

2. 제페토 빌드잇 기초

1) 제페토 계정 로그인

제페토 빌드잇을 시작하기 전에 로그인을 해야 한다. 로그인은 계정로그인과 QR로그인 두가지 방식이 있는데 편하게 카카오톡으로 로그인해도 된다.

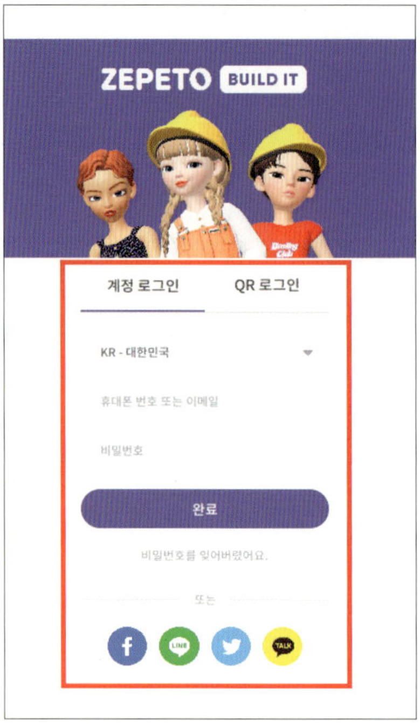

[그림7] ZEPETO 로그인

2) 빌드잇 만들기 시작

build it 창에서 좌측의 ① + 새로 만들기를 클릭하고 ② 첫 번째 있는 'Plain' 버튼을 차례로 클릭 한다.

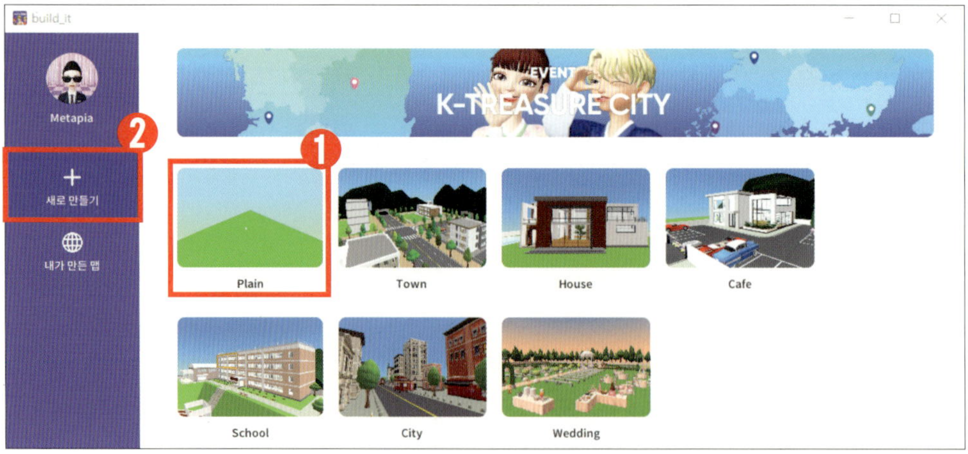

[그림8] 새로 만들기

3) 지형 만들기

'Plain'을 선택하면 지형을 만들 수 있는 화면이 보인다.

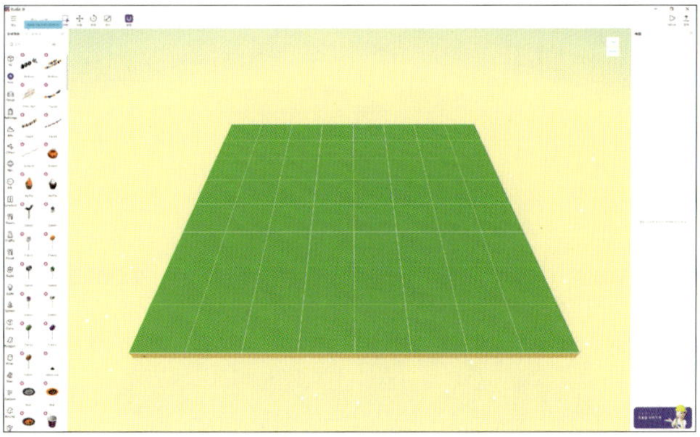

[그림9] Plain 기본 화면

4) 빌드잇 조작법

(1) 줌인, 줌아웃

마우스의 가운데 휠을 위로 올리면 줌인, 아래로 내리면 줌아웃 된다. 키보드의 W(줌인), S(줌아웃)을 이용 할 수도 있다.

[그림10] 줌인, 줌아웃

(2) 화면이동

마우스 휠 버튼을 누르면 마우스커서가 손바닥 모양으로 바뀐다. 이 상태에서 휠을 누른 손가락을 때지 말고 지형을 상, 하,좌, 우로 이동 할 수 있다. 마우스 오른쪽 버튼은 지형을 상, 하, 좌, 우로 회전시킬 수 있다.

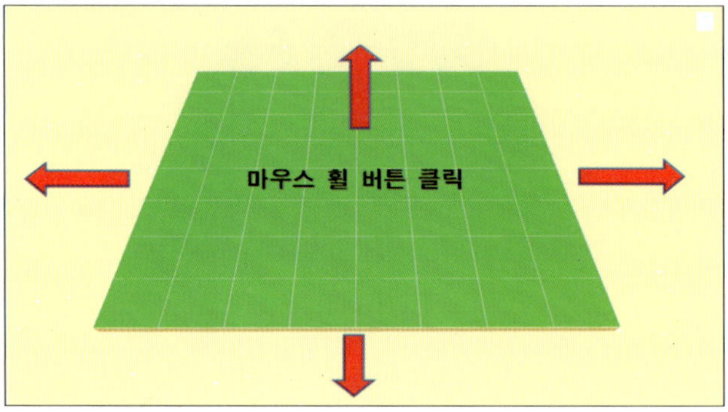

[그림11] 지형 이동

(3) 카메라 이동 단축 키

- W : 줌인
- S : 줌아웃
- D : 왼쪽으로 이동
- A : 오른쪽으로 이동
- Q : 위로 이동
- E : 아래로 이동

(4) 여러 각도로 방향 전환 하는 방법

오른쪽 상단의 '정육면체' 모양의 화살표를 클릭하면 여러 각도로 보기가 가능하다.

[그림12] 여러 각도로 방향전환 하는 방법

3. 익스플로러

왼쪽 상단의 익스플로러는 지형의 크기, 지형의 종류, 하늘의 색, 배경음악 그리고 플레이어의 속도, 점프 높이의 설정이 가능하다.

[그림13] 익스플로러

1) 지 형

월드 아래 '지형'을 클릭하면 오른쪽 상단에 지형의 속성 창이 나타난다.

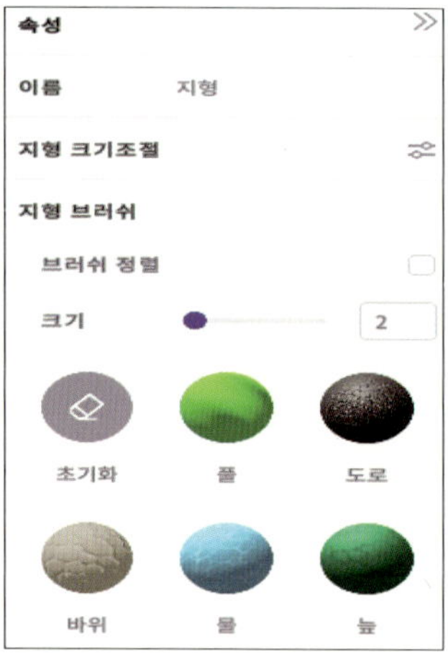

[그림14] 지형속성

2) 지형 크기조절

지형 속성 창에서 '지형 크기조절'을 클릭하면 나타나는 화면에서 크기를 조정 하려는 방향으로 '+, –' 버튼을 이용해 지형의 크기를 늘리거나 줄일 수 있다.

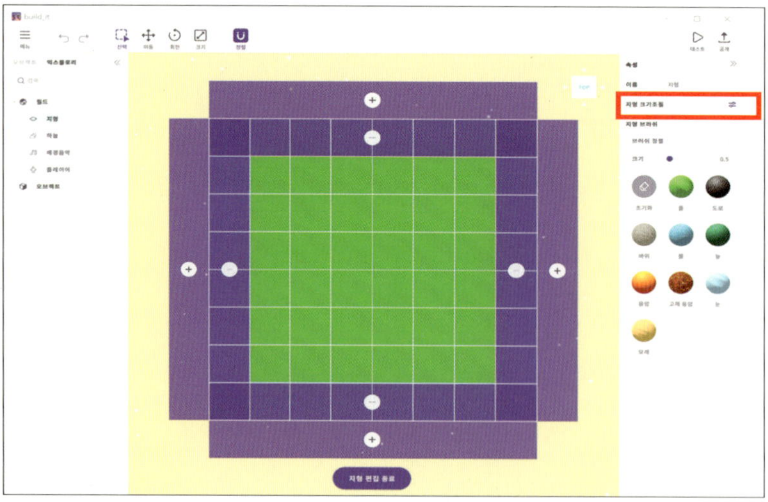

[그림15] 지형 크기조절

3) 지형 브러쉬

풀, 도로, 바위, 물 등 다양한 종류의 지형이 있다. 원하는 종류의 지형 선택 후 브러쉬를 이용해 지형을 만들 수 있다.

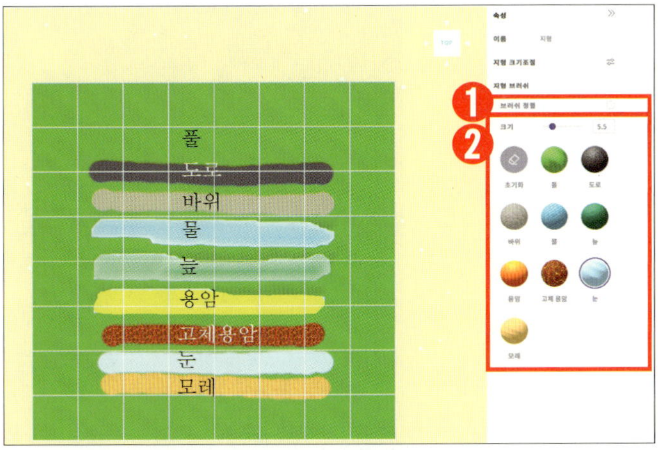

[그림16] 지형 브러쉬

4) 지형 지우기

초기화 브러쉬를 이용해 잘못 작성 된 지형을 삭제도 할 수 있다. 초기화 브러쉬 선택 후 브러쉬 크기를 조정 해 사용한다.

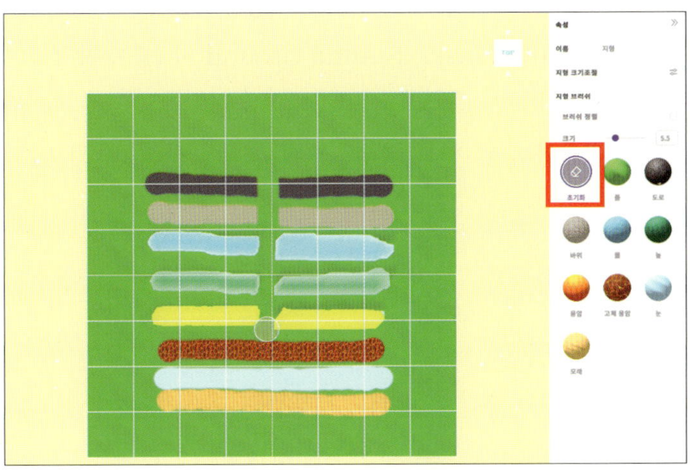

[그림17] 초기화 브러쉬

5) 하 늘

좌측에서 월드에서 하늘 기능은 지형의 낮과 밤을 표현 할 수 있다. 속성에서 '하늘 색상'을 선택해 지형이 낮인지 밤인지에 따라 하늘의 색을 선택한다.

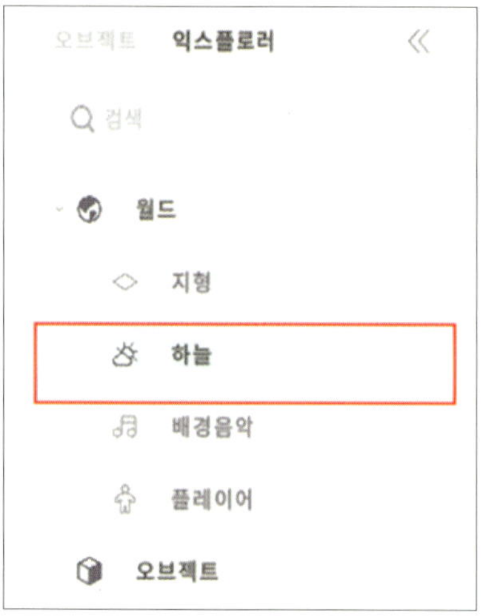

[그림18] 하늘 메뉴

[그림19] 하늘 속성

6) 배경음악

배경음악은 맵에 음악을 넣어 맵 플레이 시 더욱 생동감을 느낄 수 있게 하는 기능이다. 현재 사용가능한 음악은 'Battle Planet, Neutral Ground' 두 종류이다.

좌측에서 월드에서 배경음악을 선택 후 속성에서 음악을 클릭해 원하는 종류를 선택한다.

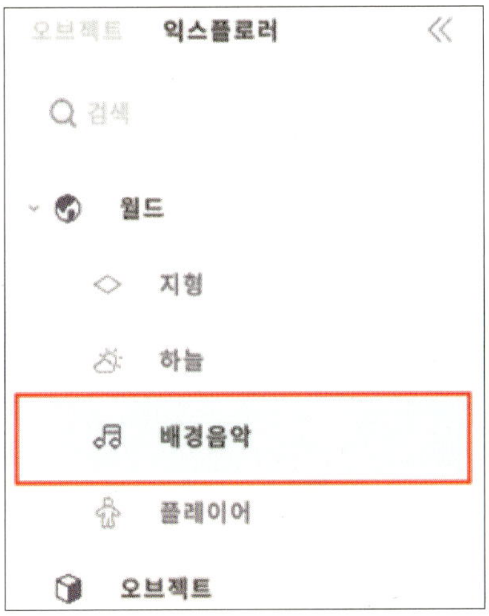

[그림20] 배경음악

[그림21] 배경음악 속성

7) 월드/플레이어

좌측의 월드에서 플레이어 메뉴는 생성 된 맵의 목적에 따라 캐릭터의 이동속도와 점프 레벨을 설정할 수 있다. 숫자가 높을수록 빠르게 이동하며 높게 점프할 수 있다.

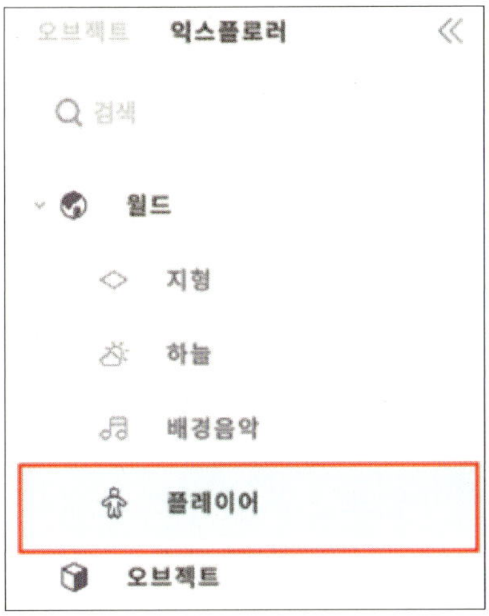

[그림22] 플레이어

[그림23] 플레이어 속성

4. 오브젝트

다음은 다양한 오브젝트에 대한 설명이다. 왼쪽 상단의 오브젝트 항목을 통해 원하는 오브젝트를 배치할 수 있다. 카테고리를 통해 오브젝트를 찾거나 검색을 통해 원하는 오브젝트를 찾아 사용할 수도 있다.

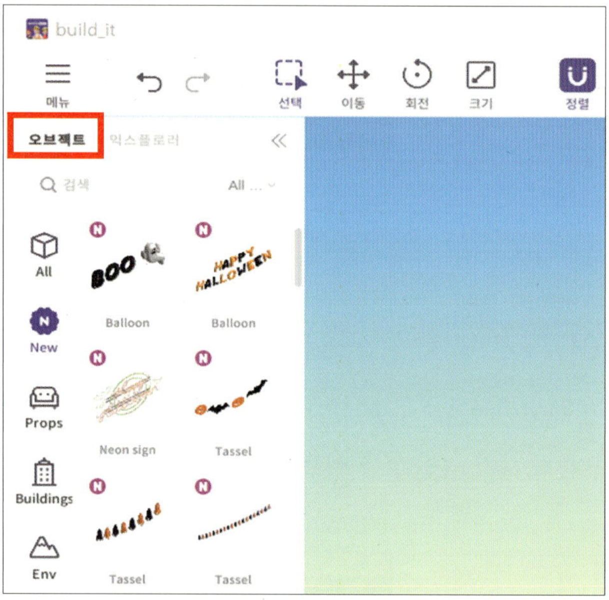

[그림24] 오브젝트

1) 오브잭트 선택 / 설치

좌측의 오브젝트에서 아래쪽의 'Furniture'를 클릭하면 나타나는 오브젝트 중에서 'Bunk Beds' 오브젝트를 마우스 왼쪽버튼을 클릭 해 선택 후 지형에 마우스 왼쪽버튼을 클릭 해 설치한다. 선택 된 오브젝트는 별도의 선택해제 명령이 없으면 연속적으로 따라다니면서 설치가 가능하다. 따라다니는 오브젝트 선택을 해제하려면 마우스 오른쪽 버튼을 눌러 선택을 해제한다.

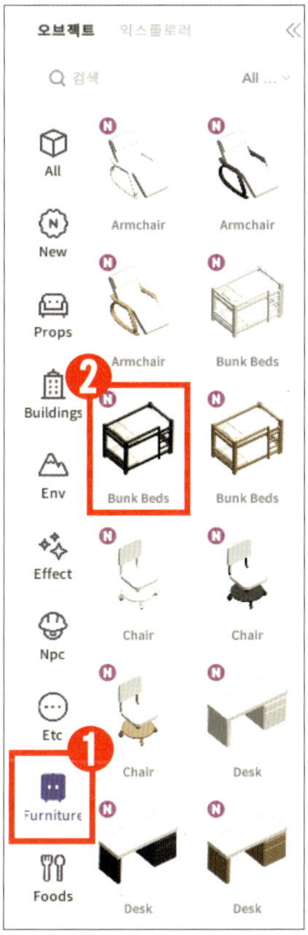

[그림25] Furniture / Bunk Beds 선택

[그림26] Bunk Beds 설치

2) 오브젝트 기본 조작법

원하는 맵을 만들기 위해선 오브젝트를 자유자재로 다룰 수 있어야 한다. 빌드잇 스튜디오 오브젝트 탭 상단에 오브젝트를 조작 할 수 있는 메뉴가 있다. 맨 처음 두 개의 메뉴는 순서대로 '되돌리기와 다시하기' 메뉴이다.

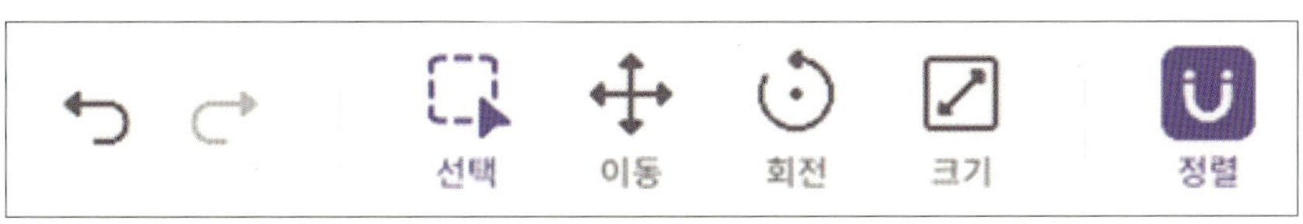

[그림27] 오브젝트 조작 메뉴

(1) 오브젝트 조작메뉴 단축키

키보드의 단축키를 이용해 보다 빠르게 오브젝트를 조작 할 수 있다. 자주 사용하는 단축키이므로 꼭 외워서 사용하자.

단축키	
선택	1
이동	2
회전	3
크기	4
고정	5
정렬	6
되돌리기	ctrl + z
다시하기	ctrl + y

[그림28] 단축키

(2) 이 동

상단 메뉴에서 '이동'을 클릭 한다.

[그림29] 이동

오브젝트를 왼쪽 마우스 버튼으로 클릭하면 'X, Y, Z'으로 파란색, 노란색, 빨간색의 각각 다른 색상으로 표시된 방향을 나타내는 화살표가 나타난다. 각 방향의 화살표를 왼쪽 마우스 버튼으로 클릭 해 이동한다. 오브젝트가 이동할 때 오른쪽 상단의 '속성/변환/위치'에서 'X, Y, Z' 항목의 숫자 변화를 확인한다.

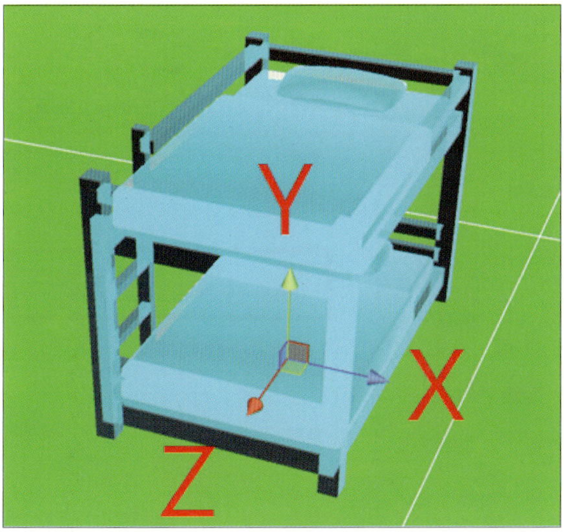

[그림30] 오브젝트 이동 선택

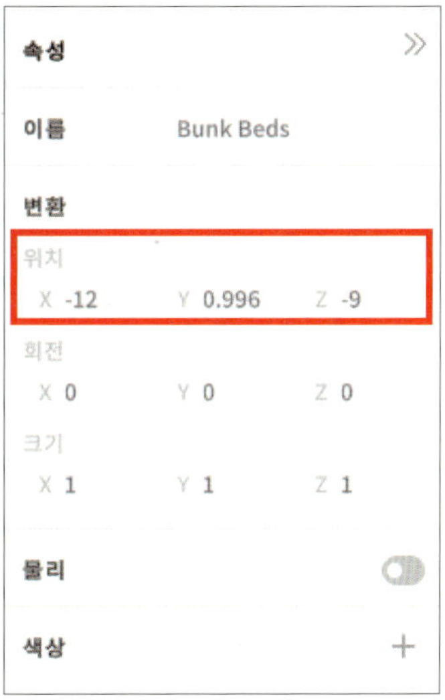

[그림31] 이동속성

(3) 회 전

상단 메뉴에서 '회전'을 클릭한다.

[그림32] 회전

오브젝트를 왼쪽 마우스 버튼을 클릭하면 'X, Y, Z' 방향으로 회전을 나타내는 원이 나타난다. 각방향의 원을 왼쪽 마우스 버튼을 누른 상태에서 회전한다. 오브젝트가 회전할 때 오른쪽 상단의 '속성/변환/회전'에서 'X, Y, Z' 항목의 숫자 변화를 확인한다.

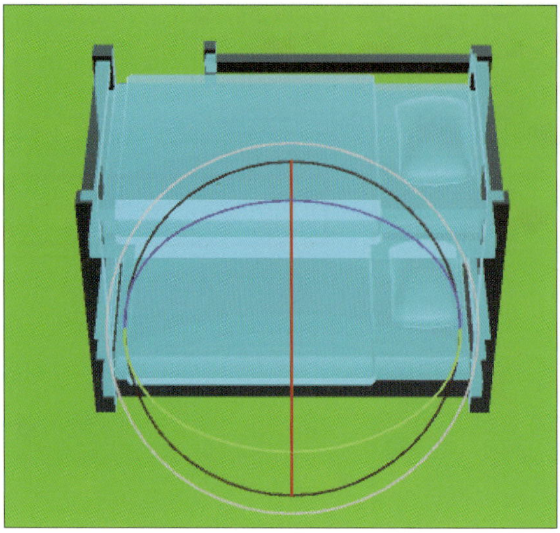

[그림33] 오브젝트 회전 선택

[그림34] 회전 속성

(4) 크 기

상단 메뉴에서 '크기'를 클릭 한다.

[그림35] 크기

오브젝트를 왼쪽 마우스 버튼으로 클릭하면 'X, Y, Z' 방향을 나타내는 축이 나타난다. 각 방향의 원을 왼쪽 마우스 버튼을 클릭한 상태에서 움직이면서 크기를 늘리거나 줄인다. 오브젝트의 크기가 변할 때 오른쪽 상단의 '속성/변환/크기'에서 'X, Y, Z' 항목의 숫자 변화를 확인한다.

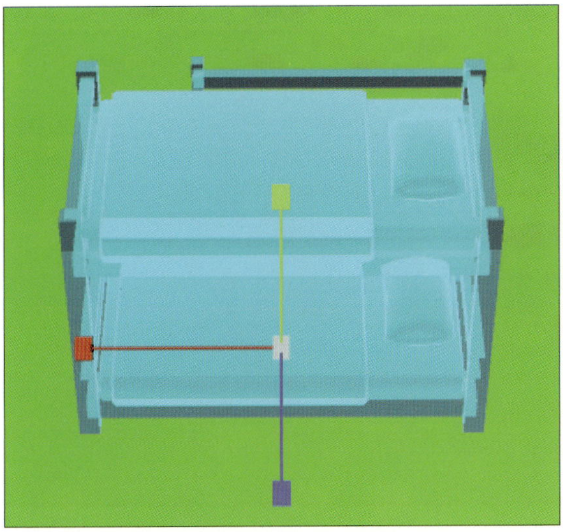

[그림36] 오브젝트 크기 선택

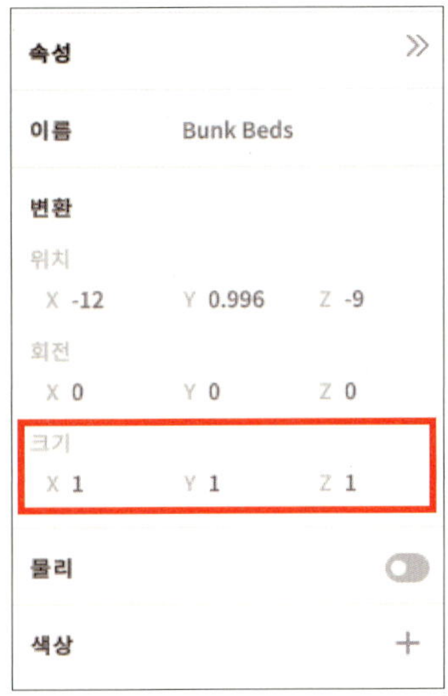

[그림37] 크기 속성

(5) 정 렬

상단 메뉴의 정렬을 클릭해 정렬기능을 끄거나 켤 수 있다.

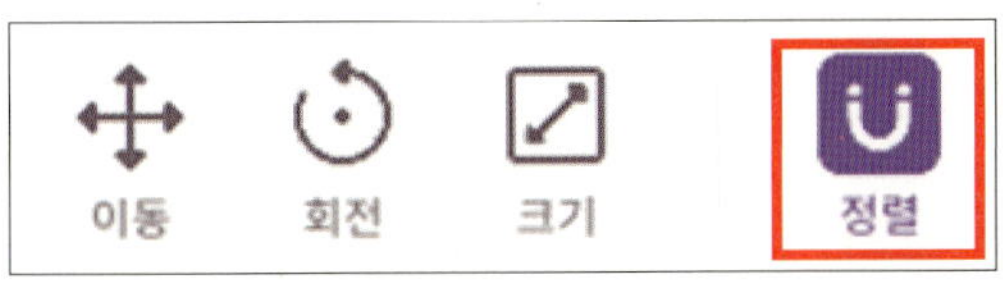

[그림38] 정렬

기본적으로 '정렬' 기능은 켜진 상태이며 격자무늬의 빌드잇 가이드라인이 지형에 표시된다. 오브젝트 이동시 일정간격으로 끊긴 듯한 느낌으로 움직인다. 상단 메뉴의 '정렬'을 클릭해 정렬 기능을 끌 수 있다. 정렬 기능이 꺼지면 지형의 격자무늬가 사라지며 오브젝트 이동시 일정간격의 끊김 없이 자유롭게 이동 및 배치 할 수 있다.

[그림39] 정렬 켬

[그림40] 정렬 끔

5. 메 뉴

빌드잇 스튜디오 좌측 상단의 메뉴를 클릭해 지형을 새로 만들거나 만든 맵을 저장 할 수 있다.

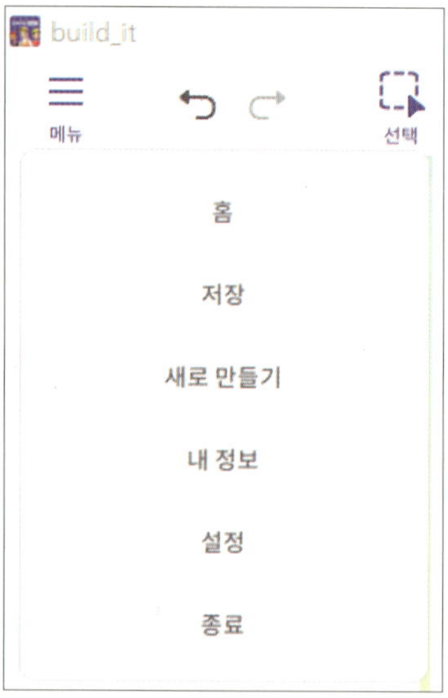

[그림41] 메뉴

1) 홈

'홈'을 클릭하면 빌드잇 홈 화면으로 이동한다. 만약 작업 중인 맵이 저장되지 않은 상태라면 '저장할까요?'라고 묻는 창이 뜬다.

2) 저 장

'저장'을 클릭하면 '저장할까요?'라고 묻는 창이 뜬다. 맵 이름을 입력하고 저장한다. 맵 이름은 최대 40자까지 가능하다. 저장 후 내가 만든 맵에서 확인이 가능하다. 맵을 저장하고 나면 메뉴에 '맵 이름 수정하기'라는 메뉴가 생성된다. '맵 이름 수정하기'를 통해 저장한 맵 이름을 수정할 수 있다.

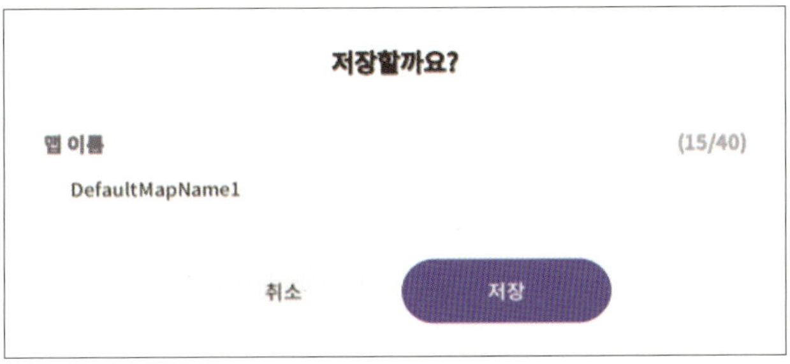

[그림42] 저장하기

3) 새로 만들기

'새로 만들기'를 클릭하면 새로운 맵이 나와서 새로운 월드를 만들 수 있다.

4) 내 정보

'내 정보'를 클릭하면 현재 로그인한 계정정보를 확인 할 수 있다.

5) 설 정

'설정'을 클릭해 언어변경이 가능하다. 변환 가능한 언어는 한국어, 영어, 일본어, 중국어가 있다. 효과음을 끄고, 켤 수 있으며 빌드잇에서 사용 할 수 있는 단축키를 확인할 수 있다.

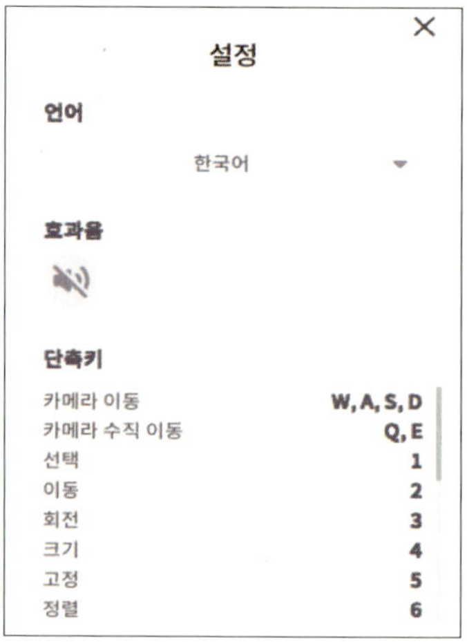

[그림43] 설정

6. 물 리

오브젝트를 생성하면 맵의 오른쪽 상단에서 오브젝트의 속성을 확인 할 수 있다. 속성 중에서 '물리'를 활성화시키면 오브젝트에서 중력을 제거하거나 질량을 조절할 수 있다.

[그림44] 물리 끔

[그림45] 물리 켬

① 오브젝트의 검색 창에서 'balloon'이라고 검색한다. ② 검색 된 오브젝트 중 Balloon을 선택한다. ③ 속성 창에서 물리의 '옵션'을 클릭해 '중력'과 '질량' 옵션이 나타나는 것을 확인한다. ④ 오른쪽 상단의 '테스트' 버튼을 클릭하면 아바타를 동작 할 수 있는 테스트 모드가 실행된다. 아바타를 조정해 Balloon에 부딛 친다. Balloon이 움직이는 것을 확인 할 수 있다.

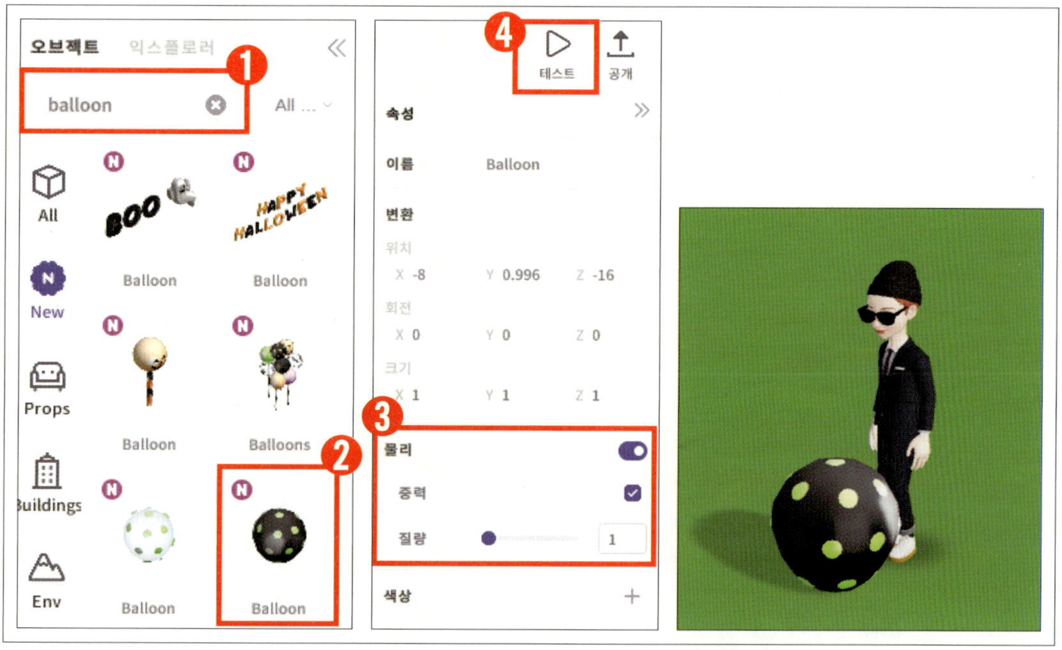

[그림46] 물리 적용 테스트

7. 순간이동 장치/Timer

1) 순간이동 장치

Portal 오브젝트를 설치하면 특정구간을 순간이동할 수 있다. 이때 Save Point 오브젝트와 함께 사용된다.

(1) Portal 검색

오브젝트 검색 창에 'Portal'을 입력해 나타난 Portal 오브젝트를 지형에 설치한다. 이때 [세이브 포인트 오브젝트와 함께 사용 하세요]라는 팝업창이 뜬다.

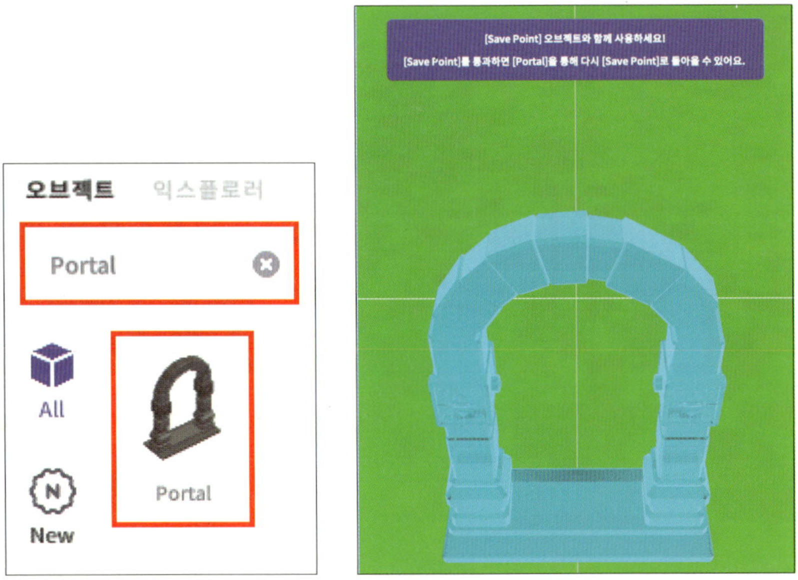

[그림47] 포탈설치

(2) Save Point 설치

오브젝트 검색 창에 'Save Point'을 입력해 나타난 Save Point 오브젝트를 지형에 설치한다. 이때 [포탈 오브젝트와 함께 사용 하세요]라는 팝업창이 뜬다.

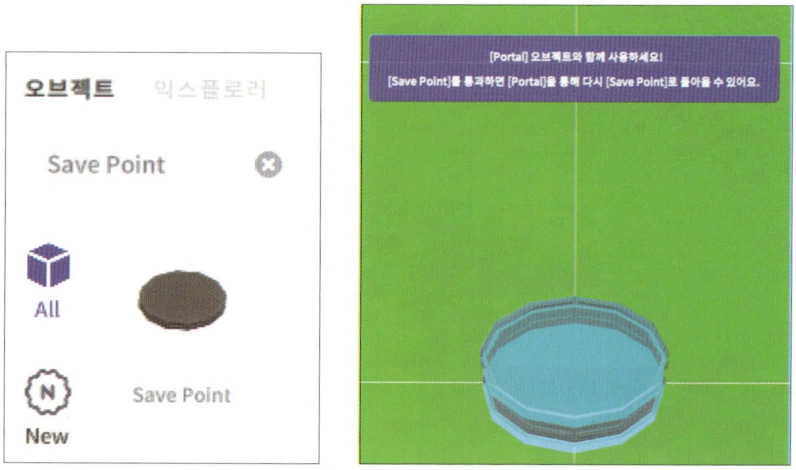

[그림48] 세이브 포인트

(3) 문 만들기

순간이동을 하기 위해 아바타를 세이브 포인트에 올라가게 한다. 아바타가 '세이브 포인트'에 오른 후 포탈에 문이 생성된다.

[그림49] 세이브 포인트 사용

[그림50] 포탈 문 생성

(4) 세이브 포인트로 순간이동

포털 문을 선택하려면 'Ctrl+왼쪽 마우스'를 클릭한다. 세이브 포인트로 이동할 것인지 물어보면 'OK'를 클릭한다. 아바타 처럼 올랐던 세이브 포인트로 순간이동 한다.

[그림51] 세이버 포인터로 순간이동

2) Timer

'Timer Start'와 'Timer Finish'를 이용해 시간을 측정할 수 있다.

(1) Timer start

검색 창에서 'Timer start' 오브젝트를 검색하고 설치한다. 설치시 'Timer Finish' 오브젝트와 함께 사용하라는 창이 뜬다.

[그림52] Timer Start

(2) Timer Finish

검색 창에서 'Timer Finish' 오브젝트를 검색하고 설치한다. 설치 시 'Timer Start' 오브젝트와 함께 사용하라는 창이 뜬다.

[그림53] Timer Finish

(3) Timer 사용하기

Timer를 사용하기 위해 아바타를 Timer Start로 이동한다. 'Ctrl + 왼쪽마우스'를 클릭한다. 타이머가 동작하기 시작한다.

[그림54] Timer Start

(4) Timer Finish 통과

Timer Finish를 통과 하면 꽃가루가 날린다.

[그림55] Timer Finish

8. 맵 공개

이제, 완성된 맵을 제페토 월드에 공개하는 단계만 남았다. 제페토 월드에 공개하기 위해서 리뷰신청이 필요하다. 제페토 스튜디오의 정책과 심사 가이드라인을 준수하고 있는지 꼼꼼하게 검토가 필요하기 때문이다. 검토 기간은 1~2주일 정도 소요되니, 심사가 완료될 때까지 기다려야한다. 크리에이터 맵 공개가 완료된 후에는 ZEPETO 앱의 알림으로 알려준다.

1) 공개하기

오른쪽 상단의 '공개' 버튼을 클릭해 맵을 제페토 월드에 공개한다. '맵을 제페토 월드에 공개할까요?'라는 창이 나오면 '확인'을 클릭한다.

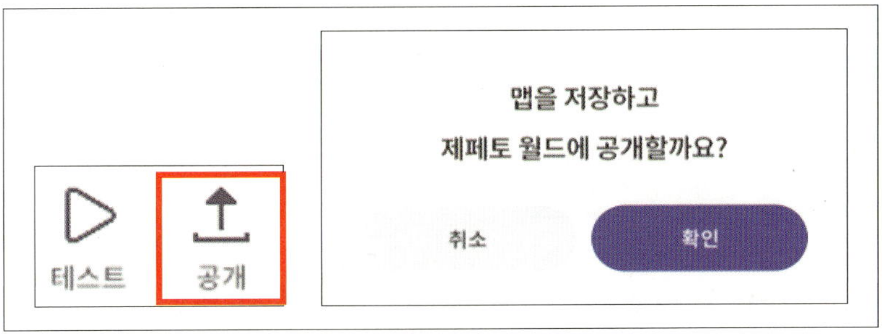

[그림56] 맵 공개

2) 맵 정보 작성하고 공개하기

제페토 월드에서 보여질 내 맵에 대한 정보를 작성한다. 그리고 리뷰신청하기를 클릭해 공개하기를 완료한다.

- 이름 : 한 눈에 알아볼 수 있도록 짧고 명확한 이름
- 설명 : 맵에 대한 이야기 또는 플레이 방법
- 스크린 샷 : 맵의 특징들을 잘 캡처해서 등록(1280x720pt 사이즈의 이미지를 4장까지 등록)
- 키워드 : 더 잘 노출될 수 있도록 맵에 어울리는 키워드를 선택

• 자동으로 공개하기 : 심사 완료 후 자동으로 제페토 월드에 빠르게 공개될 수 있다.
단, 자동으로 공개되지 않도록 하려면 이 옵션을 끈다.(내가 원할 때 바로 공개할 수 있다.)
• 게시물로 알리기 : 공개된 맵을 피드에서 친구들에게 알려준다.
• 썸네일 : 매력적인 썸네일을 만들어서 친구들이 누르고 싶게끔 만든다.
• 해상도 : 1024x1024pt(1:1) 사이즈의 썸네일
• 맵의 특징 또는 전경이 정돈된 텍스트(맵 이름)와 함께 활용된 썸네일
• 맵의 분위기에 어울리는 캐릭터가 텍스트(맵 이름)와 함께 활용된 썸네일

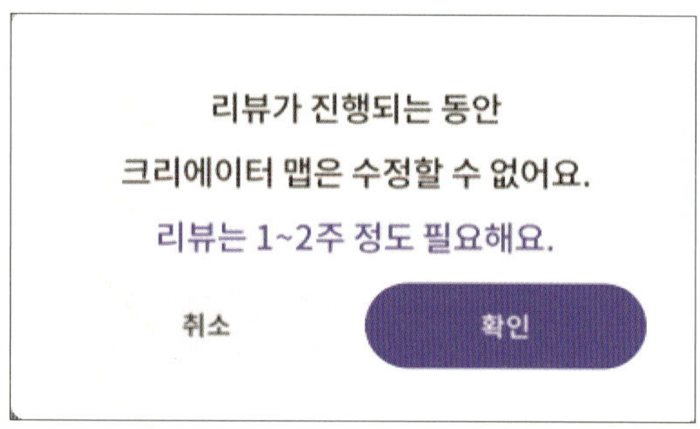

[그림57] 맵에 대한 정보 작성

3) 공개한 맵 확인

공개한 맵을 확인하기 위해 '내가 만든 맵'을 클릭해 공개한 맵이 '리뷰 중' 임을 확인한다.

[그림58] 내가 만든 맵 확인

Epilogue

지금까지 제페토 빌드잇의 기본적인 사용법에 대해 알아보았다. 제페토 빌드잇으로 여러분이 건물을 짓고 월드를 만들기 위한 필수적인 것들이다. 제페토 빌드잇의 홈페이지에서 말하는 산과 연못을 만들고, 물을 흐르게 하며 원하는 콘셉트를 모두 만들 수 있길 희망해 본다.

지난 11월 30일 제페토 개발사인 네이버제트와 '바람의나라:연' 개발사인 '슈터캣'이 합작해 만든 메타버스 플랫폼 'ZEP(젭)'의 베타버전을 공개했다. 젭은 웹 기반으로 작동해 다운로드, 설치과정이 필요 없으며 가상오피스 구축, 화상 회의 등의 기능을 지원한다.

젭 사용자는 'ZEP 스크립트'와 슈퍼캣의 도트그래픽 자산을 활용해 독자적인 게임을 개발할 수도 있다. 향후 젭 내에 앱마켓을 출시해 수익 화 가능성이 제공 될 것이라고 한다. 또한 NFT를 활용하기 위해 'ZEP 거버넌스 토큰'을 발행할 계획이라고 한다.

사용자가 만든 콘텐츠를 NFT로 교환해 수익 화 하는 것이 가능해 진다고하니 기대가 크다. 메타버스 열기가 갈수록 더해가고 있다. 인터넷 시대에 이어 스마트폰 시대가 열린 것처럼 많은 이들이 그 다음을 '메타버스 시대'가 열어갈 것이라고 한다.

따라서 메타버스 시대 다양한 플랫폼이 속속 개발되고 활용되고 있는 만큼 폭 넓은 플랫폼 활용이 기대된다.

Chapter

4

로블록스(Roblox) 아이들의 놀이터에서 어른까지

박상길

Chapter

04 로블록스(Roblox) 아이들의 놀이터에서 어른까지

Prologue

요즘은 어디를 가더라도 메타버스라는 단어가 너무 흔하게 들려오는 듯하다. 우린 메타버스가 뭔지도 잘 모르지만 이미 메타버스 속에서 살아가고 있는지도 모른다. 가상세계, 영화에서나 나올법한 세상이었는데 너무 빠른 속도로 우리에게 다가오는 듯하다.

메타버스라는 단어는 모르지만 이미 능수능란하게 메타버스의 한 플랫폼인 로블록스(Roblox)를 자유자재로 다루고 있는 어린아이들을 보고 있노라면 정말 대단하다는 생각이 든다. 2021년도 국내의 구글 사용자들이 가장 많은 검색을 한 단어는 게임에서의 독보적인 선두주자라 할 수 있는 메타버스 플랫폼 중 하나인 로블록스라고 한다.

이미 로블록스는 어린 아이들의 대표적인 게임 플랫폼으로 모르는 아이들은 거의 없을 정도로 로블록스는 어린아이들에겐 최고의 놀이터가 되고 있으며 그 속에서 수익을 실현시키는 아이들도 많이 있다고 한다. 앞으로 더 늘어날 것이다. 지금은 아이들의 놀이터에 불과하지만 시간이 지나면 청소년과 성인들도 그 속으로 들어 갈 수 있다고 생각한다.

재미가 있고 수익이 발생할 수 있다면 누구라도 흥미가 있을 수밖에 없지 않겠는가? 이 책은 아주 기초에 불과하지만 로블록스가 무엇인지 조금은 알 수 있으리라 생각한다. 또한 로블록스에 대해 아직 아무것도 모르는 왕 초보 분들에게 조금이라도 도움이 될 수 있기를 바란다.

1. 로블록스 10대를 사로잡다

요즘 메타버스가 어딜 가나 수시로 나오는 화두가 되고 있다. 우리가 흔히 알고 있는 메타버스 플랫폼으로는 이 프랜드, 제페토, 그리고 게더타운인데 미국에서는 어린아이들에게 최고의 인기를 달리고 있는 것이 로블록스라는 게임 플랫폼이다.

우리나라에서도 로블록스라는 게임을 모르면 어린아이들과 대화가 안 될 정도라고 한다. 도대체 이 로블록스가 뭔데 아이들을 이렇게 열광케 할까? 앞으로 로블록스가 메타버스 중에서 선두주자가 되지 않을까 조심스레 예상해 보면서 로블록스에 대해 알아보도록 하겠다.

[그림1] 로블록스(출처 : 로블록스 홈페이지)

로블록스는 온라인 게임 플랫폼으로써 다른 사람이 만든 게임을 즐길 수도 있지만 내가 직접 게임을 프로그래밍 할 수도 있는 게임제작 시스템이다. 로블록스는 2010년 후반부터 성장에 속도를 내기 시작했으며 2020년 코로나19가 확산되면서 사용자가 급속도로 증가했다.

로블록스는 무료로 게임을 즐길 수 있지만 로벅스(Robux)라는 가상화폐를 통해 여러 가지 아이템을 구매할 수 있다. 2021년 로블록스는 570만 명이 동시 접속하는 최대치를 기록했고, 월간 1억 6,400만 명이상의 사용자가 있으며 계속해서 증가하고 있는 추세인데 미국에서는 중학교 미만의 어린이들은 절반 이상이 로블록스 게임을 즐기고 있다.

로블록스는 사이트에 접속해서 로그인한 다음에 바로 다양한 게임을 즐길 수 있는데 그 안에 있는 게임 수가 수백 가지에 달할 뿐만 아니라 계속해서 새로운 게임들이 생성되고 있다. 이는 게임을 즐기는 많은 어린이나 10대, 20대 그 이상의 연령대라도 충분히 흥미를 유발해 낼 수 있는 강점을 갖고 있다.

[그림2] 로블록스 게임증가(출처 : 로블록스 홈페이지)

2. 로블록스 활용 사례

1) 구 찌

구찌는 로블록스를 통해 한정판 디지털 가방을 판매했는데 가격이 무려 한화로 470여만 원에 판매되기도 했다.

[그림3] 로블록스에서 판매되는 구찌(출처 : 세상을 연결하는 API 서비스 틸코블렛)

2) 나이키

나이키는 로블록스 안에 나이키 랜드라는 가상 세계를 만들고 미니 게임을 할 수 있게 하거나 쇼룸에서 나이키 제품을 무료로 구경할 수 있도록 했다.

[그림4] 로블록스 안 나이키랜드(출처 : 세상을 연결하는 API 서비스 틸코블렛)

3) 치폴레

멕시칸 패스트푸드 브랜드 치폴레는 할로윈 이벤트로 로블록스 내에 있는 치폴레 매장을 방문하는 고객에게 실제 치폴레 매장에서 사용 가능한 모료 부리토 코드를 한정으로 제공하는 이벤트를 시행했다.

[그림5] 멕시칸 패스트푸드 브랜드 치폴레(출처 : 세상을 연결하는 API 서비스 틸코블렛)

4) 현대 자동차

현대 자동차는 로블록스와 협업해 현대모빌리티 어드벤쳐를 만들어 고객들이 가상세계에서 차량을 직접 운전할 수 있도록 만들었다.

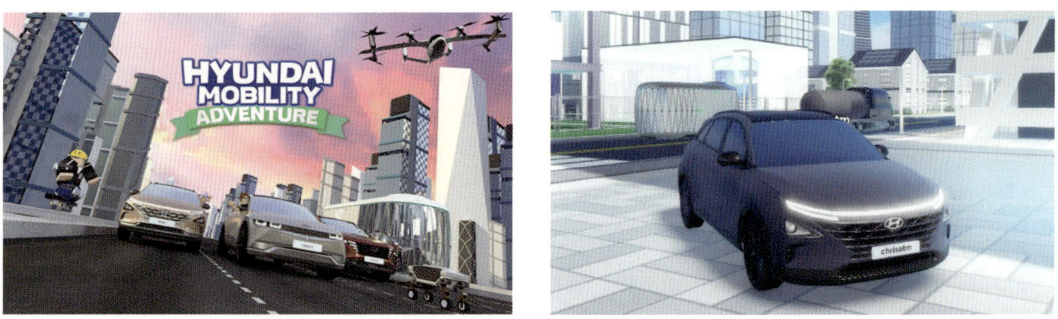

[그림6] 현대모빌리티 어드벤처(출처 : 세상을 연결하는 API 서비스 틸코블렛)

3. 로블록스 설치 및 가입 요령

자 이제부터 본격적으로 로블록스를 시작해 보겠다. 구글 검색 창에서 로블록스를 입력하고 다운로드를 받아 설치한다.

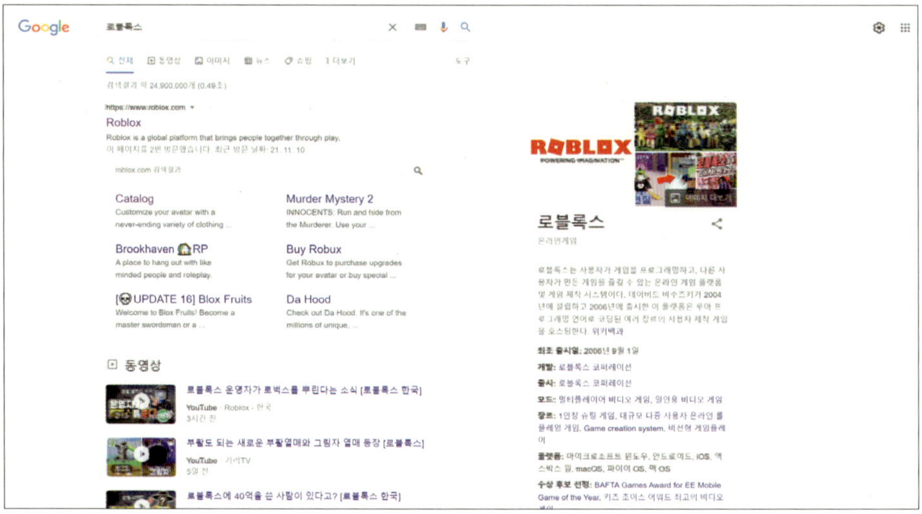

[그림7] 구글에서 로블록스 다운받기

1) 회원가입하기

로블록스 다운로드를 통한 설치가 끝이 났으니 당연히 회원가입을 해야 한다. 설치를 하게 되면 자동으로 [그림8]과 같은 화면이 나타난다. 그러면 여기에 자기가 넣고 싶은 임의의 정보를 넣고 가입하면 된다.

이름은 실명을 사용하지 말라고 했기 때문에 원하는 닉네임을 적으면 된다. 가상세계라 정보도 가상인 것이다. 출생년도를 미성년으로 기입하는 것이 여러모로 편하기 때문에 여기서는 미성년으로 가입하도록 하겠다. 자 이제 가입이 됐을 것이다.

[그림8] 로블록스 회원가입 하기

2) 보호자 인증하기

미성년으로 가입했기 때문에 보호자의 동의를 얻어야 한다.

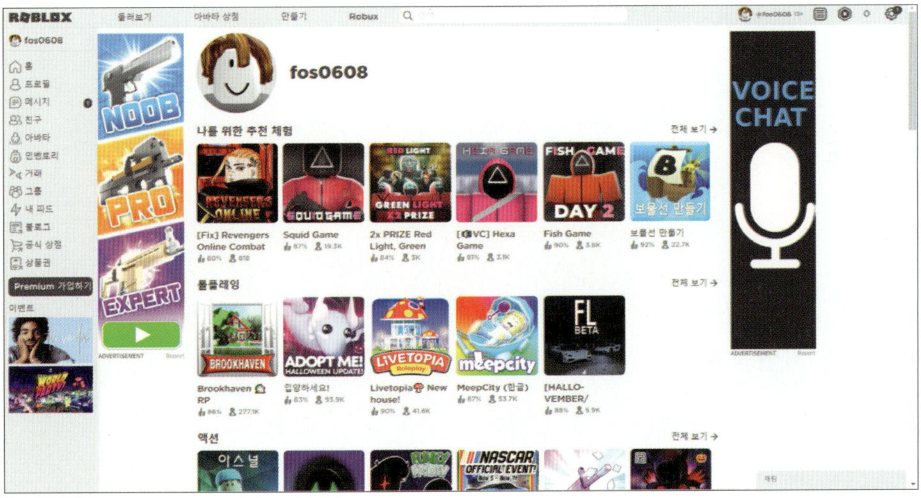

[그림9] 로블록스에 회원가입한 후 필자의 페이지

우측 상단의 톱니바퀴 모양을 클릭하고 설정으로 들어간다. 그러면 보호자의 이메일을 추가하라고 나온다. 성인으로 가입을 했다면 전화번호도 넣고 이메일도 넣고 다른 여러 가지 정보를 요구 할 수도 있는데 미성년으로 가입하면 보호자 이메일만 입력하면 된다.

그런데 여기서 잠깐 이때 이메일은 반드시 현재창의 상단에 있는 + 창을 열고 G-메일로 들어가야 한다. 그렇지 않으면 열리지 않는데 그것은 다른 창은 지원하지 않는 브라우저이기 때문이다. 그러면 [그림10]과 같이 이메일이 하나 오고 이렇게 인증을 하면 된다.

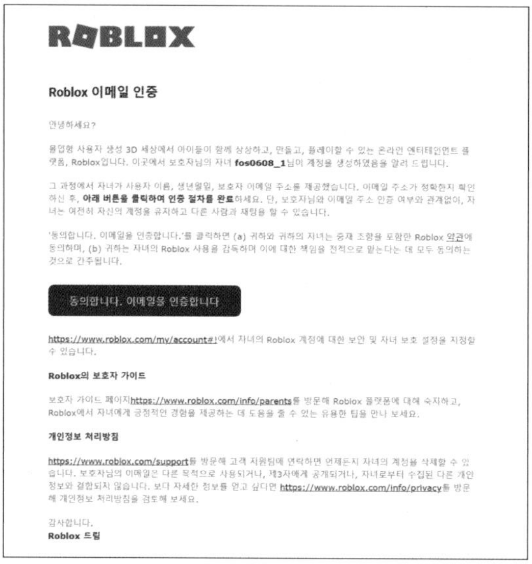

[그림10] 이메일 인증하기

인증됐다면 [그림11]과 같이 모자 하나가 선물로 지급된다. 이렇게 되면 모든 회원가입 절차는 끝난다. 가입을 축하드린다.

[그림11] 회원가입을 위한 이메일 인증 완료

4. 아바타 꾸미기

이제부터는 내 아바타를 꾸며야 할 차례이다. 아바타 꾸미는 것도 아주 쉽게 꾸밀 수 있다. 왼쪽 메뉴들 중에서 '내 피드'를 클릭하고 '아바타 꾸미기'를 선택한다.

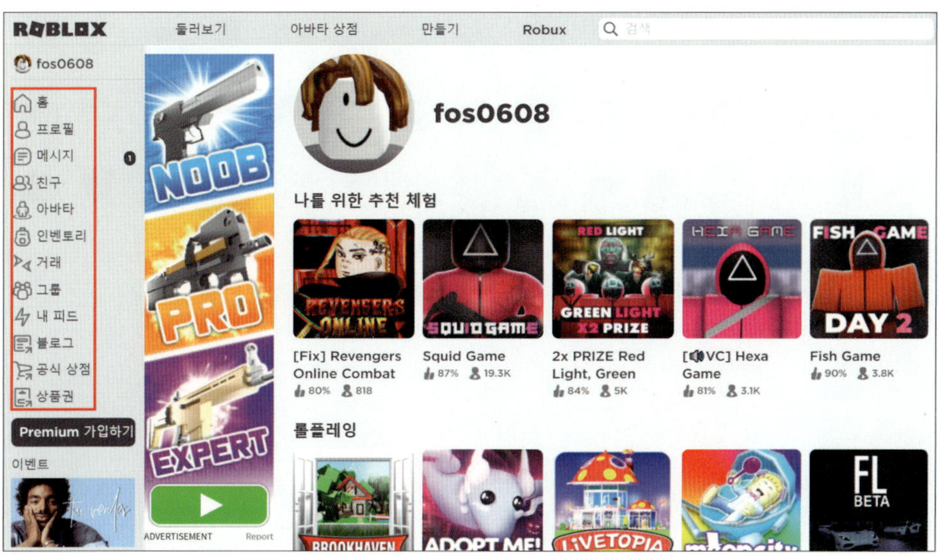

[그림12] 내 피드에서 아바타 꾸미기

그러면 [그림13]과 같은 창이 열리면서 몇 가지 아이템이 나오는데 여기서 오른쪽 위 '더보기'를 클릭한다. 아바타 편집기를 열면 굉장히 많은 아이템들이 있다. 무료도 있고 유료도 있는데 좌측 카테고리를 활용해서 필요로 하는 아이템들을 구매하면서 내 아바타를 마음껏 꾸며보자.

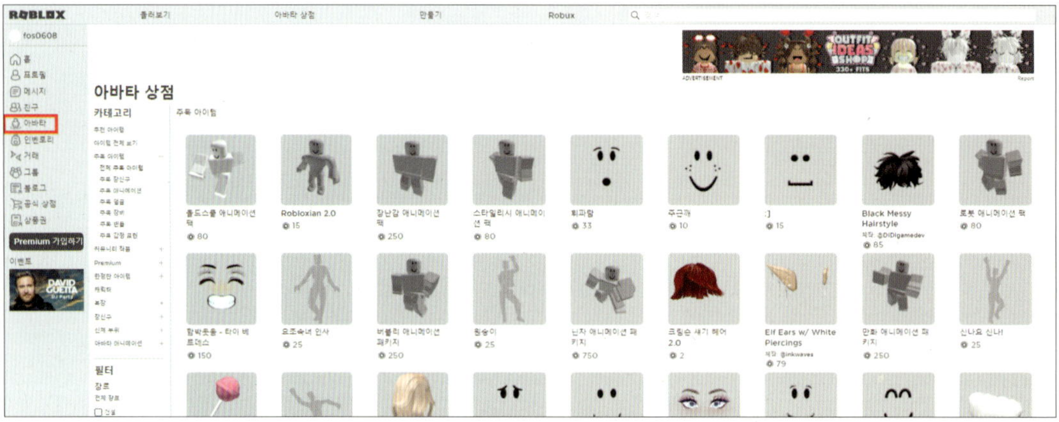

[그림13] 좌측 메뉴에서 아바타 클릭하기

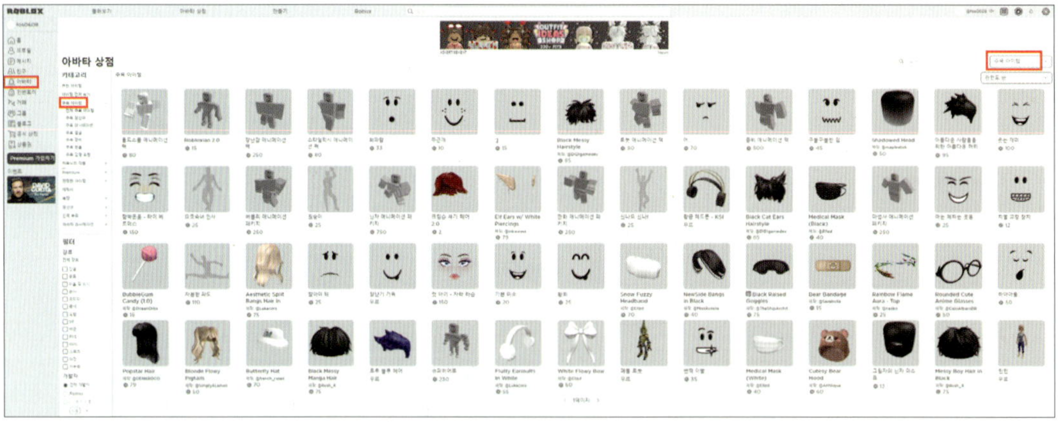

[그림14] 아바타 꾸미기의 주목 아이템 클릭하기

5. 로블록스 스튜디오에서 주요기능 살펴보기

내 아바타를 다 꾸몄다면 이제부터 로블록스 맵을 만들기 위한 주요 기능들을 살펴보겠다. 맵을 만들기 위해선 '로블록스 스튜디오'를 설치해야한다. 로블록스 스튜디오 설치는 간단하다. 로블록스 홈페이지의 상단 창에 만들기를 클릭해도 되고 좌측의 내 피드에서 만들어 보기를 클릭해도 된다. 똑 같으니까 아무거나 선택해도 상관없다. 클릭하게 되면 [그림15]와 같은 화면이 나오게 되고 중간 부분에 '만들기 시작'을 클릭한다.

[그림15] 로블록스 스튜디오에서 만들기 시작

설치가 되고 나면 로블록스 스튜디오 홈 페이지가 [그림16]처럼 나온다. 가장 기본이 되는 좌측 첫 번째 'Baseplate'를 클릭한다. [그림17]처럼 화면이 열리게 되는데 태양모양처럼 보이는 저 곳이 아바타가 처음에 '짠' 하고 나타나는 곳이다. 먼저 화면이동 법을 알아보자.

[그림16]로블록스 스튜디오 홈 페이지

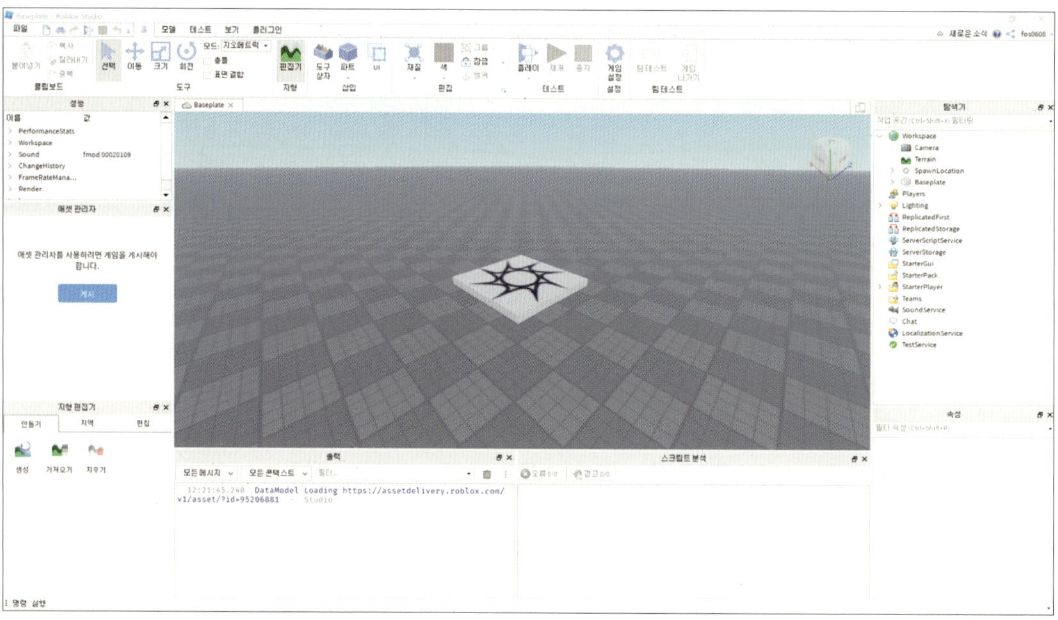

[그림17] Baseplate를 열었을 때의 화면

1) 화면이동법

다음 내용은 다른 곳에서 많이 사용했던 명령키라서 이미 익숙해져 있으리라 생각된다. 다음은 화면에서 개체를 이동할 수 있는 방향을 나타내는 명령키이다.

- A : 왼쪽으로 이동
- D : 오른쪽으로 이동
- W : 앞으로 이동
- S : 뒤로 이동
- Q : 위로 이동
- E : 아래로 이동

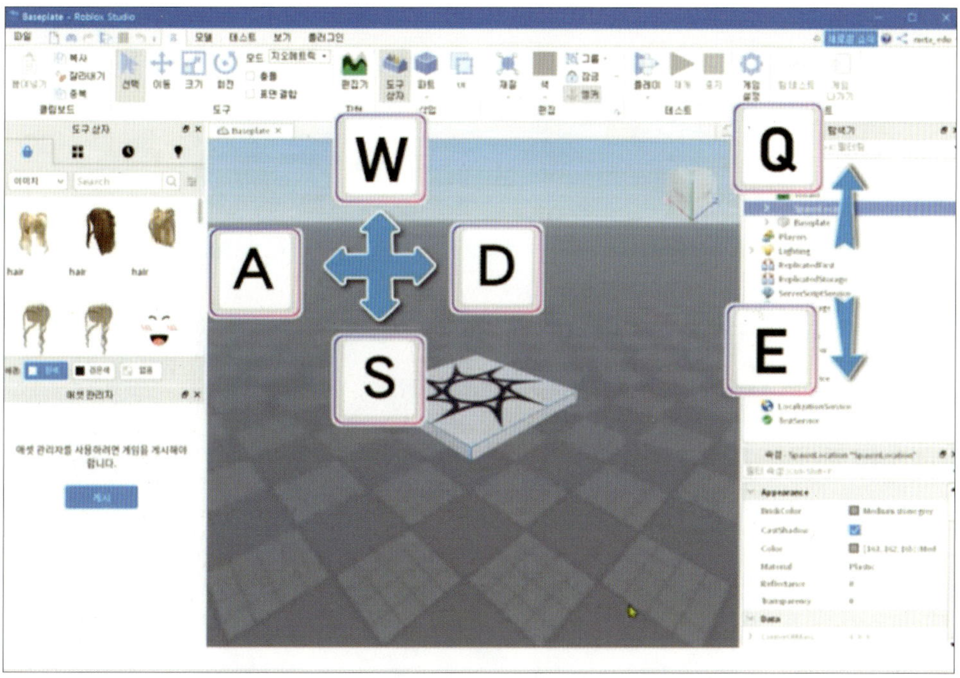

[그림18] 화면이동 방법

2) 마우스 작동법

중간의 스크롤 휠을 앞, 뒤로 돌리면 화면이 확대되기도 하고 축소되기도 한다. 스크롤 휠을 누른 상태에서 움직이게 되면 화면전체가 이동된다. 개체를 마우스 왼쪽을 클릭 한 상태로 움직이면 개체가 마우스 끄는 대로 따라간다. 마우스 오른쪽을 클릭한 상태로 움직이면 화면이 돌아간다.

3) 메뉴 바의 기능

[그림19]의 상단 메뉴 바를 보면 선택, 이동, 크기, 회전이 보이다. 필요로 하는 개체 변경을 위해서는 네 가지 중 한 가지를 먼저 클릭한 후에 진행하면 된다. 선택(Ctrl+1)을 클릭하면 개체가 선택되고 또 마우스 왼쪽으로 개체를 클릭해도 선택되며 클릭한 상태에서 원하는 쪽으로 움직일 수도 있다.

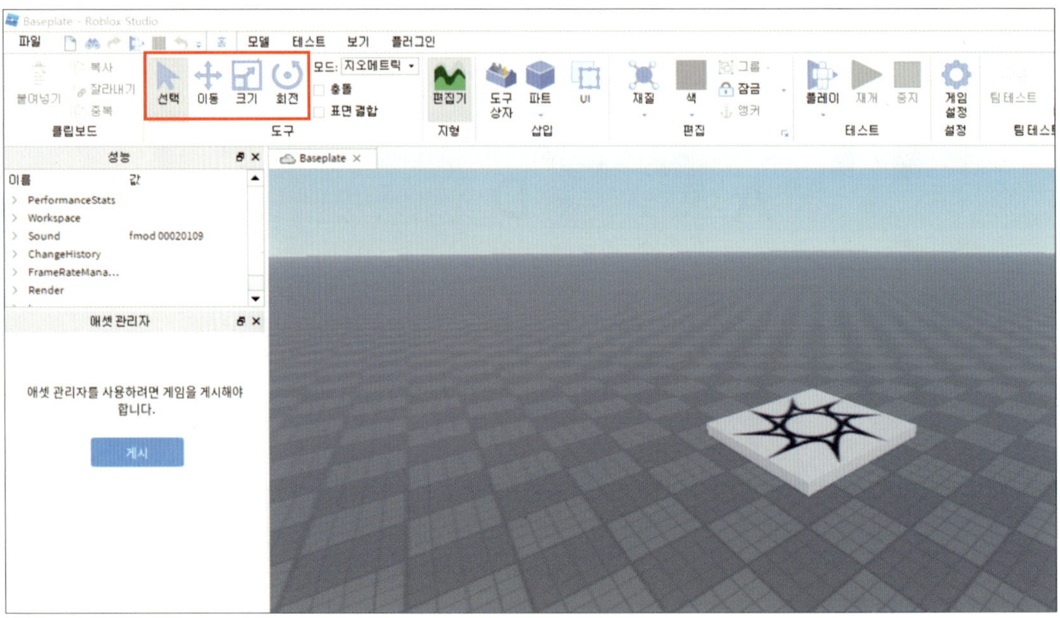

[그림19] 메뉴바의 기능

(1) 이 동

이동(Ctrl+2)을 클릭해서 화살표를 잡고 당기면 직선방향으로 동, 서, 남, 북, 아래, 위로 이동된다.

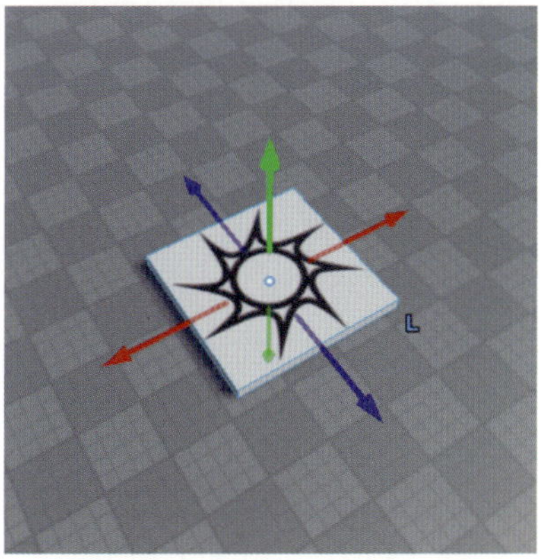

[그림20] 개체의 이동방향 표시

(2) 크기 조절

크기(Ctrl+3)는 개체의 크기를 조절하는 것으로 색깔별로 다른 원형부분을 잡아당겨 크기를 조절한다.

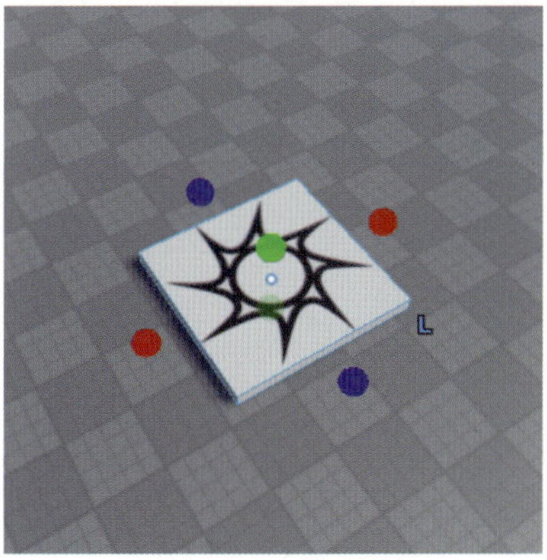

[그림21] 크기조절

(3) 회 전

회전(Ctrl+4)은 보이는 원을 잡고 돌리면 개체가 회전하게 된다.

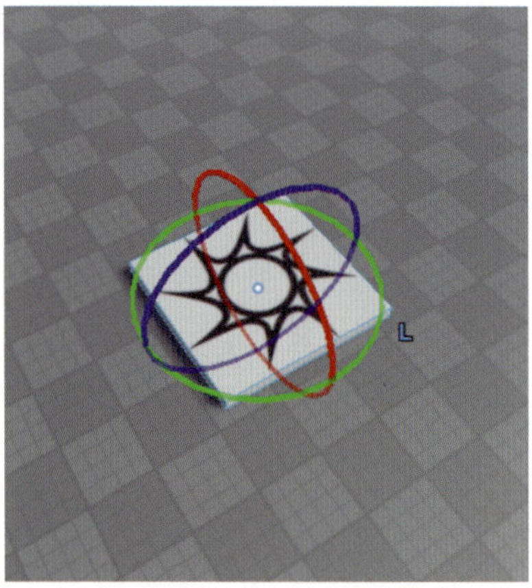

[그림22] 개체 회전하기

[그림20~22]까지 그림을 통해서 알 수 있듯이 개체를 선택해 잡아 끌 수도 있고, 크기변경도 가능하고, 아래, 위로도 옮길 수 있으며, 원하는 방향으로 회전을 시킬 수 있다.

(4) 파트 알아보기

이제는 형상을 만드는데 필요한 파트를 살펴보자. 파트에는 4가지 모양의 개체가 있는데 하나씩 클릭해 보자.

① 파트의 종류

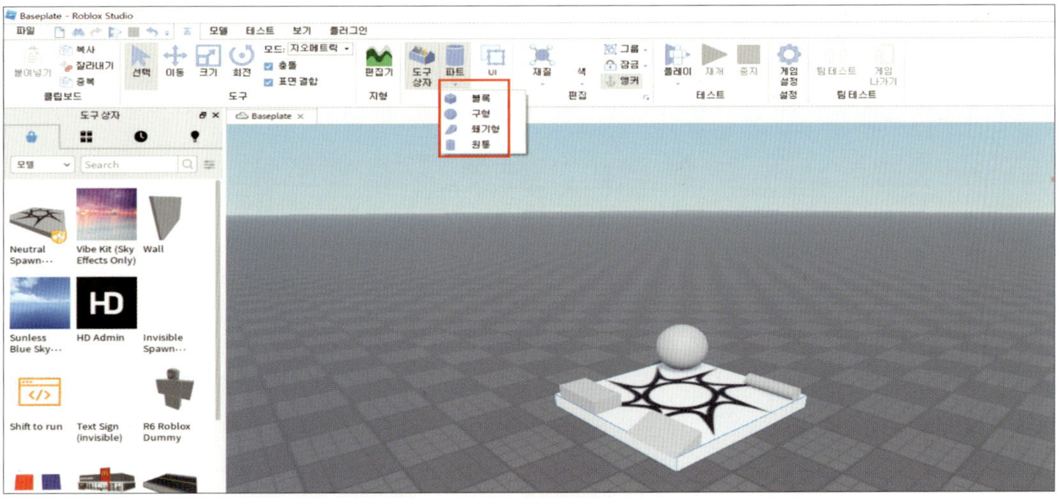

[그림23] 파트의 종류별 개체 모양

② 색상 넣기

아래는 파트에 색상을 입혀본 그림이다. 개체를 선택 후 언제든 원하는 색상으로 수정할 수 있다.

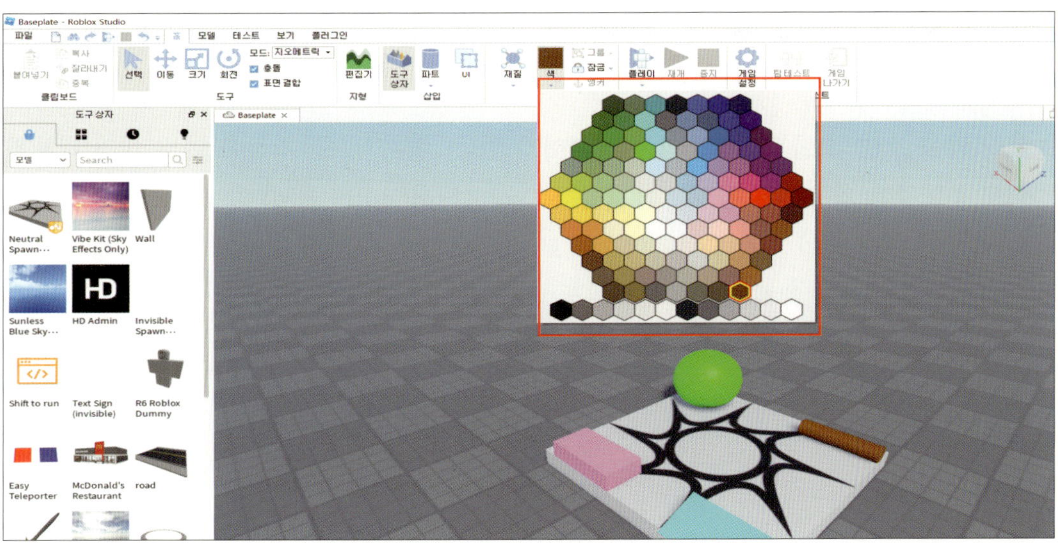

[그림24] 파트의 색상 수정하기

③ 재질 변경하기

원하는 재질을 클릭하면 [그림25]와 같이 다양한 재질이 나온다. 여기서 개체마다 원하는 재질로 바꿀 수 있다.

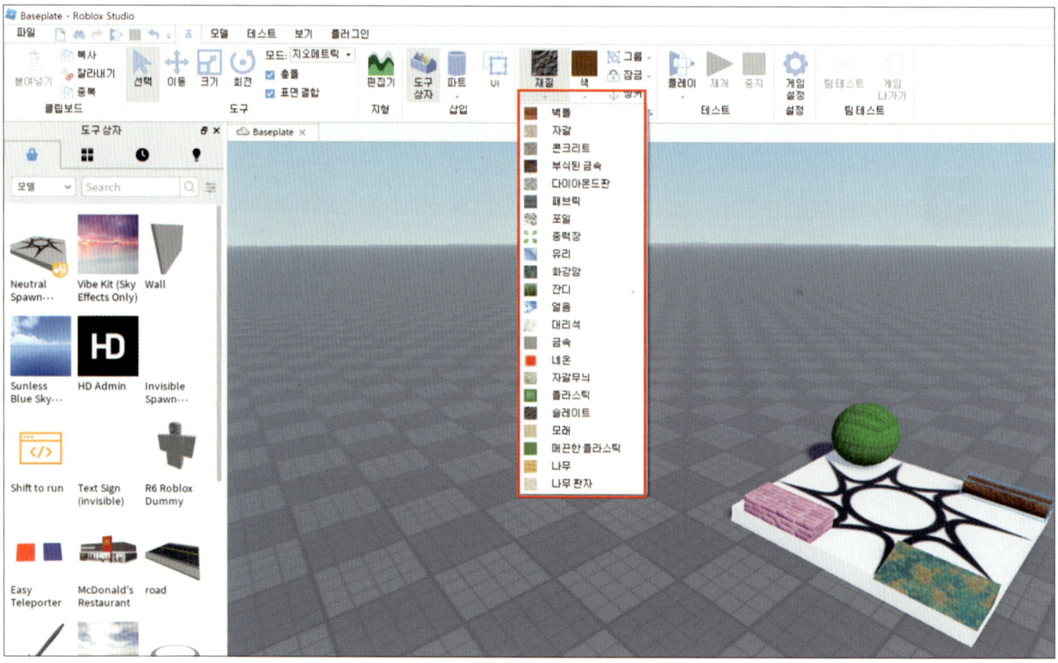

[그림25] 파트의 재질

(5) 그 룹

색상 옆을 보면 '그룹'과 '앵커'라는 명령어가 있다. 먼저 '그룹' 기능은 여러 개의 개체를 하나로 묶어주는 기능으로 원하는 개체들을 드레그해서(shift+개체) 활성화 시킨 후 '그룹'을 클릭하면 여러 개의 개체가 하나의 개체로 만들어진다. 다시 분리하고 싶다면 개체를 선택 후 '그룹'을 클릭해 해제하면 원래상태로 분리된다.

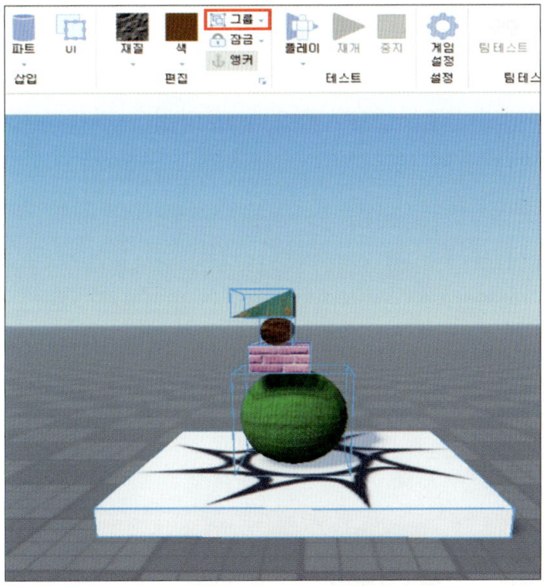

[그림26] 여러 개체를 하나로 묶기

'앵커'라는 명령어는 개체를 움직이지 못하도록 고정시키는 명령어이다. 고정 해제를 하고 싶다면 '앵커'를 한 번 더 클릭하면 된다.

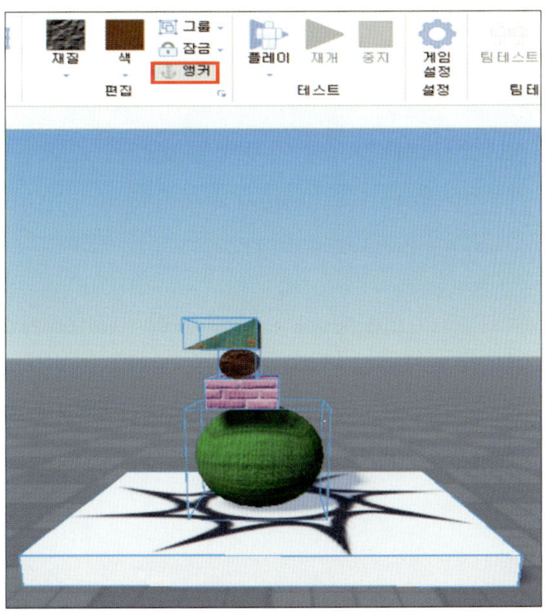

[그림27] 앵커

마지만으로 여기서 하나 생각해볼 것은 각 개체들은 오른쪽 탐색기에서 part로 표기가 된다. 작업을 하게 되면 개체가 여러 수십 개 수백 개 이상도 될 수 있기에 각 part를 내가 알아볼 수 있도록 명칭을 변경해주는 것이 좋다. part명칭을 변경하기 위해서는 원하는 개체의 part를 더블 클릭하거나 마우스 오른쪽을 클릭해 part의 명칭을 변경 할 수 있음을 참고하기 바란다.

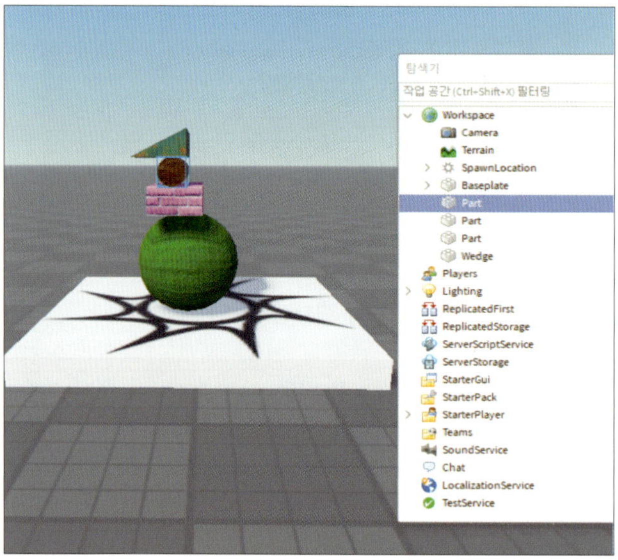

[그림28] part 명칭 변경하기

지금까지 로블록스게임 만들기에서 가장 기본적인 part에 관련된 기능만을 간단히 살펴보았다. 가장 간단하고 기본이 되는 만큼 가장 많이 사용되고 있으며 이러한 기능들을 통해 다양한 형상들을 많이 만들어 낼 수 있다.

[그림29] 기본 part를 이용한 여러 개체 만든 모습

그리고 지금까지 제작한 작품이 잘 만들어졌는지 확인하기 위해서는 상단 메뉴 바의 플레이를 클릭하고, 다시 수정 하려면 중지를 클릭하면 작업창으로 되돌아온다.

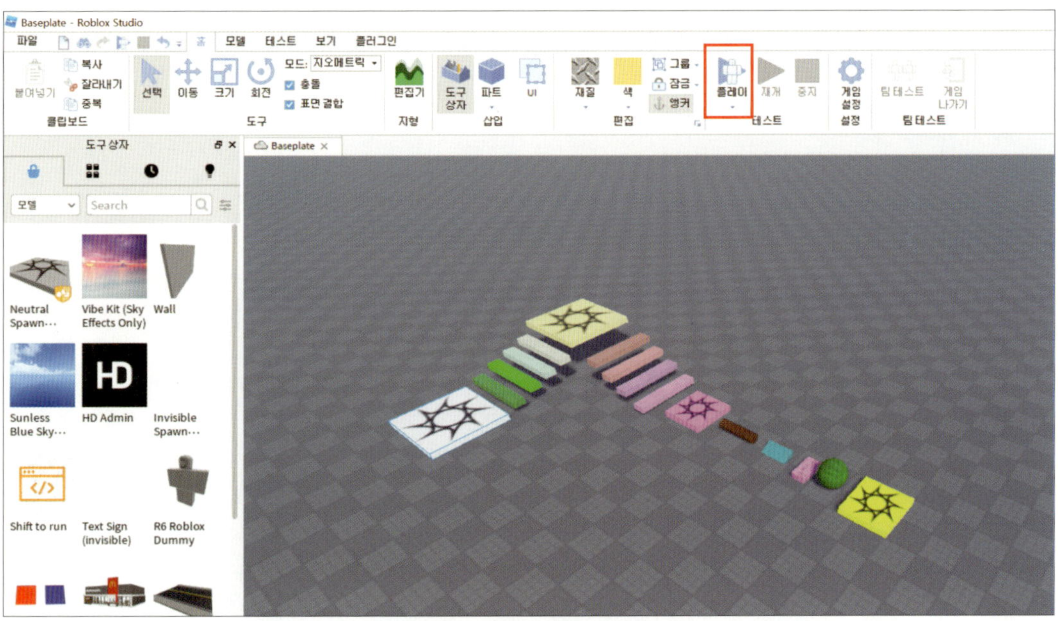

[그림30] 게임 플레이하기

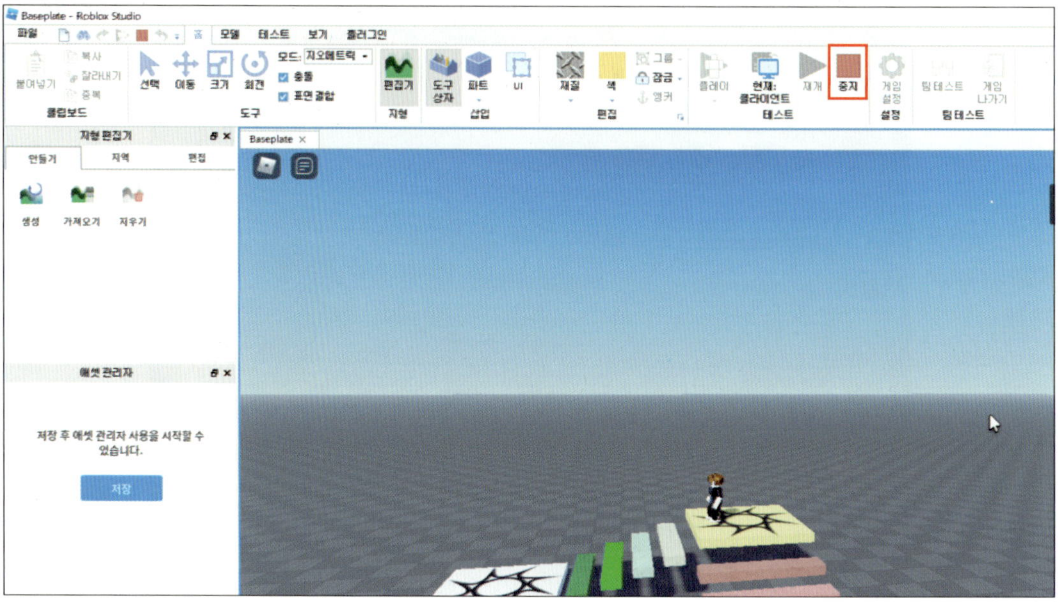

[그림31] 게임 플레이 중지하기

작업이 종료됐다면 좌측 제일 상단의 파일을 클릭해 저장해 놓으면 내 계정에 저장된다.

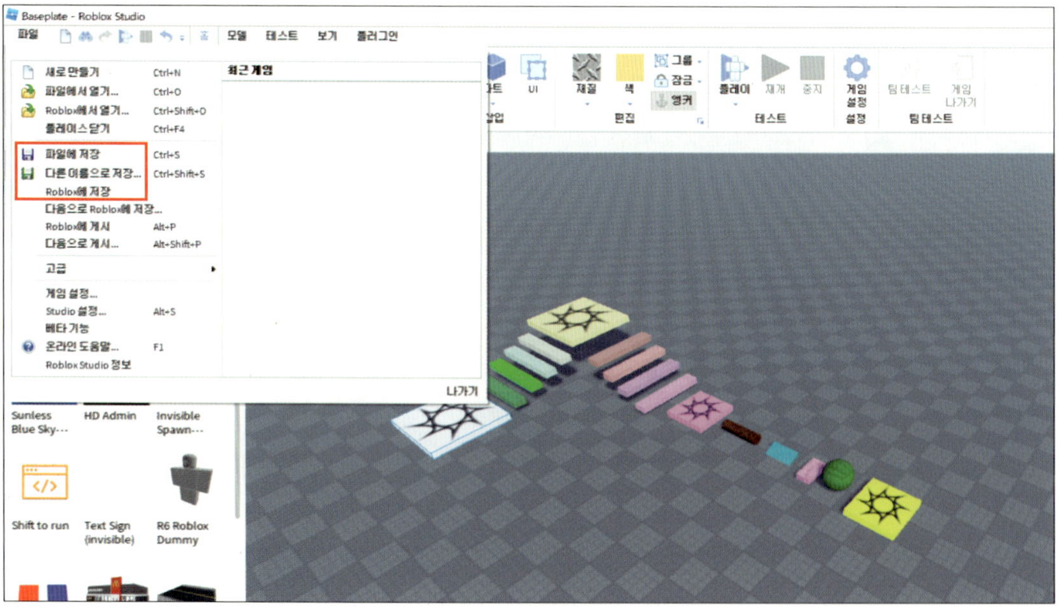

[그림32] 저장하기

너무 기본만을 다루다 보니 게임 제작을 위해선 많은 부분이 부족할 수밖에 없지만 그래도 아주 단순한 게임은 만들 수 있으리라 생각된다. 앞으로 메뉴바의 기능들을 좀 더 알아볼 수 있는 기회를 갖게 된다면 훌륭한 게임 제작자가 얼마든지 될 수 있을 것이다. 지금까지 내용으로 로블록스를 입문 하는데 조금이라도 도움이 되었기를 바란다.

Epilogue

처음에 시작할 때는 초보자 입장에서 가장 쉽고 편하게 사용해보겠다고 마음먹었었는데 막상 써 내려가다 보니 약간은 어렵게 쓴 부분도 있는 것 같다. 누군가에게 정보를 준다는 것이 결코 쉽거나 단순 하지만은 않은 듯하다.

지금 살아가고 있는 현실의 세계가 너무나도 중요하지만 이제 곧 다가오고 있는 미래는 가상현실이긴 하지만 지금의 현실 세계만큼이나 중요해 지리라 예상할 수 있다. 미래는 삶의 터전이 메타버스라는 가상 세계가 될 수도 있고 우리의 먹거리를 가상세계인 메타버스 안에서 찾아내야 할지도 모른다.

너무나 빠르게 변화해 가는 현재의 세상에서 당장 오늘을 살아가기에 급급하지만 가상세계의 흐름을 조금이라도 제대로 알아간다면 어쩌면 좀 더 나은 삶을 살아갈 수 있는 기회를 가져 볼 수도 있지 않을까? 이 책을 계기로 새로운 세상에 마음을 여는데 도움이 될 수 있기를 진심으로 바란다.

PART **02**

이 론

Chapter 1

디지털시대의 기본 메타버스와 NFT

김영호

Chapter

01 디지털시대의 기본 메타버스와 NFT

Prologue

18세기 증기기관의 발명은 근대의 시작과 중세의 종말을 알렸다. 말과 마차를 이용하던 많은 것들이 기계를 이용하는 것으로 바뀌게 됐고 훗날 산업의 혁명으로 불렀다. 'WWW(World Wide Web)'의 발달은 인터넷을 통해 전 세계를 하나로 연결했다. 전화와 전신, 우편을 이용해 많은 시간과 인력이 소비되던 국내외업무를 인터넷을 통해 간단히 해결했다. 아이폰으로 시작된 스마트폰의 개발과 발전은 진정한 유비쿼터스(Ubiquitous) 시대의 서막을 열었다. 스마트폰의 터치스크린과 앱 스토어로 시간과 장소에 구애받지 않고 네트워크에 연결해 모든 일을 처리할 수 있다. 공부, 예약, 음악 및 영화감상, 증권, 신용카드 결제, 게임, 쇼핑, 심지어 영화를 찍고 편집하고 유튜브에 올리기까지 모든 일을 스마트폰 하나로 해결할 수 있다.

2020년에 전 세계적인 사건이 발생했다. 5,000만 명이 사망했던 20세기 초 스페인독감에 비견할 만한 질병인 코로나19가 발병했다. 만 2년이 지난 현재까지도 코로나의 기세는 꺾이지 않고 있다. 사람들은 비대면에 익숙해졌고 직접 만나서 해결해야 할 많은 일들을 온라인과 모바일로 해결하고 있다. 기술의 발달은 사람들을 빠르게 온라인으로 이동시켰고 아날로그 세상에서 디지털 세상으로 옮겨 가게 만들었다. 메타버스와 NFT는 자연스럽고 당연하게 주목을 받기 시작했다.

가상인간이 태어나고 VR, AR 기술이 발달하며 새로운 메타버스 플랫폼이 생겨난다. 메타버스의 여러 가지 요소들은 NFT라는 디지털 인증서를 만나 가상세계에 경제의 흐름을 형성한다. 현실과 가상의 경계가 허물어지고 현실경제와 가상경제의 경계가 허물어진다.

전 세계의 많은 국가, 기관, 기업들이 메타버스와 NFT에 돈을 쏟아 붓고 있다. 메타버스 가상세계는 NFT라는 디지털인증서를 통해 자산의 축적과 순환을 가능하게 한다. 결과적으로 현실경제에도 영향을 미치게 된다. 여기서는 메타버스와 NFT가 무엇인지, 메타버스 내 NFT가 왜 중요한지 그리고 그에 대한 한계와 전망을 통해 성큼 다가온 가상세계와 가상경제에 대한 이해를 돕도록 한다.

1. 무엇을 메타버스라고 하는가?

메타버스는 이미 생활 속에 들어와 있다. 리니지, 포켓몬고, 페이스북, 구글어스를 모르는 사람은 별로 없을 것이다. 이것들은 각각 메타버스의 4가지 유형인 가상현실(Virtual Reality), 증강현실(Augmented Reality), 라이프로깅(Lifelogging), 거울세계(Mirror World)에 속하는 초기 메타버스이다. 현재는 게임, 엔터테인먼트, 광고 할 것 없이 전 세계 전 산업에 걸쳐서 현실에 가상세계를 혹은 가상세계에 현실을 접목하려고 노력하고 있다. 하루가 다르게 발달하고 회자되는 메타버스의 여러 가지 분야와 유형 중에서 여기서는 가상인간(버추얼 휴먼 혹은 디지털 휴먼), 하드웨어, 소프트웨어로 나눠 메타버스의 현주소를 살펴보도록 한다.

1) 가상인간(디지털 휴먼 = 버추얼 휴먼 = 메타 휴먼)

가상인간이란 '디지털 더블(Digital Double)'이라고 하는 컴퓨터 그래픽 기술로 외모를 만들고 음성합성 기술을 통해 사람의 목소리를 낼 수 있게 만든 디지털 인간이다. AI 알고리즘과 빅 데이터, 고성능 컴퓨터 등 첨단기술을 활용해 인간과 같이 생동감이 넘치지만 실재로는 존재하지 않는 가공의 인물이다. 3D 기술로 인해 실제 사람의 얼굴, 표정, 행동과 유사한 형태로 피부의 잔주름까지 인간과 닮아있다.

디지털 더블은 실제 배우나 모델의 얼굴에 인공지능이 다른 가상의 얼굴을 입히는 컴퓨터 그래픽 기술이다. 3D로 얼굴을 분석해 합성하기 때문에 포토샵과 같은 2차원적인 사진 보정과는 달리 실제 사람과 같은 느낌이 난다.

음성합성 기술은 일정 시간 동안 실제 사람의 목소리를 녹음하면 AI가 음색, 어조, 말투를 분석하고 단어나 문정을 입력하면 합성한 음성으로 말하게 하는 기술이다. KT에서는 음성합성 기술을 사용해 가수이자 DJ이었던 고(故) 신해철의 음성을 되살려 라디오 방송을 제작한 바 있다.

1998년 '제네시스'라는 1집 앨범을 내고 '세상엔 없는 사랑' 이라는 히트 곡을 낸 가수가 있었다. 바로 국내 1호 사이버가수 '아담'이었다. 20만장의 앨범 판매고를 올렸고 광고모델로도 활동했다. 팬클럽과 아담의 모습을 한 굿즈가 만들어졌다. 아담은 컴퓨터그래픽으로 얼굴을 만들고 얼굴을 공개하지 않은 가수의 목소리를 빌려서 만들었다. 꾸준한 앨범 활동을 하던 아담은 입모양과 제스처를 구현하는 데 많은 어려움이 있었다. 이러한 기술적 한계와 캐릭터 유지에 들어간 비용에 비해 수익이 크지 않아 조용히 역사 속으로 사라졌다.

[그림1] 가상인간 아담(출처 : 아담 1집 'Genesis')

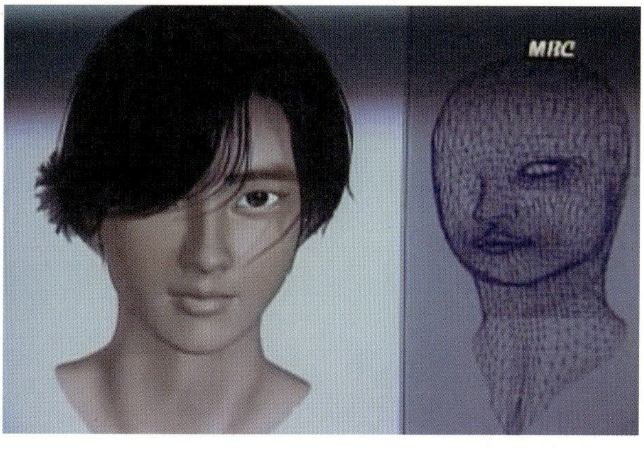

[그림2] 가상인간 아담(출처 : MBC 뉴스데스크)

코로나와 함께 유행하기 시작한 메타버스 열풍과 함께 가상인간도 달라졌다. 실시간 모션 캡처를 통해 표정과 움직임 등을 촬영하고 3D 스캐닝 기법으로 사람의 360도 전체 모습을 촬영해 탄생한 가상인간은 인간과 구분하기 힘들 정도로 실감이 난다. 보다 쉽게 가상인간을 만들 수가 있게 됐고, AI 지능을 탑재한 챗봇(Chatbot)과의 결합으로 팬들과의 소통도 활발하다. 가상인간은 현재인간과 다름없는 모습을 하고 여러 분야에서 활동하고 있다. 많은 가상 인간이 탄생했고 일부는 인스타그램, 유튜브, 광고 등을 통해 꾸준히 활동하며 셀럽과 같은 대우를 받고 있다. 현재 이들을 가리키는 가장 적합한 표현은 버추얼 인플루언서(Virtual Influencer) 이다.

세계 제 1호 버추얼 인플루언서는 미국의 '릴 미켈라'이다. 현존하는 가상인간 중 가장 높은 몸값이 자랑하는 릴은 모델, 뮤지션, SNS 인플루언서로 활동 중이다. 릴은 시장을 선도하는 대표적인 버추얼 인플루언서로서 2018년에는 인터넷에서 가장 영향력 있는 25인으로 타임지에 선정되기도 했다. 2016년 데뷔해서 무려 13개의 싱글 앨범을 발매했다. 노래와 댄스에 능하고 패션 감각까지 뛰어나 패션 잡지인 '보그'의 표지 모델도 하는가 하면, NFT 아트플랫폼 슈퍼레어에 'Rebirth of Venus'라는 작품을 출시하기도 했다. 루이비통, 샤넬, 프라다, 구찌 등 명품 브랜드들과도 협업하고 있다. 2020년 한해 벌어들인 수익은 1,1750만 달러(약130억 원), 한 번 포스팅에 드는 비용은 8,500달러(900만원)가 넘는다.

국내 최초의 버추얼 인플루인서인 '로지'는 인스타그램을 통해 보통 사람처럼 활동을 하다가 2020년 12월 가상 인간임을 밝히며 신한라이프라는 보험회사의 모델로 픽업됐다. 신한라이프 광고에 출연해 화려한 춤 실력을 뽐내며 화제를 모은 로지는 가상인간임이 밝혀지자 1만이었던 인스타그램 팔로어는 순식간에 10만을 넘었고 그녀가 출연한 뮤직비디오는 조회 수가 1,000만을 돌파했다. 가상 인물이지만 실제 모델처럼 매니지먼트 계약을 맺고 브랜드 홍보활동, 화보촬영, 광고촬영 등으로 활발한 활동을 하고 있다. 자신의 화보나 일상을 인스타그램으로 공유하고 팬과 댓글과 메시지를 나누기도 한다.

[그림3] 가상인간 릴 미켈라
(출처 : 릴 미켈라 인스타그램)

[그림4] 가상인간 로지
(출처 : 로지 인스타그램)

가상인간은 여러 가지 장점을 갖고 있다. 언택트 시대에 최적화 돼 광고촬영을 위해 여러 사람이 모이지 않아도 되고, 해외에 나가지 않아도 된다. 시공간의 제약 없이 언제 어디서나 원하는 콘텐츠를 만들어낼 수 있다. 영원히 늙지 않아 광고의 경우 지속성이 있으며 실제 인간이 일으킬 수 있는 여러 가지 스캔들 등으로부터도 자유롭다. 또한 인건비가 싸고 이미지 설정이 자유롭다. 기업이 추구하는 이미지를 100% 구현가능하다. 최근에는 에픽게임즈의 '메타휴먼 크리에이터'와 같은 플랫폼으로 누구나 쉽게 가상인간을 만들 수 있게 돼서 빠른 기간 내에 가상 인간의 효용성과 시장은 더욱 확대될 것으로 보인다.

블룸버그에 따르면 2020년 실제 인간 인플루언서 시장 규모가 7조 6,000억 원, 가상인간은 2조 4,000억 원 규모였다. 2025년이 되면 실제인간 인플루언서(13조 원)를 가상인간 인플루언서(14조 원)가 넘어설 것으로 예상된다. 지금까지는 짧은 광고나 유튜브 콘텐츠 등에 주로 활용되지만 앞으로는 영화, 드라마, 콘서트 등 긴 콘텐츠에도 등장할 가능성이 크다. 또한 상담이나 강연 등 이외 분야에서도 활약하며 영역을 넓혀갈 것으로 보인다. AI 기반의 음성과 영상합성기술을 갖추고 모든 이에게 맞춤형으로 답변이 가능해 실시간 상호작용을 할 수 있다면 실제인간에 가까운 가상인간을 메타버스 가상세계에서 만날 수 있을 것이다.

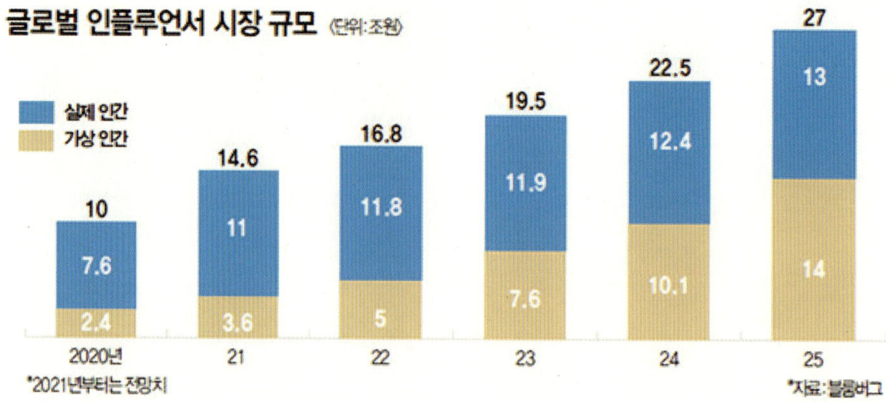

[그림5] 글로벌 인플루언서 시장 규모(출처 : 매경 이코노미)

2) 하드웨어 혹은 디바이스

VR(Virtual Realiy, 가상현실), AR(Augmented Reality, 증강현실), MR(Mixed Reality, 혼합현실), XR(eXtended Reality, 확장현실), SR(Substitutional Reality, 대체현실), 모션슈트(Motion Suit, 동작감지 슈트), 햅틱센서(Haptic Sensor, 촉각감지 센서)와 같은 디바이스가 점차 발달하고 있다. 자체 콘텐츠가 있기는 하지만 메타버스 가상세계라고 하기에는 콘텐츠 부족과 세계관의 부재 그리고 실물로 존재한다는 점에서 하드웨어라고 부르는 것이 적당할 것이다. 또한 모션슈트와 햅틱센서는 VR기기와 연계됐을 때만 의미를 가질 수 있을 것이다.

VR, AR, MR, XR, SR 은 어떤 차이가 있을까?

'VR'은 컴퓨터 시뮬레이션을 통해 구현한 완전한 디지털 가상세계를 말하며 현실과는 단절된 세계이다. 사용자의 주변 환경을 차단해 디지털로 만들어진 가공의 현실에 접속하는 그 자체를 VR이라고 한다.

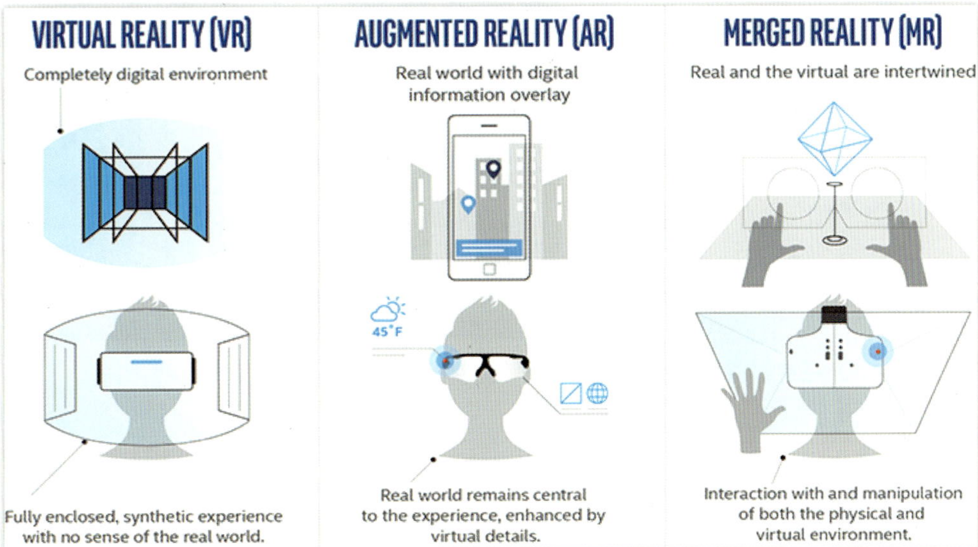

[그림6] VR, AR, MR의 차이점(출처 : mobileappdaily.com)

'AR'은 현실세계에 가상의 물체나 정보를 오버랩해 보여주는 것이다. 사용자의 실제 환경에 디지털 객체를 중첩해 가상과 실제를 융합한다. MR은 VR과 AR 두 기술의 장점만을 합친 기술로 현실과 가상의 정보를 융합해 사용자가 상호작용할 수 있는 기술을 말한다. 현실과 가상 간의 상호작용을 강화해 현실공간에 배치된 가상의 물체를 손으로 움직일 수 있다.

'XR'은 VR, AR, MR을 통합하고 좀 더 발달한 개념으로 MR에서 확장된 개념으로도 볼 수도 있다. XR은 시각과 청각뿐만 아니라 모션슈트와 햅틱센서 등 웨어러블 기기와 컴퓨터 기술로 인간과 기계의 상호작용을 하는 미래의 기술이다.

'SR'은 사람의 인지과정을 왜곡시켜 가상 세계에서의 경험을 실제인 것처럼 인식하게 하는 기술이나 서비스를 말한다. 체험자는 영화 〈토탈리콜〉에서 처럼 현실과 가상을 구분하지 못하는 혼돈의 상태를 경험한다. 가상세계이나 현실을 명확히 인지하는 VR과 확연히 다른 점이다. 각각의 하드웨어에 관해 조금 더 살펴보기로 하자.

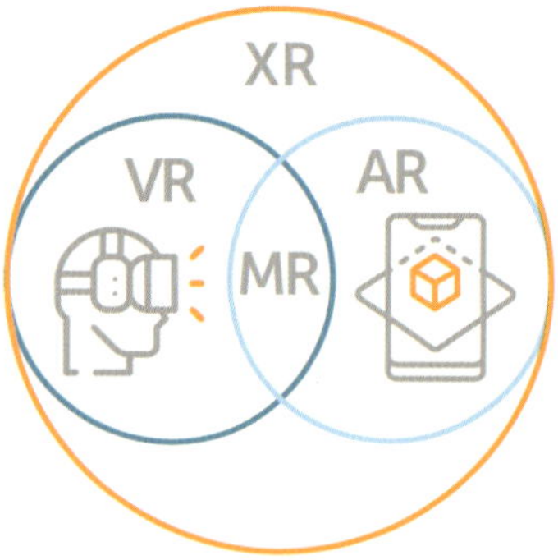

[그림7] 하드웨어 구분(출처 : wowza.com)

[그림8] SR 예시(출처 : 영화 토탈리콜)

'VR'은 메타버스의 여러 유형 중에서 우리에게 가장 익숙한 형태를 가진다. 1인칭 시점으로 현실에서 가상현실을 체험하는 것을 VR 이라고 한다. 온라인 게임에서부터 2003년 출시된 '세컨드 라이프'와 같이 3D 컴퓨터 그래픽 환경에서 구현되는 가상현실 커뮤니티를 모두 VR 이라 할 수 있다. 보통 HMD(Head Mounted Display)라고 머리에 착용하는 기기를 통칭해 VR 기기라고 한다. 개개인이 각자 머리에 VR 기기를 착용하고 3D 가상현실을 경험한다.

'VR'은 현재 여러 곳에서 활용되고 있다. 게임뿐만 아니라 전시, 산업안전, 교육, 관광, 엔터테인먼트 등 다양한 시장에서 활용하고 있으며 점차 그 확대 폭을 넓히고 있다. 의학 분야에서도 치료, 해부연습 등에 사용되고 있고 산업, 군사 분야에서는 각종 장비 및 비행 조종훈련에 이용되는 등 각 분야에서 도입이 활발하다.

[그림9] 오큘러스 퀘스트 VR시연
(출처 : 오큘러스 홈페이지)

[그림10] HTC VIVE VR시연
(출처 : 바이브 홈페이지)

미국 식품의약국(FDA)은 금년 11월 미국기업 어플라이드VR(AppliedVR)이 개발한 만성요통에 처방 가능한 VR 기기 및 솔루션 'EaseVRx'의 사용을 승인했다. 이지 VRx를 요통 환자에게 테스트한 결과 환자의 3분의 2 이상이 30% 이상의 요통감소효과를 얻었고 치료 효과도 3개월 이상 지속된다는 결과가 나왔기 때문이다.

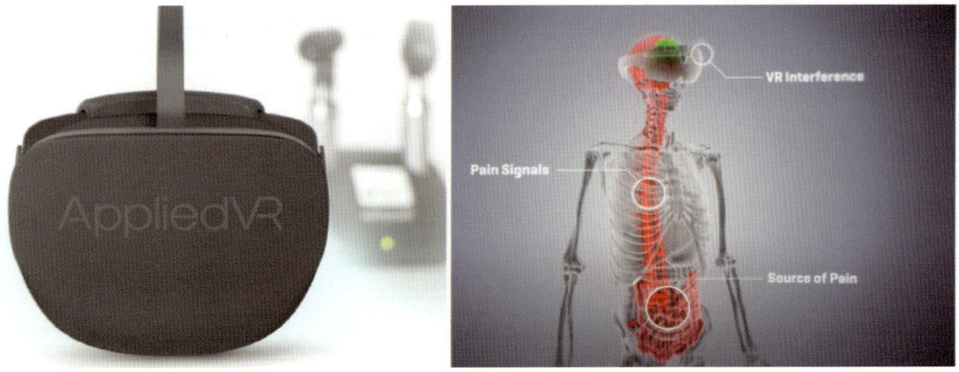

[그림11] Ease VRx 요통치료 광고(출처 : 어플라이드VR, 유튜브 Freethink)

'VR'이 현실에서 기기를 이용해 가상세계로 입장하는 형태라면 'AR'은 가상세계를 현실에 구현하는 방식이다. 근래에는 스마트폰 카메라와 AR 앱을 이용해 쉽게 체험해 볼 수 있다. 위치, 방향, 카메라와 같은 장치센서를 이용해 현실을 기반으로 가상의 사물이나 정보를 합성해 마치 현실에 존재하는 사물처럼 보이도록 하는 컴퓨터 그래픽 기법이다.

AR의 대표적인 사례로는 전 세계적으로 엄청난 인기를 모았던 게임 '포켓몬고'가 있다. 장소를 이동하면서 휴대폰 화면을 통해 현실 속에 있는 포켓몬을 잡는 게임이다. 현실에서의 이동성이 강조돼 가상현실과의 연결성이 강한 것이 특징이다.

'MR'은 현실과 가상이 혼합된 형태를 의미한다. VR과 AR이 콘텐츠를 단순히 소비하는 것에 불과하다면 MR은 현실에서 상호작용이 가능한 가상 이미지를 불러낼 수 있다. 몰입감을 전해 줄 수 있다는 VR의 장점에 현실과 상호작용 할 수 있는 AR의 장점이 더해져 한층 실감 나는 가상세계를 만들어 준다. 또한 많은 사람들이 동시에 경험할 수 있다는 특징을 지니고 있다.

[그림12] 포켓몬고 AR시연(출처 : 포켓몬고)

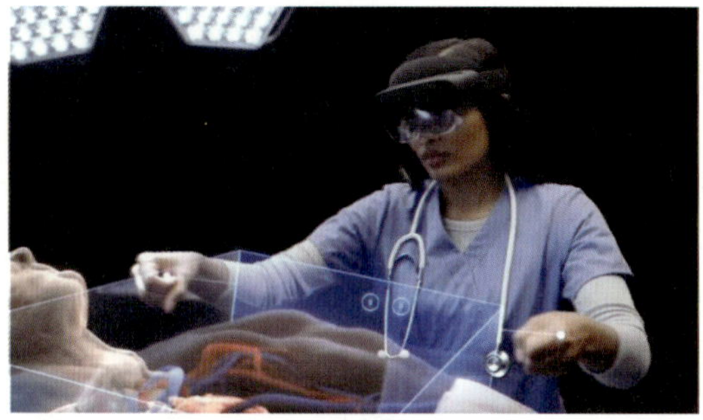

[그림13] 홀로렌즈 MR의료시연(출처 : MS)

영화 '마이너리티 리포트'의 인터페이스 조작 장면과 같은 것이 MR을 구현한 장면이라고 할 수 있다. 대표적인 MR 기기로는 MS(마이크로소프트)의 '홀로렌즈'가 있다. 홀로렌즈는 자신의 현재 공간을 3차원 스캔할 수 있어 열 개의 손가락으로 가상의 피아노를 칠 수도 있다. 스마트폰이나 PC와 연결할 필요 없이 단독구동도 가능하며, 먼 거리에 떨어져 있는 사람과도 한 자리에 있는 것처럼 회의를 할 수 있다. 음성인식을 통해 카메라 조작이나 딕테이션(받아쓰기)도 가능하다.

'XR'은 VR, AR, MR을 모두 아우르는 미래지향적 개념으로써 사례를 단정 지어 말하기는 어렵다. MS의 홀로렌즈와 같은 형태가 좀 더 발전하고 웨어러블과 햅틱 슈트의 도움으로 시각, 청각, 촉각까지 느낄 수 있는 단계라고 할 수 있다. 거리에 상관없이 실제와 가상을 구분하지 않고 상호 소통이 가능한 단계이다. MR과 구분이 모호하지만 XR에 가까운 구체적 사례를 하나 꼽자면 폭스바겐의 온라인 가상 모토 쇼를 들 수 있다. 실제 모터쇼처럼 배경음악을 송출하고, 360도로 관찰이 가능한 전시 차량, 차량의 색상과 휠 구성변경기능 등 온라인 모터쇼에서만 가능한 새로운 경험을 제공하고자 했다.

'SR'은 VR의 연장선상에 있는 기술로 가상현실과 뇌 인지과학을 융합해 가상공간을 실제로 착각하게 만드는 기술이다. 하드웨어가 필요 없는 대체현실 기술은 거의 모든 스마트 앱 시나리오에 사용될 수 있다. 일본의 이화학연구소는 체험자가 미리 기록된 과거장면을 실제처럼 착각하게 만드는 대체현실 실험에 성공했다. 사람의 모든 감각을 포함한 완벽한 대체현실을 체험하려면 2030년 이후에나 가능할 것으로 전문가들은 예상하고 있다. KIET(한국산업연구원) 은 대체현실이 심리치료, 교육, 엔터테인먼트 분야에 적용가능 할 것으로 전망했다.

3) 소프트웨어 혹은 플랫폼

로블록스, 포트나이트, 제페토, 이프랜드, 게더타운과 같은 플랫폼도 점차 발달하고 있다. 무한에 가까운 세계관과 창작관을 갖고 있지만 아직은 2차원의 세상에서 이뤄지므로 소프트웨어라고 말할 수 있다.

'로블록스'는 미국 게임사인 로블록스가 2006년 9월 론칭한 오픈월드 게임플랫폼이다. 이용자가 게임을 직접 만들어 다른 이용자와 함께 플레이 할 수 있다는 특징을 갖고 있다. 일일 약 4,800만 명의 글로벌 이용자가 즐기고 있는 온라인 엔터테인먼트 플랫폼으로 특히 북미와 유럽에서 큰 인기를 끌고 있다.

현대자동차는 글로벌 자동차 브랜드 최초로 로블록스에 '현대 모빌리티 어드벤처'를 주제로 총 5개의 가상공간을 구현했다. 사용자들은 가상세계에서 차량을 직접 운전하거나 로보틱스 등 미래 모빌리티를 메타버스 콘텐츠로 미리 체험해 볼 수 있다.

[그림14] 메타버스 게임플랫폼 로블록스
(출처 : 로블록스)

[그림15] 현대 모빌리티 어드벤처 광고
(출처 : 현대자동차)

'포트나이트'는 미국의 게임회사인 에픽게임즈에서 만든 3차원 슈팅게임으로 2020년 기준 최고 동시 접속자 수 800만 명, 누적 이용자 수 3억 5,000만 명을 돌파한 글로벌 인기게임이다. 유저가 만든 맵을 이용해 게임을 할 수 있는 메타버스 게임의 대표적인 게임이다.

세계적 보이그룹 '방탄소년단(BTS)'도 지난해 9월 포트나이트에서 신곡 '다이너마이트'의 안무 버전 뮤직비디오를 세계 최초로 공개했다. 슈팅게임인 포트나이트의 특수 모드인 '파티 로얄' 모드에서 많은 사람들이 뮤직비디오를 감상했다.

포트나이트는 지난 9월 '발렌시아가'와의 협업을 통해 대체 불가 토큰(NFT) 형식의 인 게임 아이템과 함께 실제 옷도 발매하고 있다. 발렌시아가와 의상뿐만 아니라 스니커즈 모양의 곡괭이, 핸드백 모습이 반영된 글라이더 등 여러 제품을 아이템 상점에서 만날 수 있다.

[그림16] BTS 포트나이트 공연 스크린샷
(출처 : 에픽게임즈)

[그림17] 발렌시아가 포트나이트 광고
(출처 : 에픽게임즈)

'게더타운'은 미국의 스타트업 회사인 게더가 2020년 5월 서비스를 시작한 메타버스 플랫폼이다. 메타버스 기반의 가상 오피스뿐만 아니라 화상회의도 가능할 뿐만 아니라 줌, 구글미트와 같은 기존 화상회의 앱과도 연동이 가능하다. 출시 1년 반 만에 4,000만 명의 이용자를 모았고 기업가치는 2조원으로 치솟았다. 20대와 30대 직장인이 주 연령층이며 사무실 활용, 화상회의 등 업무기능을 중심으로 만들어진 플랫폼이다.

LG그룹의 스타트업 기술 전시회 'LG 커넥트(LG CONNECT)'를 게더타운에서 진행했다. 게더타운 내 행사장에서는 투자사, 스타트 업 관계자로 보이는 아바타들이 삼삼오오 모여 얘기를 나눴다. 코카콜라는 게더타운에서 사용된 음료 페트병의 자원순환을 긍정적인 차원에서 즐겁고 이색적으로 경험할 수 있는 '코카콜라 원더플 아일랜드'를 오픈했다.

국내 메타버스 플랫폼인 '제페토'는 2018년 8월에 출시돼 출시 8개월 만에 누적 이용자 1억명을 달성했고 2021년 2월에는 누적 이용자 2억 5,000만 명을 돌파했다. 3D 아바타 기반의 메타버스 플랫폼으로서 맵을 자유롭게 제작할 수 있고 아이템을 만들어 판매해 수익을 올릴 수 있는 특징을 갖고 있다.

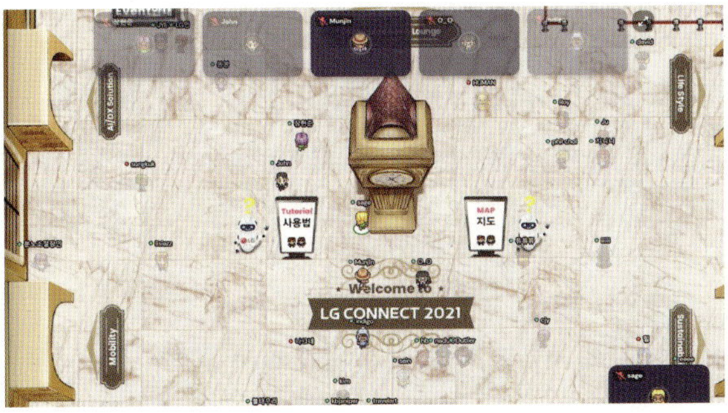

[그림18] 게더타운 LG 커넥트 행사 캡처
(출처 : AI 타임즈)

[그림19] 게더타운 코카콜라 원드플 아일랜드
(출처 : 코카콜라)

국가기술표준원은 네이버의 메타버스 플랫폼 제페토에 '사이즈코리아 센터'를 개소했다. 사이즈코리아 센터는 지난 6월 강남에 이전 개소한 실제센터와 내·외관을 똑같게 구성했다.

아리랑TV는 국내 방송사 최초로 제페토에 가상 방송국 '아리랑타운'을 오픈했다. 시청자들이 서울 서초동 아리랑TV 사옥으로 오지 않더라도 가상공간을 통해 언제 어디서나 이 방송국의 라디오 방송 서비스를 직접 체험해보고 소통할 수 있게 된 것이다.

[그림20] 제페토 사이즈코리아 센터
(출처 : 국가기술표준원(제페토 썸네일)

[그림21] 제페토 아리랑 타운
(출처 : 아리랑TV)

이프랜드는 SK텔레콤이 MZ 세대를 겨냥해 출시한 메타버스 플랫폼이다. 모임 특화 서비스로 룸을 몇 초 만에 생성해 친구를 초대할 수 있고, 대형스크린을 통해 PPT와 영상자료를 공유할 수 있다.

대구 경찰청은 이프랜드를 통해 '보이스피싱 실제 범인 목소리 체험'과 경품행사를 진행했다. 참여자들은 가상공간에서 범인목소리도 체험하고 보이스피싱 범죄예방을 위한 정보를 받았다.

울산항만공사는 이프랜드에서 울산항만공사 임직원뿐 아니라 관련 행정기관 및 울산항 종사자들과 함께 퀴즈를 풀고 전문가들의 지식을 공유하는 '울산항 윤리 청렴골든벨'을 개최했다.

[그림22] 이프랜드 보이스피싱 행사
(출처 : 대구경찰청)

[그림23] 이프랜드 울산항 윤리청렴골든벨 행사
(출처 : 울산항만공사)

4) 하드웨어와 소프트웨어의 융합

메타버스의 VR 기기와 플랫폼이 점점 결합하고 있다. 시카고 역사박물관에서는 AR/VR 기술을 활용해 박물관 전시품들을 그 역사가 담긴 장소에서 재현함으로써 상호작용과 몰입의 경험을 가능케 했다. 에스파는 실제 멤버와 아바타 멤버를 오가는 스토리텔링을 갖고 있다. SK텔레콤은 MS(마이크로소프트)와 혼합현실 제작소 '점프 스튜디오'를 열어 가수들의 홀로그램 뮤직비디오와 공연을 선보이기도 했다.

하지만, 현재 메타버스 VR 기기(하드웨어)는 고비용과 콘텐츠 부족으로 초창기 기대와는 달리 시장이 빠르게 성장하지 못하고 있다. 플랫폼(소프트웨어)은 모바일과 PC에서만 이용되는 2차원 게임에 불과하다는 인식이 만연해 있다. 또한 스마트기기가 사용자의 두뇌와 신체에 끼치는 위험성의 해소와 NTF(Non-Fungible Token, 대체 불가능한 화폐)의 개발 없이는 메타버스의 미래가 밝기만 하다고 말할 수 없을 것이다. 초당 25Mbps(넷플릭스 초당 3Mbps 필요)의 인터넷 망과 성범죄 방지와 같은 제도적인 장치도 필요할 것이다.

메타버스는 이미 우리 생활 속에 들어와 있고, 발전해 나가고 있다. 시장조사업체 이머전리서치에 따르면 세계 메타버스 시장 규모가 2020년 476억 9,000만 달러(약 57조 400억 원) 수준에서 매년 40% 이상 성장해 2028년 8,289억 5,000만 달러(약 991조 4,000억 원)에 이를 것이라고 추산했다. 글로벌 투자은행 모건스탠리는 메타버스가 차세대 소셜미디어, 스트리밍, 게임 플랫폼을 대체하며 최대 8조 달러(약 9,000조 원) 규모의 시장을 형성할 것으로 전망했다.

2. 디지털 인증서 : NFT

메타버스는 가상세계이다. NPC와 자신이 선택한 가상아바타가 함께 살아가는 가상의 세상이다. 디지털로 이뤄진 가상세계는 현실을 거울에 비춘 것 같은 거울세상이다. 당연히 현실과 같은 가상경제가 디지털로 존재한다. 가상세계에는 가상화폐가 필요하고 가상자산이 존재한다. 가상의 자산을 증명하는 디지털인증서가 'NFT(Non-Fungible Token)'이다.

메타버스가 또 다른 현실이 되기 위해서는 NFT가 핵심 요소 중의 하나이다. 현실과 같은 경제가 메타버스 세계에 존재해야 한다. 경제가 유지되기 위해서는 디지털 생산물이 상품으로 거래되고 이를 통해 발생하는 가상세계의 이익이 현실세계의 자산으로 축적이 가능해야 한다.

[그림24] NFT 로고 (출처 : www.econotimes.com)

현실 세계에서는 저작권이라는 권리를 보호 받을 수 있지만 디지털 세계에서는 소유권 주장이 쉽지 않다. 이러한 문제를 디지털 자산 소유권 증명서인 NFT를 통해 쉽게 해결할 수 있다. NFT는 블록체인 기술을 기반으로 디지털 파일에 원본 혹은 소유권 증명을 넣어 특정 콘텐츠를 복제할 수 없는 유일한 것으로 만든다. NFT가 현실화되면 디지털 자산이 공식적으로 인정되고 거래되는 세상이 된다.

몇 년 동안 전 세계를 휩쓸었던 비트코인의 열풍은 세계 각 정부의 규제움직임과 가상화폐에 대한 부정적인 시각에 잠잠해졌다. 그대로 사그라지는가 싶던 가상화폐는 이더리움이 2021년 NFT의 부상과 함께 주목을 받으면서 다시금 사람들의 관심을 불러 모으고 있다.

도대체 NFT 가 어떤 것이기에 꺼질 듯 했던 가상화폐까지 다시 주목을 받을까? 블록체인, 스마트컨트랙트, 이더리움은 NFT와 어떤 관계가 있을까? 또한 NFT의 개념과 사례를 통해 왜 NFT가 중요하고 실물과 가상경제에 어떤 영향을 끼치는지 살펴보기로 하자.

1) NFT란 무엇인가?

NFT는 특정 자산에 대한 소유권이다. NFT는 블록체인 기술을 이용해 디지털 콘텐츠에 고유한 표식을 결합하고 소유권자를 인증하는 방식을 말한다. NFT는 디지털파일 소유기록과 거래기록을 블록체인에 영구적으로 저장해 디지털파일 자산화를 지원하는 기술이다. 블록체인망을 활용해 제작한 유일하고 대체 불가능한 디지털 자산이다.

블록체인이란 분산 형 데이터 저장기술로써 데이터를 보관하고 처리하는 구조가 데이터 덩어리인 블록을 체인형태로 연결한다. 네트워크에 참여하는 모든 사용자가 모든 거래 내역 등의 데이터를 복제, 분산, 저장하는 데이터 처리기술이다. 블록체인을 다른 말로 '공공 거래 장부' 혹은 '분산 거래장부'라고도 부른다. 블록체인은 은행과 같은 중앙집중 형 시스템과 다르게 서버에 거래기록을 보관하지 않는다. 거래에 참여하는 모든 사용자에게 거래내역을 보내 주며 정보가 나눠져 저장돼있기 때문에 데이터 위조나 변조 혹은 침입이 불가능하다.

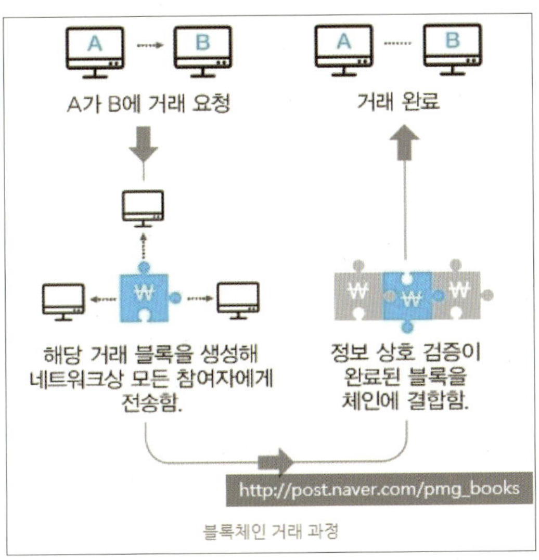

[그림25] 블록체인 거래 과정
(출처 : 네이버 시사상식사전)

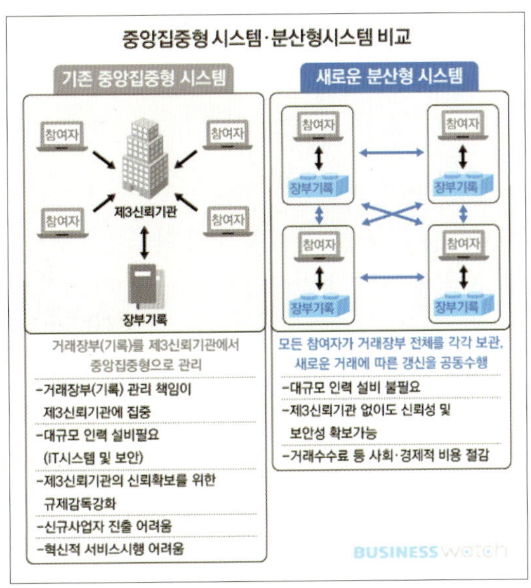

[그림26] 중앙집중형 시스템과 분산형 시스템 비교
(출처 : BUSINESS WATCH)

블록체인 업계가 NFT를 주요 키워드로 꼽는 이유는 NFT가 디지털 무형 콘텐츠를 자산화 했기 때문이다. 디지털상의 그림, 음원, 게임 등이 NFT화 되면 해당 디지털 창작물에는 디지털 자산 소유권을 인증할 수 있는 인증서가 생긴다. 블록체인이라는 디지털 장부에 디지털 자산의 주인, 작품명, 작가명, 작품이 저장된 곳의 링크 등이 기록되는 것이다.

NFT는 3가지 구성 요소가 있다. 첫째는 '스마트 계약(Smart contract)'이다. 스마트 계약은 일종의 소유권 증명서로서 파일의 고유성을 나타낸다. 둘째는 토큰의 '메가 데이터'이다. 메가 데이터는 디지털 자산의 작품명, 콘텐츠 내용, 계약조건, 미디어링크 등과 같은 세부사항을 말한다. 셋째는 '미디어 파일'이다. 미디어 파일은 본인이 토큰 화 하고자 하는 디지털 콘텐츠 말하는데 이미지, 텍스트, 음성 등 다양한 형태의 디지털 파일을 의미한다.

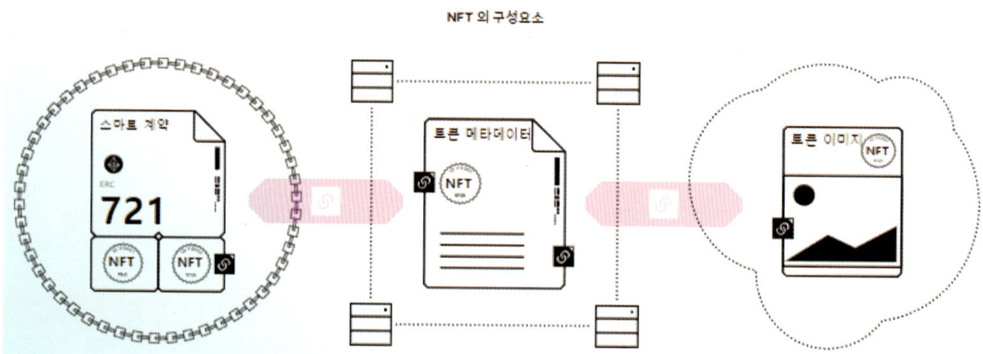

[그림27] NFT 구성요소(출처 : learn.fungyproof.com)

NFT는 디지털 파일이 고유함을 인증하는 데이터 단위로 블록체인으로 분산된 디지털 원장에 저장된다. NFT 자체는 디지털 자산의 거래 수단일 뿐 화폐로써의 속성을 갖고 있지 않다. NFT는 토큰마다 고유의 증표(토큰)가 있고, 디지털파일의 거래 및 소유기록을 위·변조와 삭제가 불가능하게 만드는 것이 핵심이다. 각자가 소유한 토큰은 유일무이하다.

NFT는 블록체인의 일부인 독특한 데이터 조각(토큰)이며, 블록체인이 지원하는 가상화폐로 매매된다. 요즘 들어본 토큰들은 거의 모두 '이더리움(Ethereum)' 기반이다. 이더리움은 비트코인과 같은 가상화폐의 일종이다. 개념은 같지만 서로 다른 블록체인이다. 비트코인은 환전이 주 목적이라면 이더리움은 자산 교환에 더 적합하다. 어떤 블록체인이든 이론상으로는 NFT를 지원할 수 있지만 이더리움은 실제로 NFT를 위해 설계됐다.

NFT는 일반적으로 이더리움 블록체인 상에서 발행되는 'ERC(Ethereum Request for Comment)-721'과 'ERC-1155'라는 프레임워크(framework : 설계와 구현을 재사용 가능하도록 협업화된 형태로 제공하는 소프트웨어 환경)가 널리 사용된다. 이 프레임워크의 스마트 콘트랙트(Smart contract: 이더리움에서 처음으로 도입된 자동계약 이행시스템을 말한다. 블록체인에 기록된 계약조건이 충족되면 자동으로 계약이 실행되게 하는 디지털 계약 방식이다.)로 NFT를 만들어 내는데 이러한 과정을 '민팅(Minting)'이라고 한다.

NFT는 여러 온라인 시장에서 판매되며 사용자는 디지털 형태의 어떤 것에 대해서건 NFT를 '주조(Mint)' 하거나 만들 수 있다. 비트코인으로 블록체인 기술이 도래함에 따라 프로그래밍 할 수 있는 디지털 희소성이 가능해졌고 이는 오늘날 디지털세계와 실제 세계를 연결하는데 사용되고 있다. NFT(Non-Fungible Token : 대체불가능 한 토큰)는 FT(Fungible Token : 대체 가능한 토큰)의 반대개념이다. FT는 암호화폐 시장에서 잘 작동하며, 비트코인, 이더리움 등 상호 대체 가능한 자산들이 모두 FT의 일종이라고 볼 수 있다.

2) NFT에는 어떤 장점이 있을까?

NTF는 여러 가지 장점을 갖고 있다.

첫째, 위·변조가 어렵다.

출처와 소유자 정보 그리고 거래이력 등의 데이터의 위·변조가 어려워 복제품으로 인해 가치가 손상되지 않으므로 희소성과 유일성이 보장된다. 디지털 콘텐츠는 복제가 가능해 진위여부와 가치를 책정하기 어려웠지만 NFT와 연계되면 달라진다. 복제된 콘텐츠가 아무리 많아도 NFT화한 콘텐츠만 진품으로 인정받을 수 있기 때문이다. NFT를 활용하면 자산의 희소성도 보장될 뿐 아니라 원본 성 증빙이 가능하다.

일반 토큰의 경우 자산을 보관하고 있는 플랫폼이 폐쇄되거나 운영이 정지되는 경우 자산 자체가 사라지는 위험성이 있다. 디지털로 창작된 콘텐츠나 예술작품의 경우 디지털 기술의 발달로 누구든지 쉽게 사본을 만들 수 있어 지적재산권을 침해 받을 수 있다. 하지만 NFT는 블록체인 기술을 이용해 저작권과 소유권을 분리해 관리가 가능하다. NFT는 디지털 자산의 창작자와 소유권을 보호하는 효율적인 기술이다.

둘째, 추적하기가 쉽다.

가상화폐와는 달리 NFT는 블록체인에 개별 NFT의 소유자가 기록돼 있으며 NFT를 구성하는 메타데이터에는 고유의 정보가 기록돼 있다. 블록체인의 데이터는 공개적이고 투명해 누구나 NFT의 출처, 발행시간, 발행 횟수, 소유자 내역 및 기타정보를 볼 수 있다. 탈중앙화 된 블록체인 상에 저장되므로 소유권이 보장돼 만일의 경우 추적하기가 쉽다. 물론, 폐쇄형 블록체인으로 제작된 NFT도 존재한다.

셋째, 토큰을 1/n로 분할해 거래할 수 있다.

NFT는 부분에 대한 소유권을 인정해 분할하게 되면 비유동적인 자산을 유동적으로 만들 수 있다. 통상 NFT 작품이 비쌀수록 잠재적 구매자가 적어 판매하는데 더 많은 시간이 소요된다. NFT를 분할하면 더 많은 잠재적 구매자를 모을 수 있다. 또한 많은 사람들이 NFT에 대해 관심을 갖게 됨으로써 NFT 작품가치에 대한 사회적 검증이 이뤄진다. 토큰매매가 잦아져 공정한 시장가격이 형성되는 장점도 있으므로 디지털 자산의 거래를 촉진할 수 있다.

넷째, 순환이 증가한다.

게임아이템이 NFT로 만들어지면 플레이어는 아이템의 진정한 소유권을 얻게 되고 자유롭게 거래가 가능한 자산이다. 게임회사가 망하더라도 NFT로 만들어진 게임아이템은 다른 곳에서도 사용이 가능하며 심지어 게임이 아닌 곳에서도 사용할 수 있게 된다.

다섯째, NFT 작품은 운반에 따른 제약이 없고 언제 어느 곳에서나 보고 즐길 수가 있다.

유통이 오프라인보다 훨씬 쉬우면서도 유일한 원본의 값어치를 인정받아 비싸게 거래될 수 있다. NFT로 보관하는 경우 토큰이 발행된 플랫폼에 상관없이 호환성을 갖고 있어 하나의 플랫폼에 종속되지 않고 자산의 가치가 유지되고 형성된 시장도 유지될 수 있다.

여섯째, 현금 유동성이 있다.

NFT화 된 디지털 파일은 그렇지 못한 파일과 비교했을 때 비교적 수월하게 현금화 할 수 있다. NFT를 분할하거나 빌려주는 방법도 있고 여러 NFT로 이뤄진 바스켓(basket)이나 인덱스로 판매하는 방법 등을 통해 예술작품이나 자산 등을 훨씬 빠르고 쉽게 현금화 할 수 있다.

3) NFT의 활용사례

NFT의 활용 사례를 살펴보면 NFT에 대한 이해가 더욱 쉽다.

NFT 기술이 적용될 수 있는 분야는 디지털 사진과 영상에서부터 트위터 트윗까지 다양하다. 최근에는 콘서트 티켓과 게임 아이템에도 NFT가 활용되고 있다. 어떤 디지털 자산을 NFT로 만들지는 발행하는 사람이 결정한다. 우선 디지털 그림, 음원, 게임 등 IP를 갖는 모든 것과 연계할 수 있다. NFT는 거의 모든 것을 토큰 화 할 수 있다. 현재 NFT의 일반적인 사용사례는 다음과 같다.

(1) 비디오 게임

NFT가 가장 먼저 도입된 영역은 온라인과 모바일 게임이다. NFT는 세계 최초 블록체인 기반 게임인 '크립토키티(CryptoKitties)'의 등장으로 유명해졌다. 크립토키티는 2017년 10월에 캐나다에 있는 게임개발회사 대퍼랩스(Dapper Labs)가 개발한 블록체인기술과 암호화폐 이더리움 기반의 '고양이 육성게임'이다. 크립토키티 가상세계 속 고양이들은 블록체인 기술을 통해 고유 유전자(Cattributes)를 부여받아 서로 교배가 가능한 유일한 소유물로써의 가치를 지니게 됐다. 크립토키티 고양이들 중 '드래곤(Dragon)'은 600이더리움에 판매됐는데, 이는 2018년 판매 당시 기준 2억 원, 2021년 6월 현재에는 14억 원에 해당하는 가치이다.

[그림28] 블록체인게임 크립토키티(출처 : 크립토키티)

[그림29] 크립토키티 드래곤(출처 : 크립토키티)

(2) 컬렉터블(수집품)

예술, 게임, 스포츠 기념품 등과 같은 컬렉터블의 NFT 시장이 매우 빠르게 성장하고 있다. NFT는 2021년 5월초 1억 달러 상당의 거래가 NFT 컬렉터블 마켓에서 이뤄졌다. 6월에는 전체 NFT 거래액의 75%를 차지했고 8월초에는 무려 2억 달러 상당의 거래가 크립토펑크를 통해 이뤄졌다. 현재 가장 인기 있는 컬렉터블은 스포츠나 크립토 같은 특정문화를 주제로 한다. 축구(Sorare), 농구(NBA Top Shot), 야구(MLB Champions) 등 스포츠 스타 게임 캐릭터 또는 카드, 디지털 영상 등을 토큰화해 거래하고 있다.

2017년 시작된 이더리움 블록체인 기반의 수집형 NFT 프로젝트 '이더락(EtherRock)'은 색깔이 다른 돌덩이 그림이 그려져 있다. 공식 사이트에서도 매매 외에 할 수 있는 것이 없다고 돼있으나 단 100개만 발행됐다는 희소성 때문에 높은 가격에 거래되고 있다.

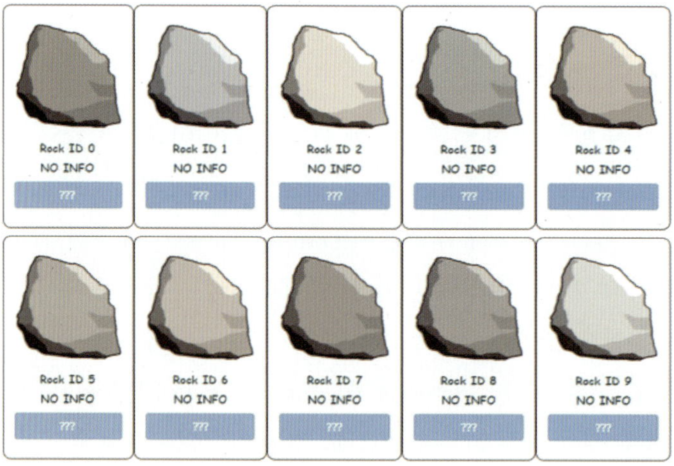

[그림30] NFT 프로젝트 이더락(출처 : 이더락)

(3) 패 션

나이키는 NFT를 활용해 신발을 관리하는 '크립토킥스(CryptoKicks)'의 기술특허를 미국특허청으로부터 취득했다. 운동화 구매 시 제품실물을 디지털 토큰 데이터로 치환해, 가상공간 앱에서 디지털 화된 제품을 관리하는 특허기술이다. 사용자는 보유하고 있는 디지털 운동화 데이터를 다른 운동화 데이터와 조합해 새 디자인을 창작할 수 있다.

그뿐 아니라 새롭게 창작된 크립토킥스 디지털 운동화 파일의 소유권을 마켓플레이스에서 판매 또는 주문 제작할 수도 있다. 이 기술은 신 개념 마케팅 사례로 주목받고 있는데 메타버스(가상세계) 상에서 고객이 직접 자신만의 운동화를 만들고 판매하는 과정에 참여할 수 있다.

[그림31] 나이키 크립토킥스 기술 특허 도면(출처 : keywert keylens, US10505726 B1)

(4) 아 트(미술)

NFT 시장에 불을 지른 건 일론 머스크의 여자 친구인 팝 가수 그라임스였다. 2021년 3월 그라임스가 '전쟁의 정령(WarNymph)'이라 이름 붙인 디지털 그림 10점이 20분 만에 약 65억 원에 팔린 것이다. 또한 같은 달 비플(Beeple)이라는 예명으로 활동하는 디지털 아티스트 마이클 윈켈만의 '매일: 첫 5000일(Everydays : The First 5000 Days)'이라는 작품이 크리스티(Christie's) 경매에서 약 785억 원에 거래됐다. 지금까지 NFT 거래 작품 중 최고가이자 프리다 칼로, 살바도르 달리, 폴 고갱 등 유명 화가 작품의 경매 낙찰가보다도 고액이다.

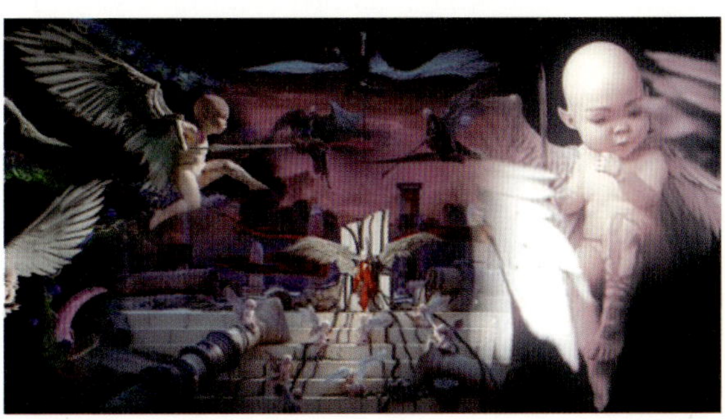

[그림32] 전쟁의 정령(출처 : 그라임스 트위터)

[그림33] 매일 : 첫 5000일(출처 : 조선일보)

NFT 예술품도 거래를 위한 플랫폼이 존재한다. 국내에는 국내 최초 NFT거래소인 '엔에프팅'과 카카오의 '클립드롭스'가 있고, 외국에는 '크립토펑크(Cryptopunk)', '에이싱크아트(Async Art)' 등이 대표적이다. 거래는 대부분 가상 화폐인 이더리움으로 이뤄지지만 현금거래도 가능하다. 암호화폐를 이용한 전자경매의 경우 경매과정과 구매자 등이 투명하게 공개된다는 점에서 일반 예술품 경매와 차별화된다.

(5) 음 악

유명 DJ이자 EDM 프로듀서로 활동 중인 3LAU(저스틴 블라우)는 2021년 3월 자신의 베스트 앨범 '울트라바이올렛' 발매 3주년을 기념해 33개의 NFT 토큰을 판매했다. 토큰은 각각 다른 가격에 판매됐으며 이 중 가장 비싼 토큰에는 블라우가 아직 공개하지 않은 음원의 접근권한이 포함됐다. NFT 경매로 그가 벌어들인 수익만 약 131억 원이라고 월스트리트저널(WSJ)은 추정했다.

[그림34] 울트라바이올렛(출처 : 누모모 에이전시-세계 최초의 크리에이티브 NFT 에이전시)

(6) 엔터테인먼트 및 영화

엔터테인먼트업계는 NFT 시장에 거는 기대가 크다. 실제로 엔터테인먼트 업계에서 NFT 시장이 더욱 각광받는 이유는 소유권을 인정받았을 때 수익을 창출할 수 있는 모델이 다양하기 때문이다. 엔터사의 주 수입원은 콘서트, 앨범판매, 방송 출연료 등이었는데 NFT로 인해 사업의 확장성은 그야말로 무궁무진하다. 아이돌의 미공개 사진과 동영상뿐만 아니라 연습영상도 NFT화를 할 수 있을 것이다.

[그림35] 블록릿 게임즈(출처 : Blocklete 트위터)

엔터테인먼트 시장의 경우 소속 아티스트 사진을 NFT 화했을 때 디지털 상에서 거래되는 유일무이한 굿즈가 될 수 있다. 세계 최대 미디어·엔터테인먼트 대기업 워너미디어는 자회사 터너스포츠를 통해 블록체인에 뛰어들었다. TBS, TNT, TruTV 등 채널에서 스포츠 방송을 다루는 이 회사는 최근 디지털 운동선수들을 수집, 훈련, 트레이드 등 경쟁할 수 있는 플랫폼인 '블록릿 게임즈(Blocklete Games)'를 발표했다.

(7) 국내사례

국내에서는 최초 '국내 NFT 미술품 경매'에 나선 작가 마리킴의 10초짜리 영상 작품 '미싱 앤드 파운드(Missing and Found, 2021년)'가 2021년 3월 경매에서 6억 원으로 낙찰됐다.

간송미술관은 '훈민정음해례본'을 100개의 NFT로 만들었다. 대한민국 국보가 NFT 시장에 등장한 첫 번째 사례로 NFT1 토큰의 판매가격은 1억 원으로 총 100억 원 규모로 이미지 파일이 저장된 클라우드 주소 및 구매정보 등이 블록체인에 보관돼 NFT로 발행됐다.

[그림36] 마리킴의 Missing and found(2021) (출처 : 피카프로젝트)

(8) 디지털 부동산

'디센트럴랜드(Decentraland)'는 NFT 디지털 부동산으로써 가장 유망한 메타버스 플랫폼 중 하나이다. 디센트럴랜드라는 3차원 가상세계를 이용자가 직접 소유하고 관리하며 매력적인 메타버스로 꾸미는 것을 목표로 한다. 게임 안에 구획된 땅은 랜드(Land)라고 부르는데, 도로와 광장을 제외한 모든 랜드는 NFT로 만들어져 안전하게 이전 및 거래할 수 있다.

[그림37] NFT 부동산게임 디센트럴랜드(출처 : 디센트럴랜드)

(9) 실제 자산

NFT를 활용해 정품인증을 한 실제자산도 거래가 가능하다. 일본에서는 가상자산 및 블록체인 기업인 'LIFULL'에서 1919년부터 빈집과 소유자 미상의 부동산 문제를 해결하는데 NFT를 활용하고 있다. 퍼블릭 블록체인을 기반으로 부동산 권리이전의 이력관리, 계약서 및 등기부를 기록한 NFT를 발행·배포해 거래하는 시스템을 구축해 운영방법을 실증하고 있다.

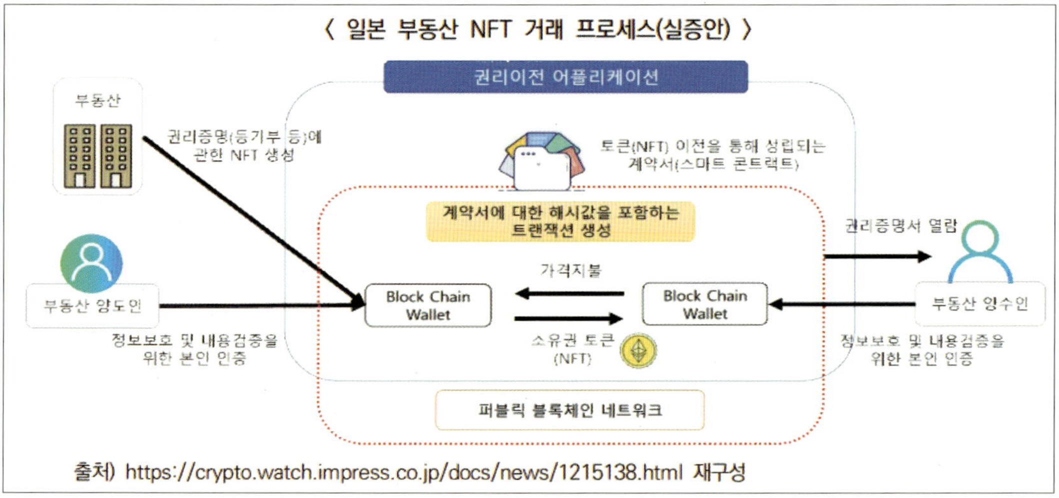

[그림38] 일본 부동산 NFT 거래 프로세스(출처 : KISA Insight 2021 Vol.3)

'20년 3월부터 도요타와 블록체인 기업인 다타 체인은 협업을 통해 중고차 거래시장에 NFT를 추진하고 있다. 자동차에 대한 소유권 이전을 위한 전자계약의 편의성 향상 및 안전한 데이터 관리가 목적이다. 중고차 거래에서 허위매물이 많기 때문이다. 차량의 NFT에는 차량정보, 교통법규 위반사항, 제조이력, 사고이력, 정비이력 등이 포함될 수 있도록 연구중이다.

4) NFT의 문제점

(1) 무 권리자가 발행하는 것에 대한 규제 및 감독 부재

NFT 마켓플레이스 자체적으로 작가의 포트폴리오 확인과 본인인증 절차를 거치지 않는 경우 타인의 디지털 아트에 대해 임의로 NFT를 생성해 판매할 수 있다. NFT 이전에는 원본에 대한 이력추적이 불가능해, 불법적으로 획득한 디지털아트에 NFT코드를 등록한다면 원작자의 막대한 손해가 예상된다. NFT 아트시장이 올바르게 구축되기 위해서는 NFT 마켓플레이스에서는 아티스트에 대한 확인절차가 선행돼야 한다.

(2) 작품의 유실

NFT 또한 디지털 화된 자산인 만큼 데이터 해킹, 보안문제, 저장장치 분실과 같은 위험이 있다. NFT 내부에 직접 저장되는 작품 원본은 거의 없다. NFT 구매 시 디지털 아트 원본이 전달되는 것이 아니라 아티스트의 정보가 포함된 코드가 전달된다. NFT에는 아티스트의 이름과 작품 제목을 어디서 찾을 수 있는지에 대한 정보가 포함돼 있지만, 작품이 블록체인 자체에 기록되는 것은 아니다.

NFT 자체는 블록체인 상에 저장돼 영구보존이 가능하나 실제 원본 디지털 파일은 그렇지 못하다는 것이다. 일반서버(정확히는 IPFS-InterPlanetary File System의 약자로써 분산형파일 시스템에 데이터를 저장하고 인터넷으로 공유하기 위한 프로토콜)에 보관되는 원본파일은 해킹 또는 관리 부주의로 언제든 손상될 수 있다. 또한 원본파일은 디지털의 특성상 무단복제가 쉽고 원본과 복사본의 차이가 없어 원본이라는 개념이 확실한 조각 같은 실제예술품보다 그 희소성이 떨어질 수도 있다.

실제 예술품은 여전히 연결고리로만 존재할 뿐이다. 예를 들어 잭 도시 트위터 창립자의 첫 트윗이 32억 원에 팔리긴 했지만 여전히 그 글은 트위터에 있고 구매자는 그 소유권을 인정받았을 뿐이다. 만약 원본이 있는 사이트가 사라진다면 NFT 또한 무의미해진다.

(3) 환경문제

NFT는 생성, 구매, 판매, 저당 등 모든 단계에서 에너지를 필요로 한다. 이는 암호화폐보다 더 많은 에너지를 소비하게 된다. NFT는 대부분 이더리움 블록체인을 기반으로 한다. 이더리움은 작업증명방식을 사용하는데 연간 전력소모량이 30.84TWh이다. 탄소발자국 수치는 14.65MT 수준이다. 탄소발자국은 모든 과정에서 발생하는 CO2 배출량을 kg 또는 실제 광합성을 통해 감소시킬 수 있는 이산화탄소의 양을 나무의 수로 환산해 표시한다. 이더리움 재단은 작업증명방식 보다는 전력소모량이 적은 지분증명 방식으로 알고리즘을 변환하려는 노력을 하고 있다. 또한 NFT 블록체인 게임사인 더 샌드박스는 블록체인 기반 플랫폼인 '노리(Nori)'와 '오세트라(Offsetra)'를 통해 탄소 크래딧을 확보하며 탄소배출을 상쇄하고 있다.

(4) 변동성이 높은 가상자산 기반의 거래환경과 정보소통 부재

NFT는 주로 이더리움 등 가상자산이 이용되고 있으나 가상자산의 높은 변동성과 현물시장과 가상자산 시장간 정보소통 부재로 인해 안정적인 시장형성이 어렵다. NFT 거래방식에 스테이블 코인 또는 법정화폐(현금)를 이용할 수 있도록 제도적인 보완이 필요하다. 실물 시장정보가 NFT 거래에 실시간으로 반영된다면 디지털 시장에 대한 신뢰가 확보될 것이다.

5) NFT의 한계와 전망

NFT는 분명 블록체인의 잠재력을 보여줄 수 있는 또 하나의 큰 사례다. NFT 발행시장은 2021년을 기점으로 급속히 성장하고 있으며 메타버스, 아트, 게임을 중심으로 NFT 발행이 활발한 것으로 나타나 향후에도 성장 가능성이 충분하다. 급속히 성장 중인 메타버스 플랫폼에서의 NFT 발행이 특히 활발하게 진행 중이다.

블록체인 데이터 플랫폼 댑레이더에 따르면 전 세계 NFT 거래액은 1분기와 2분기에는 1조 5,000억 원 규모였던 것이, 올해 3분기 NFT 거래규모는 12조 7,000원으로 집계됐다. 2019년 당시 거래량이 1,000억 원대 수준이었던 점과 비교하면 불과 3년 동안 급성장한 것이다.

메타버스 플랫폼에서는 개발자 확보를 통해 메타버스 생태계의 활성화를 촉진시킬 필요가 있다. 또한 NFT로 이뤄진 캐릭터와 아이템들이 여러 플랫폼을 자유롭게 오갈 수 있게 만드는 플랫폼끼리의 기술 표준화도 필요하다. 그리고 사용자의 적극적인 참여와 가상경제와 실물경제의 환전을 위한 제도적 개선도 필요하다.

이미 외국에서는 NFT 플랫폼을 단순한 게임이 아니라 플랫폼이라는 인식하에 환전이 가능하도록 돼 있다. 미국에서 가장 인기 있는 메타버스 게임 플랫폼인 로블록스의 경우 2020년 1년 동안 개발자에게 3억 2,870만 달러(약 3,873억 원)의 수익을 돌려줬다. 이와 같이 게임 개발자에 대한 수익보상은 개발자가 보다 활발하고 적극적으로 움직일 수 있게 만드는 중요한 요소이다. 사용자에게도 게임 참여나 기여도에 따른 보상이 필요하며 NFT를 통해 이를 구현한다면 메타버스의 경제는 더욱 빠르게 실제 경제와 통합하게 될 것이다.

현재 활발하게 거래되는 NFT 거래소는 대부분 해외 플랫폼으로 '오픈씨(Opensea), 라리블(Rarible), 바이낸스(Binance)' 등이다. 세계 최대 NFT 거래소인 오픈씨에서는 2021년 8월 거래액 12억 3,000만 달러(1조 4,000억 원)를 기록해 NFT 거래 역사상 최초로 10억 달러(1조 2,000억 원)를 돌파했다. 이러한 성장으로 다양한 분야와 영역의 기업들이 NFT를 활용한 새로운 비즈니스와 서비스, 인프라 등을 개발하고 있으며 실제 비즈니스에 이용하는 사례가 늘어나고 있다.

온라인 게임, 메타버스 등 가상환경과 미술품, 부동산 등 실물거래에 NFT를 활용하고 있다. 또한 블록체인 기반의 금융환경에도 NFT를 도입해 NFT 거래소가 신설되고 DeFi 등과 융합된 새로운 금융서비스의 연구가 진행되고 있다. 국내에서도 NFT 오픈마켓 플랫폼인 엔에프팅(NFTing)이 2021년 4월에 오픈해 故 김기영 감독 미개봉 유작 〈죽어도 좋은 경험 : 천사여 악녀가 되라〉에 NFT를 부가해 판매를 진행했다.

업비트의 운영사인 두나무는 NFT 거래를 위해 미술품 경매기업인 서울옥션·서울옥션블루와 NFT 사업 공동 진행을 위한 업무협약을 체결했다. 그라운드 X, 코인플러그 등에서도 NFT 거래를 위한 플랫폼 개발 또는 베타서비스를 시작했다.

NFT는 현실 거래시장에서의 정보가 가상 거래시장으로 실시간으로 공유가 불가능하다. 따라서 디지털 자산시장의 신뢰를 보장할 수 있는 관리기관이 필요하다. NFT가 실물경제에 편입되기 위해서는 법·제도 측면에서 의무와 권한이 행사될 수 있도록 제도도 개선돼야 한다. 실물과 디지털 자산의 NFT 발행절차 및 진본 확인을 위한 제도적 수단도 필요하다.

현재의 NFT 발행 프로세스만으로는 실물자산을 디지털 화하는 과정에서 위·변조 등이 발생하지 않았는지 보장할 수 없다. 위·변조 자산이 NFT로 발행돼도 소비자는 판별하기 어렵다. NFT 시장 활성화를 위해 NFT를 포함한 가상자산의 재산권보장, 전자문서법, 저작권법 등 관련법 제정 및 개정도 함께 검토가 필요하다. 신규 가상자산 상품개발 및 기존 금융상품과의 연계도 필요하다. 디지털 복합점포 등 온·오프라인 연계 인프라도 구축돼야 한다. 현실 시스템과 제도가 수용할 수 있는 범위 내에서 가상자산의 편입을 제안하고 추진해야 한다.

NFT는 가상화폐의 범주에 속하지만 현물과 가상의 경계를 허무는 결정적인 역할을 하고 있다. 가상세계의 경제는 더 이상 가상의 것이 아닌 현실의 것으로 바뀌어 막대한 영향을 끼친다. 가상화폐는 현물화폐가 되고 현물화폐는 다시 가상화폐가 된다. 따라서 순환경제의 규모가 커지게 된다. 각각의 경제계를 넘나들 때 필요한 제도와 규제도 미리 만들어야 한다.

NFT는 무한대로 커질 수 있는 가상경제의 핵심이다. 급격하게 변화하고 확대되는 시장규모와 범주에 맞춰 정부, 기관, 기업이 힘을 모아 NFT라는 거대한 파도에 휩쓸리지 않도록 대비하도록 해야 할 것이다.

3. NFT에 의해 '메타노믹스'는 완성된다

메타버스에서의 경제활동을 '메타노믹스'라고 한다. 초월적 우주를 뜻하는 메타버스(metaverse)에서 초월의 meta와 경제(economics)의 뒷부분 nomics가 결합된 신조어이다. 디지털 자산을 현실화하는 NFT는 이러한 메타버스 가상세계에서의 필수불가결한 요소이다. 이미 현존하는 메타버스 플랫폼에서는 자체코인이나 토큰을 활용해 경제시스템을 만들고 있다. 이러한 가상경제는 현실경제에도 영향을 미쳐 경제의 범위가 가상과 현실 모두로 확장되며 이것을 확장경제 또는 메타노믹스라고 한다.

메타버스라는 가상공간에 사람들이 오래, 많이 참여할수록 다양한 경제활동도 증가한다. 이러한 경제활동에서 블록체인 기반으로 만들어진 NFT는 메타버스 경제생태계를 뒷받침하는 기반이다. 블록체인은 데이터의 위·변조가 불가능하므로 익명의 아바타가 활동하는 가상세계에서도 거래의 투명성과 디지털 자산의 신뢰성을 보장할 수 있다. 따라서 아이템과 같은 여러 디지털 자산에도 값어치를 매길 수 있다.

메타버스 사용자가 NFT로 이뤄진 가상자산을 통해 얻은 소득을 현실세계의 실물화폐로 바꿀 수 있게 된다면 가상경제와 현실경제가 융합돼 확장된 커다란 경제계를 형성할 수 있다. 가상경제가 현실경제에도 영향을 줘 정책, 기업, 행정에 이르기까지 많은 변화를 일으킬 수 있다.

1) 메타버스와 NFT

메타버스 세계가 현실화되기 위해서는 NFT가 핵심 요소 중의 하나이다. 현실과 같은 경제가 메타버스 세계에 존재해야 한다. 경제가 유지되기 위해서는 디지털 생산물이 상품으로 거래되고, 이를 통해 발생하는 가상세계의 이익이 현실세계의 자산으로 축적이 가능해야 한다. 현실 세계에서는 저작권이라는 권리를 보호받을 수 있지만, 디지털 세계에서는 소유권 주장이 쉽지 않다. 이러한 문제를 디지털 자산 소유권 증명서인 NFT를 통해 쉽게 해결할 수 있다.

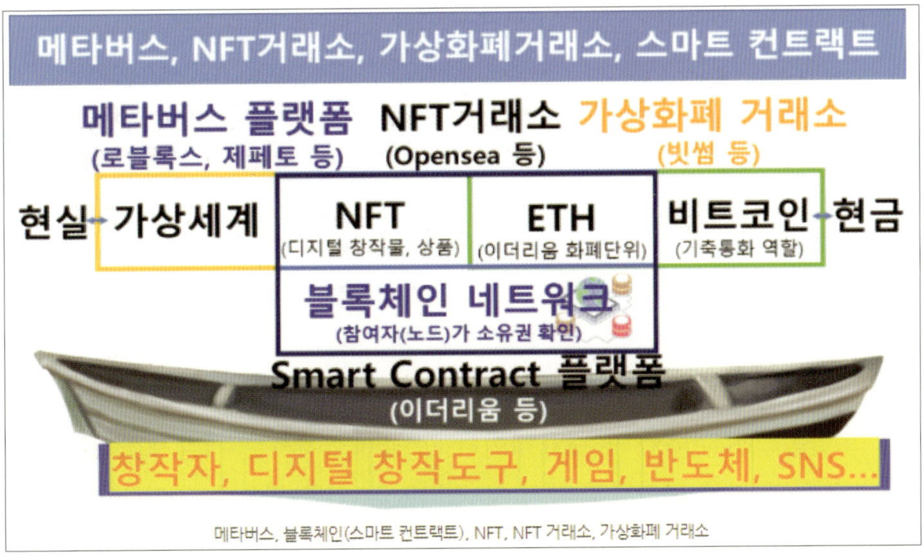

[그림39] 가상세계 내 NFT의 현금화 과정(출처 : 뉴스로 읽는 시장 네이버 블로그)

NFT는 블록체인 기술을 기반으로 디지털 파일에 원본 혹은 소유권 증명을 넣어 특정 콘텐츠를 복제할 수 없는 유일한 것으로 만든다. NFT가 현실화되면 디지털 자산이 공식적으로 인정되고 거래되는 세상이 된다. 메타버스 플랫폼이라는 가상세계에서 디지털 창작물은 NFT로 재창조된다. NFT라는 가상자산은 NFT 거래소에서 이더리움으로 주로 거래된다. 이더리움은 가상화폐 거래소에서 기축통화의 역할을 하는 비트코인으로 바꾸거나 바로 현금화 할 수 있다. 가상과 현실의 경제가 이어지는 것이다.

가상경제(Virtual Economy)는 가상세계의 경제현상을 포괄하는 NFT의 도입으로 과거 제한적 영역에서 벗어나 다수의 디지털 자산이 유입되는 확장된 가상경제로의 진화가 본격화되고 있다. 이미 가상자산의 생산과 소비가 이뤄지는 가상경제 플랫폼과 이를 지원하는 가상경제 인프라 산업을 중심으로 관련 생태계가 조성됐다. 가상경제 플랫폼은 디지털 파일이 자산화 돼 생산되고 소비되는 가상의 플랫폼 공간으로 가상경제 인프라에 수익을 제공한다. 가상경제 인프라는 디지털 자산 거래소, NFT 금융, 플랫폼 제작 스튜디오 등 가상경제 플랫폼의 운영 기반이 되는 인프라 산업이다. 삼성 등 주요 기업이 유관기업 투자를 공격적으로 진행 중이다.

2) NFT 게임(더 샌드박스, 엑시 인피니티, 미르4 글로벌)

메타버스 플랫폼에서의 경제활동은 이미 진행 중이다. 가장 활발한 분야는 역시 게임이다. 최근 메타버스 게임분야에서는 'P2E'가 대세이다. P2E란 'Play To Earn'의 줄임말로 '게임을 하면서 돈을 번다'라는 개념이다. 게임을 하면서 획득한 게임코인이나 아이템 등의 소유권이 블록체인에 기록돼 이러한 가상자산을 사고팔아 수익을 낼 수 있다. P2E 게임과 NFT가 꼭 함께 하는 개념은 아니다.

NFT가 없이도 P2E 게임은 존재할 수 있기 때문이다. 메타버스 게임의 대표적인 플랫폼으로는 '로블록스(Roblox)'가 대표적이다. 로블록스에서는 개발자 또는 크리에이터(Creator)로 활동해 자체 디지털 화폐인 로벅스(Robux)를 획득해 10만 로벅스(약 350달러) 이상이면 페이팔(Paypal) 같은 모바일 금융서비스를 통해 달러로 환전이 가능하다. 현재 로블록스 내에서는 700만 명의 크리에이터들이 1,800만 가지의 게임을 제작해 공유하고 있다고 한다.

게임을 개발해 로벅스를 획득하는 것 이외에도 게임 내에서 별도로 상점을 구성해 아바타 꾸미기, 특수 아이템, 게임 크래딧 등을 별도로 판매해 수익을 창출할 수 있다. 로벅스의 2021년 1분기 거래액은 약 7,000억 원으로 네이버의 제페토나 마인크래프트 등 다른 메타버스 게임에서도 자체 디지털 게임화폐를 만들어 사용하고 있다.

이렇게 NFT 없이도 메타버스 플랫폼에서의 경제활동은 가능하지만 전문가들은 NFT가 향후 P2E 게임의 핵심으로 떠오를 것이라고 전망했다. 현물화폐로 거래가 가능한 만큼 P2E 게임에서도 NFT는 사용자의 자산을 보호하기 위해 필요한 기술적 토대라는 것이다.

메타버스기반 P2E 게임 중에서는 로블록스나 제페토와 같이 자체 디지털 화폐를 이용한 단순거래가 가능한 게임 이외에도 블록체인을 이용해 만든 게임도 있다. 블록체인 기반의 NFT를 이용해 아이템이나 디지털 부동산과 같은 것들을 만들어 경제활동을 하는 것이다.

여기서는 블록체인 기술이 도입돼 블록체인 게임 혹은 블록체인으로 만들어진 NFT가 거래된다는 점에서 NFT 게임이라고 불리는 몇 가지 게임을 살펴보도록 하겠다.

(1) 더 샌드박스(The Sand Box, 이하 TSB)

'TSB'는 아르헨티나 기업인 픽스올(Pixowl)에서 2012년에 출시한 모바일 '샌드박스 게임(Sand box game)'으로 처음 출시가 됐다. 샌드박스 게임이란 모래놀이를 하듯이 자유롭게 만들 수 있는 게임 장르의 일종이다. 이후 픽스올은 2018년 홍콩의 블록체인 게임업체인 애니모카 브랜즈에 인수됐고 2020년 블록체인과 NFT 기술을 기반으로 메타버스 플랫폼인 '더 샌드박스'를 출시하면서 사명도 '더 샌드박스'로 변경했다.

[그림40] 더 샌드박스 아트갤러리
(출처 : 더 샌드박스)

[그림41] 더 샌드박스 랜드 예시
(출처 : 더 샌드박스 유튜브)

TSB는 월 이용자가 120만 명에 달하고 샌드박스 게임류 게임 중에서 마인크래프트와 로블록스의 뒤를 이어 누적 다운로드 수 및 일간 최대 이용자 3위를 기록하고 있다. 뽀로로, 스머프, 크립토키티, 워킹데드 등 165개 이상의 브랜드와 캐릭터 파트너십을 체결해 이들의 세계관과 캐릭터를 메타버스 플랫폼에서 3D로 구현할 수 있게 했다. 또한 플레이어들은 자체툴을 이용해 각종 캐릭터와 아이템들을 NFT로 생성해 거래를 할 수 있다. TSB는 기존 비디오 게임과의 차별화로 탈중앙화, 유저중심의 게임을 내세웠다. TSB 내 아바타, 랜드, 아이템 등 모든 디지털 자산은 완전한 유저의 소유물로써 언제든지 판매해 수익을 만들 수 있다.

TSB에서는 샌드(Sand)라고 하는 일종의 유틸리티 토큰(특정 플랫폼 안에서 만들어지는 암호화폐)을 이용해 NFT로 만들어진 모든 종류의 디지털 자산 거래가 이뤄진다. 샌드토큰은 총 30억 개가 생성돼 있고 메타버스 상호작용을 위해 더 이상 발행되지 않는다. 1SAND의 가치는 가상화폐 거래소 빗썸 2021년 12월 20일 종가 기준 6,010원이다.

에셋(Asset)이라고 부르는 플레이어가 제작한 창작물뿐 아니라 더샌드박스 게임 속 가상 부동산인 랜드(Land)도 샌드로 거래가 가능하다. TSB의 이용자가 많아지고 거래가 빈번할수록 샌드가 활발하게 사용되며 시세가 올라가고 NFT로 이뤄진 가상자산의 가치도 함께 올라가는 구조로 이뤄져 있다. 개발이나 디자인에 강점이 있는 플레이어들은 에셋을 제작함으로써 수익을 올릴 수 있다.

TSB 속에서 플레이어들은 디지털 부동산인 랜드(Land)를 매입·매도 및 대여할 수 있고 건축물과 게임을 만들 수 있다. 에셋을 제작할만한 기술적 능력이 없는 플레이어들은 랜드를 매수해 다른 플레이어에게 임대하는 방식으로 수익을 얻을 수도 있다. 랜드는 가로세로 각 408칸으로 이뤄진 정사각형 형태 메타버스로 이뤄진다. 각 메타버스는 랜드(LAND)로 불린다. 랜드는 총 16만 6,464개로 한정돼 있고 ERC-721이라는 이더리움 기반의 블록체인으로 만들어진 NFT이다.

TSB에서는 복스에딧(VoxEdit), 마켓플레이스(Marketplace), 게임메이커(Game Maker)의 3가지 주요한 기능이 있어 NFT 기반 메타버스 게임으로써 타 게임들과 차별화를 추구하고 있다. 이용자들은 복스에디트와 게임메이커를 이용해 자신만의 아바타와 가상자산을 ERC-1155 기반의 NFT로 생성하고 사용해 볼 수 있다.

복스에딧은 이용자가 동물, 차량, 액세서리 등 아이템과 캐릭터를 복셀 기반의 NFT로 만드는 게임 툴이다. '복셀(Voxel)'이란 볼륨(Volume)과 픽셀(Pixel)의 합성어로써 '볼륨을 가진 픽셀'이란 뜻이다. 속이 찬 작은 정육면체인 복셀을 쌓거나 변형해 3D창작물을 만든다. 이러한 창작물이 에셋이다. 이용자는 복스에딧으로 동식물 같은 창작물의 디자인뿐만 아니라 기능과 능력치도 직접 설정이 가능하다.

마켓플레이스는 복셀 NFT 자산을 사고 팔수 있는 장소이다. 다른 플랫폼의 사용자들도 샌드박스의 마켓플레이스에서 샌드박스 게임과 다른 블록체인 게임의 NFT 자산을 거래할 수 있다. 이러한 거래를 통해 플랫폼 간에 창작물이 쉽게 오갈 수 있으며 진위성과 소유권이 보장된다. 마켓플레이스에서는 게임아바타, 건물, 장식품뿐만 아니라 랜드 또한 비싼 값에 거래되고 있다. 2020년 40만원에 판매됐던 3×3 크기의 랜드가 1년 만에 평균판매가 4억 원(5만 SAND)을 기록하기도 했다.

게임메이커는 플레이어가 자신의 3D 게임을 만들고 플레이할 수 있게 해주는 소프트웨어이다. 코딩경력이 없는 플레이어도 직관적으로 알 수 있도록 쉽게 만든 시각적 개발도구이기 때문에 누구나 자신만의 게임을 만들어 공유할 수 있다.

(2) 엑시 인피니티(Axie Infinity)

엑시 인피니티는 2018년 창업한 베트남 스타트업 게임사 스카이마비스가 론칭한 이더리움 기반의 블록체인 게임이다. 크립토키티의 포맷을 따르고 포켓몬에서 영감을 얻어 개발한 게임이다. 아직 개발이 진행 중임에도 불구하고 이더리움 생태계 내 NFT 게임 중 일간, 주간, 월간 활성 이용자수 1위를 기록하고 있다. 누적 이용자수는 200만 명 이상이며 2021년 11월 1일 기준 일일 활성 이용자수는 236만 명이나 된다.

[그림42] 블록체인게임 엑시 인피니티
(출처 : 한경엣지)

[그림43] 엑시 인피니티 스칼러쉽
(출처 : Bitpinas 기사 발췌)

필리핀, 베트남과 같은 동남아에서 선풍적인 인기를 끌고 있으며 이용자의 60%가 필리핀에서 이용 중이다. PC나 인터넷과 같은 하드웨어 인프라가 부족해 고 사양 그래픽 게임을 즐기기 어려운 개발도상국 시장에서 스마트폰으로 간편하게 이용할 수 있어 급격히 이용자가 증가했다. 게임 내에서 발행되는 NFT의 월간 거래액은 120억 원 이상이며 스카이마비스사는 지금까지 6,400ETH(약 230억 원)이 넘는 수익을 올렸다.

엑시 인피니티를 시작하기 위해서는 엑시 거래소(Axie Marketplace)에서 이더리움 가상화폐로 엑시 인피니티 프로토콜의 거버넌스 토큰이자 게임 내 화폐인 AXS(Axie Infinity Shard) 토큰을 구입해 3가지의 엑시(Axies)를 먼저 구입을 해야 한다. 엑시(Axies)라는

NFT 캐릭터를 기르고, 모으고, 다른 캐릭터와 싸우거나 교배를 하고, 혹은 펫을 위한 랜드 기반의 왕국을 건설하면서 플레이한다. 플레이어는 게임을 하면서 누구나 토큰을 얻을 수 있고 이것을 사거나 팔면서 경제활동을 할 수 있다.

엑시 인피니티에서 수익을 얻을 수 있는 방법에는 엑시를 이용하는 방법과 스칼러쉽(Scholarships : 장학금 제도)을 이용한 방법이 있다.

엑시를 이용하는 방법에는 다음의 3가지 방법이 있다.

첫째는, 어드벤처(Adventure : 모험) 모드에서 일일 퀘스트를 진행하는 방법이다. 어드벤처는 자신의 펫(엑시)을 데리고 엑시 인피니티 왕국인 루나시아(Lunacia)의 몬스터를 잡으며 스테이지를 넘어가는 것이다. 스테이지를 클리어하게 되면 게임토큰 중에서 SLP(Small Love Potion : 사랑의 물약)라는 토큰을 획득할 수 있다. 매일 최대 150개의 SLP를 얻을 수 있는 일일 퀘스트로서 일정한 수익을 얻을 수 있다.

둘째는, 아레나 배틀(Arena Battle : 경기장 결투)을 통해 다른 플레이어의 토큰을 뺏는 방법이다. 아레나 배틀은 플레이어 간의 결투이다. 자신의 엑시들로 팀을 꾸려서 다른 플레이어와 아레나에서 결투를 하는 것이다. 일일 5회 결투가 가능하고 결투의 결과로 상대방의 AXS 토큰을 빼앗아올 수 있다.

셋째는, 브리딩(Breeding : 교배)을 이용해 탄생한 엑시를 판매하는 방법이다. 브리딩은 SLP를 소모해 엑시 간 교배를 통해 새로운 엑시를 탄생시키는 것이다. 엑시 당 최대 7회까지만 교배가 가능하다. 교배 횟수가 많이 남아있거나 희귀할수록 엑시의 가치가 상승해 높은 가격에 판매해 수익을 얻을 수 있다. 마켓플레이스에서 판매한 엑시는 AXS 토큰으로 받아서 플레이를 하는데 사용하거나 업비트 등에서 판매해 현금화 할 수 있다.

스칼러십으로 수익을 얻는 방법에는 먼저 엑시 인피니티를 시작한 플레이어가 엑시의 구매 및 번식을 통해 획득한 엑시를 이후에 진입하는 초기 플레이어에게 대여하는 구조이다. 보통 수익구조는 6:4 정도로 한 달에 4,500 SLP를 획득하면 주인은 2,700 SLP, 대여인은 1,800 SLP를 가져가는 식이다.

엑시 인피니티는 게임에 사용되는 토큰 뿐 아니라 펫인 엑시 그 자체도 NFT로 거래가 가능한 블록체인 게임인 동시에 소셜네트워크와 잡 플랫폼(Job Platform)의 역할도 동시에 하고 있다. 커뮤니티가 매우 활성화 돼 있고 Play to Earn 게임으로써 일터의 역할을 하기 때문이다.

(3) 미르4 글로벌

국내 최초 블록체인 게임으로는 '미르4'가 있다. 미르4는 국내 게임 개발사인 위메이드에서 2020년 11월 국내 서비스를 처음 시작한 MMORPG((Massive Multiplayer Online Role Playing Game : 대규모 다중사용자 온라인 롤플레잉 게임)이다. 위메이드는 2000년도에 설립돼 온라인 게임과 모바일 게임의 개발 및 유통, IP(Intellectual Property : 지식재산권)활용 사업을 하고 있는 국내기업이다. 미르의 전설, 창천, 이카루스, 미르 등의 게임을 개발했고 자회사인 위메이드트리를 통해 위믹스(WEMIX)라는 블록체인 플랫폼을 운용하고 있다. 위믹스는 가상화폐의 종류로도 사용되고 있다.

[그림44] 국내 최초 블록체인게임 미르4(출처 : 위메이드)

위메이드는 2021년 8월 26일부터 전 세계 170여 개 국에 12개 언어로 미르4의 글로벌 버전 서비스를 시작했다. 미르4는 출시 6개월 만에 누적 매출 약 1,000억 원을 달성해 이미 작품성과 흥행성이 보장된 상태였다. 위메이드는 이 게임에 위믹스 플랫폼을 기반으로 블록체인 기술을 적용해 글로벌 버전을 출시했다. 동일한 게임임에도 블록체인 기술을 도입한 토큰과 NFT의 존재유무에 따라 국내 버전과 글로벌 버전은 완전한 다른 느낌을 줄 수 있다.

미르4 글로벌에서 가장 중요한 재화는 '흑철(Dark Steel)'이다. 흑철은 게임 내에서 특수한 광물로 장비를 강화하거나 제작하는데 사용되며 임무나 퀘스트를 해결해 획득하거나 직접 특정 지역에서 채굴할 수 있다. 위메이드는 여기에 이자의 개념을 더해 NFT 게임 내에서 가상경제의 순환시스템도 도입했다. 누적 흑철 채굴량이 10억 개에 도달하면 더비라는 시스템을 통해 이자에 흑철을 추가로 지급한다.

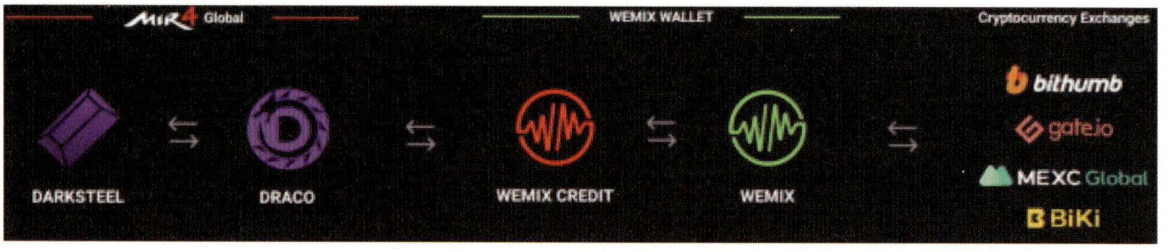

[그림45] 미르4 글로벌 흑철의 현금화 과정(출처 : 위메이드)

흑철을 10만개 수집하게 되면 유틸리티 코인(특정 플랫폼에서만 사용되는 가상화폐) 드레이코(DRACO)로 게임 내에서 언제든지 교환이 가능하다. 게임에서 제련이라고 부르는 흑철과 드레이코의 교환 작업은 위믹스 월렛 계정을 연결해야 한다. 제련이 완료되면 위믹스 월렛으로 드레이코가 들어오게 되고 이것을 판매하면 위믹스 크레딧으로 재화가 생성된다. 생성된 위믹스 크레딧을 매도해 가상화폐의 일종인 위믹스로 교환할 수 있다. 교환한 위믹스는 빗썸이나 비키과 같은 일반적인 가상화폐 거래소에서 현금과 거래가 가능하다.

2021년 11월 초 미르4 글로벌은 DSP(DRACO Staking Program : 드레이코 스테이킹 프로그램)를 오픈했다. DSP는 일정량의 드레이코를 예치해 NFT 아이템을 얻을 수 있는 시스템으로 일종의 복불복 아이템 획득 프로그램이라고 생각하면 된다. 11월말에는 NFT 기반 아이템 거래소인 XDRACO를 오픈해 캐릭터 레벨 40 이상인 이용자가 게임의 거래소에서 아이템과 캐릭터를 사고 팔수 있게 만들었다.

미르4의 캐릭터는 NFT화 해 거래가 가능하다. 위메이드는 21년 12월부터 60레벨, 전투력 10만 이상을 달성한 캐릭터에 한해 디지털 카드 형태의 NFT를 생성해 위믹스 월렛의 NFT 마켓에서 거래가 가능하도록 했다. 이용자는 캐릭터 NFT의 독점적 소유에 그치지 않고 실제 게임에서 유용하게 사용함으로써 실제 가치를 극대화 할 수 있게 됐다.

미르4 글로벌은 게임 내에서 NFT의 쓰임새와 값어치를 입증할 수 있는 토종 메타버스 게임이 될 가능성이 높다. 기존에 확률 형 아이템 판매로 수익구조가 단순했던 게임업계에서는 블록체인과의 결합이 새로운 비즈니스 모델이 될 수 있다. 게임으로써 경제활동이 가능하고 가치 있는 자산을 만들어 거래할 수 있으며 심지어 유일성을 지닌 자산의 가치가 상승할 수 있는 가능성을 보여준다.

Epilogue

웹3.0의 시대가 오고 있다. 월드와이드웹으로 대변되던 1994년부터 2004년까지의 웹1.0 시대에는 단순한 정보제공의 시대였다. 2004년 10월 오라일리미디어사의 대표인 팀 오라일리에 의해 도입된 웹2.0의 시대에서의 웹은 플랫폼을 의미했다. 페이스북, 유튜브, 트위트 같은 UCC(User Created Content)가 웹2.0의 대표작이라고 할 수 있으며 각종 SNS로 인터넷 커뮤니티가 형성되던 시대이다.

웹3.0의 시대는 블록체인 기반의 탈중앙화와 가상경제, 데이터 소유권 기반의 가치이동이 활성화되는 시대이다. 글로벌 가상자산 투자회사 그레이스케일은 '메타버스 : 웹3.0 가상 클라우드, 이코노미' 보고서에서 웹3.0 시대에서 현재의 메타버스 콘셉트는 NFT와 결합해 1조 달러 규모를 초과할 수 있다고 전망했다.

코로나19로 인해 전 세계 게임 산업은 200조 이상의 규모로 커졌다. 점차 블록체인으로 만들어진 게임 혹은 메타버스 플랫폼이 하루가 다르게 개발되고 있다. 재미로만 하던 게임으로 경제활동을 하기 시작했다. 관광산업으로 먹고 살던 필리핀에서는 코로나19의 여파로 생계에 위협을 받았으나 현재 국민게임이 된 엑시 인피니티로 인해 집을 샀다는 사례도 나오고 있다. 게임으로 분류되는 플랫폼은 게임사의 과금 형태를 벗어나 P2E의 형태를 지향한다. 게임을 하면서 돈도 벌수 있는 P2E의 핵심은 디지털 자산의 소유와 거래에 대한 인정과 실물화폐와 환전성이다.

세계가 웹3.0 메타버스 시대로 나아가고 있다. 최근 국내에서는 '무한돌파 삼국지 리버스'라는 국내 최초의 P2E 게임이 게임물관리위원회로부터 등급분류 결정 취소가 된 사건이 있었다. 1주일 만에 15만 명의 이용자가 몰려 인기 어플리케이션 1위까지 달성했지만 게임물관리위원회에서는 사행성을 부추길 수 있다는 이유로 제제에 들어간 것이다. 게임 업계 관계자들은 "블록체인 게임과 'Play to Earn'이 전 세계적인 흐름이 될 것이며 정책과 법제도가 뒤쳐져 산업의 발전을 저해하는 일이 없어야 한다"고 강조하고 있다.

게임 산업은 웹 2.0에서 웹3.0으로 이동할 때 가장 빠르게 수익을 창출할 수 있는 여러 분야 중 하나이다. 하지만 메타버스의 경제는 더욱 거대하다. 메타버스에서는 광고, 소셜 커머스, 디지털 이벤트뿐만 아니라 개발자와 이용자의 수익창출에도 많은 기회가 있다.

1조 달러의 시장이 다가오고 있다. 현실에서만 살고 있던 사람들은 적응이 쉽지만은 않을 것이다. 게임을 시작으로 경제와 산업, 문화와 정책에 이르기까지 가상세계로의 전환이 이뤄질 것이다. 관심을 갖고 지금부터 차근차근 하나씩 배워나간다면 각박하고 힘든 생활 속에서 오히려 더 나은 삶을 영위할 수 있을 것이다.

[참고자료]

- https://www.chosun.com/economy/tech_it/2021/09/16/5TEO2KGLDBGS7KIL2QPSQT4AJA/
- https://blog.naver.com/kma450815/222507431413
- https://blog.naver.com/kipoworld2/222529690471
- https://blog.naver.com/woduf00/222542282417
- https://post.naver.com/viewer/postView.naver?volumeNo=31950542&memberNo=27875303&vType=VERTICAL
- https://namu.wiki/w/%EC%B1%97%EB%B4%87
- https://blog.naver.com/businessinsight/222518422388
- https://blog.naver.com/jh_u9210/222510965558
- https://blog.naver.com/xshinji/222504397480
- https://blog.naver.com/dmsgp361/222392260683
- https://economist.co.kr/2021/11/27/column/expertColumn/20211127170014842.html
- https://blog.naver.com/i_hanmin_byurisarang/222563526635
- https://blog.naver.com/wlswls0209/222342083992
- http://www.mhns.co.kr/news/articleView.html?idxno=426667
- https://www.hankyung.com/it/article/2021110842991
- http://www.pressm.kr/news/articleView.html?idxno=51932
- https://blog.naver.com/sukaplee/222590545803
- https://blog.naver.com/smartnari/222523116619
- https://www.etnews.com/20210908000095
- https://www.bloter.net/newsView/blt202111170046
- https://www.fnnews.com/news/202111290855010105
- https://www.ahnlab.com/kr/site/securityinfo/secunews/secuNewsView.do?seq=29885
- https://revera.ir/augmented-reality-ar-vs-virtual-eality-vr-whats-the-difference/?lang=en
- http://it.chosun.com/site/data/html_dir/2019/11/07/2019110701154.html
- https://okss17.tistory.com/197
- https://blog.naver.com/je2kwan2/222586709640
- https://blog.naver.com/goldentreeconsulting/222538257639

- http://news.heraldcorp.com/view.php?ud=20211112000069
- http://news.kmib.co.kr/article/view.asp?arcid=0924221544&code=11151400&cp=nv
- http://news.bizwatch.co.kr/article/market/2018/01/24/0026/prev_ver
- https://blog.daum.net/md114/8938383
- https://biz.chosun.com/site/data/html_dir/2021/03/12/2021031201014.html
- https://www.joongang.co.kr/article/24004877#home
- http://www.sctoday.co.kr/news/articleView.html?idxno=36180
- https://www.techm.kr/news/articleView.html?idxno=81542
- https://treeof.tistory.com/264
- https://www.joongang.co.kr/article/25003363#home
- http://www.ggilbo.com/news/articleView.html?idxno=858807
- http://www.blockchaintoday.co.kr/news/articleView.html?idxno=15570
- https://blog.naver.com/breamer/222591152727
- https://biz.chosun.com/it-science/ict/2021/10/28/GJNXYOBOXZAYNOTKLBXX3H3YSA/
- https://www.techm.kr/news/articleView.html?idxno=91105
- https://www.wowtv.co.kr/NewsCenter/News/Read?articleId=A202112030013&t=NN
- https://www.ajunews.com/view/20211206061814557
- https://blog.naver.com/voodoo7/222577168737
- https://blog.naver.com/greenher/222584539015
- https://blog.naver.com/dig_deeper/222429820562
- https://blog.naver.com/ebookii/222565281590
- https://blog.naver.com/phemex2019/222448406923
- https://paxnetnews.com/articles/77030
- https://blog.naver.com/bbeetuh/222577769858
- https://phemex.com/ko/academy/what-is-the-sandbox-blockchain-game
- https://blog.naver.com/tearhunter/222590886730
- https://www.inven.co.kr/webzine/news/?news=196111
- https://newsis.com/view/?id=NISX20211216_0001690901&cID=10401&pID=10400
- https://axie-infinity-korea.gitbook.io/axie-infinity-korea/
- https://blog.naver.com/mintsarang1977/222543212561

- http://www.coindeskkorea.com/news/articleView.html?idxno=75036
- https://post.naver.com/viewer/postView.naver?volumeNo=32861575&memberNo=27908841&vType=VERTICAL
- https://blog.naver.com/jong8783/222418766932
- https://www.khgames.co.kr/news/articleView.html?idxno=129900
- https://phemex.com/ko/academy/what-is-axie-infinity
- https://blog.naver.com/drmitry/222315504521
- https://crowsaint.tistory.com/670
- https://www.hankyung.com/it/article/202112135010i
- https://bitpinas.com/learn-how-to-guides/tagalog-axie-infinity-scholarship-philippines-guide/
- https://www.news1.kr/articles/?4522209
- http://kpenews.com/View.aspx?No=2020376
- https://www.techm.kr/news/articleView.html?idxno=87262
- https://m.post.naver.com/viewer/postView.nhn?volumeNo=32313449&memberNo=24985926
- https://www.ebn.co.kr/news/view/1513297/?sc=Naver
- http://www.coindeskkorea.com/news/articleView.html?idxno=76374
- https://blog.naver.com/cinews/222605308953
- https://magazine.hankyung.com/business/article/202112224819b
- NFT 메카트렌드가 될것인가-유진투자증권
- Emerging Tech & Biz Hana Industry Info. 2021년 08월 17일 제 3호
- 주간 기술 동향 2021.07.14. : AR/VR/MR/XR 기술의 국내외 사업화 동향
- 2021 KISA REPORT 7월호 : NFT와 스마트컨트랙트
- 메타버스, 이미 시작된 미래 : 이임복 지음
- 메타버스 골드러쉬 : 민문호 지음
- 메타버스 비긴즈 : 이승환 지음
- 기회의 문 메타버스 : 최재용외 공저
- NFT 레볼루션 : 성소라외 공저
- NFT 사용설명서 : 맷 포트나우, 큐해리스 테리 지음

Chapter
2

메타버스 활용사례와 활용전망

강지경

Chapter

02 메타버스 활용사례와 활용전망

Prologue

인공지능 컴퓨팅 분야의 선도기업인 엔비디아의 CEO 젠슨 황(Jensen Huang)은 2020년 10월 GTC(Graphics Technology Conference) 기조연설에서 “The Metaverse is coming(메타버스가 오고 있다)”라고 말했다. 앞으로 20년은 공상과학 소설과 같을 것이라고 예언했는데 그 예언은 1년 사이에 이미 현실로 나타나고 있다.

코로나19로 인한 사회와 생활의 변화, 정보통신기술의 발달, 다양한 콘텐츠의 결합으로 어느새 메타버스는 우리의 생활 속에 자리 잡고 있다. 이용자들이 아바타를 이용해 단순히 게임이나 가상현실을 즐기는 데 그치지 않고, 사회·문화적 활동을 하며 경제적 가치를 창출하고 투자하고 보상받을 수 있는 세계가 된 메타버스는 이제 3차원 그래픽의 가상공간의 의미를 넘어서 가상과 현실이 상호작용하면서 새로운 세상을 창조해내는 공간으로 활용된다.

메타(전 페이스북), 마이크로소프트, 구글, 엔비디아, 텐센트 등 글로벌 빅테크 기업, 에픽게임즈, 유니티 등 온라인 게임업체와 디센트럴랜드, 더 샌드박스 등 블록체인 기업들은 앞 다퉈 메타버스 플랫폼을 개발하려 하고 있다. 나이키, 구찌 등 브랜드와 엔터테인먼트 업계, 교육업계는 다양한 메타버스 플랫폼을 마케팅과 기업 활동에 활용하려고 노력하고 있다.

국내·외의 다양한 플랫폼을 활용한 사례와 분야별 활용사례를 살펴봄으로써 앞으로 메타버스의 활용전망을 예상해보려고 한다.

1. 메타버스 플랫폼별 활용사례

1) 국내 메타버스 플랫폼

(1) 네이버Z 제페토(ZEPETO)

2018년 네이버의 자회사 SNOW에서 출시한 어플리케이션으로 제페토(Zepeto)는 3D 아바타를 기반으로 해 누구나 꿈꾸는 나(아바타)와 공간을 만들어 낼 수 있는 가상세계 플랫폼이다. 출시 3년 만에 글로벌 가입자 2억 5,000만 명을 기록했고 그 중 해외이용자 비율은 90%이다. 해외이용자의 비율이 높은 만큼 글로벌 시장을 내다보는 많은 기업들의 투자가 이어지고 있다.

① 롯데월드

오프라인 '롯데월드'의 매직아일랜드를 모티브로 실제 테마파크의 대표 시설들을 체험할 수 있고 특히 자이로드롭, 아트란티스 등 어트렉션은 아바타들의 탑승도 가능하다. 3주 만에 300만 명이 넘는 유저들이 방문했다.

[그림1] 제페토 롯데월드 맵(출처 : 롯데월드)

② 일산차병원

'일산차병원'은 개원 1주년을 맞아 병원 최초로 메타버스 병원을 개원했다. 7층 이벤트 홀, 산과, 초음파실, 6층 분만실, 지하1층 행정 사무실 등을 구현해 코로나19 팬데믹 상황으로 병원 방문이 어려운 직원 가족들과 고객들을 대상으로 병원 내 가상공간 체험기회를 제공하는 이벤트를 진행했다. 앞으로 이 가상공간을 활용해 진료 전 의료상담이나 병원 행정절차 문의 등을 할 수 있고 입·퇴원 확인서, 진료비영수증 발급 등 진료 외 부가서비스를 제공할 것으로 보인다.

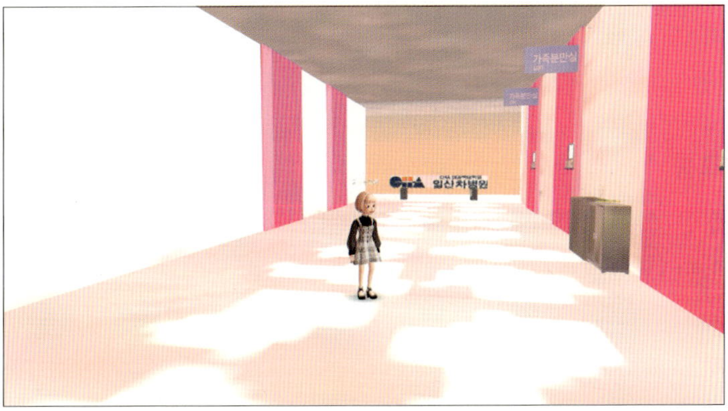

[그림2] 제페토 일산차병원 맵(출처 : 일산차병원)

③ 위즈파크

KT가 수원 케이티 '위즈파크'를 메타버스 공간에 오픈했다. 코로나19 팬데믹 상황으로 스포츠 경기관중을 30%로 제한하면서 경기관람이 어려운 팬들을 위해 시·공간의 제약 없이 언제든지 야구장을 방문하고 선수들과 소통하는 통로를 제페토에 열어놓았다. KT 홈경기 시에는 선수들이 직접 참여하는 라이브 팬 미팅을 비롯해 응원가와 응원동작 배우기 등 다양한 서비스를 즐길 수 있고 관계자 외 출입금지인 락커룸, 불펜, 응원단상 3개의 존에서도 프로그램을 준비했다.

[그림3] KT위즈 황재균 선수의 라이브 팬 미팅(출처 : KT)

④ DGB금융그룹

'DGB금융그룹'은 그룹 계열사 최고경영자(CEO) 6명이 참석한 그룹 경영 현안회의를 제페토에서 진행했다. 김태오 회장과 임성훈 대구은행장, 방정홍 DGB 자산운용 대표 등이 직접 자신의 아바타를 생성해 계열사 간 최근 현안에 대한 비대면 화상회의를 진행했다. DGB 금융그룹은 경영진 회의에 그치지 않고 전 직원들이 참여할 수 있는 회의, 시무식, 시상식 등 다양한 콘텐츠를 구상할 계획이며 금융점포 개설도 준비 중이라고 한다.

[그림4] DGB금융그룹 계열사 최고경영자회의(출처 : DGB금융그룹)

⑤ 스타벅스 커피 코리아

'스타벅스 커피 코리아'는 한 달간 제페토 겨울 한정 맵 '산타광장'에서 스타벅스의 크리스마스 이벤트를 열었다. 산타광장 맵을 방문한 고객은 맵 곳곳에 배치된 스타벅스 베어리스타 인형, 겨울 e-프리퀀시 증정품, 스타벅스 MD 등 다양한 아이템 요소 및 디자인을 통해 스타벅스의 크리스마스 분위기를 즐길 수 있었다. 숨겨진 보물 상자를 찾는 미션을 성공하면 베어리스타, 플래너 등이 랜덤으로 지급됐다.

[그림5] 제페토에 스타벅스 '산타광장' 오픈(출처 : 스타벅스)

⑥ 이디야커피

'이디야커피'는 제페토에 이디야 포시즌 카페 점을 오픈했다. 매장을 방문하는 고객들은 가상 메이트 캐릭터 토피와 이디야 커피의 다양한 인기제품을 볼 수 있었다. 매장 앞 홍보 포스터를 통해 신 메뉴 음료를 선 공개하고 신 메뉴 음료쿠폰 코드를 공개했다.

[그림6] 제페토 '이디야 포시즌 카페점' (출처 : 이디야커피)

⑦ 서울시 디자인위크

서울시가 주최하고 서울디자인재단이 주관하는 2021 '서울 디자인위크'를 메타버스에서 진행했다. 제페토에 DDP 옥상공원을 제작해 안전문제로 출입이 불가능했던 DDP 옥상을 아바타들이 자유롭게 드나들 수 있으며 야외갤러리, 공원, 캠핑 존을 체험할 수 있도록 했다.

[그림7] 제페토 DDP 루프 탑 공원 (출처 : 내 손안에 서울)

(2) SK텔레콤 이프랜드(ifland)

'이프랜드(ifland)'는 2021년 8월 SK텔레콤에서 출시한 메타버스 서비스이다. 3차원 애니메이션 기술을 넘어서 독자적으로 개발해온 AR(증강현실)·VR(가상현실)기술을 바탕으로 국내의 MR(혼합현실, Mixed Reality) 메타버스의 선두로 나서려고 한다. 이프랜드의 가장 큰 특징은 누구나 쉽고 간편하게 메타버스 세상을 즐길 수 있도록 프로세스 간소화와 사용성에 중점을 뒀다는 점이다. SK텔레콤은 누구나 쉽게 접근하고 활용할 수 있도록 직관성을 높인 이프랜드의 UI(User Interface)가 이용자 접근성을 높임으로써 메타버스의 대중화를 이끌겠다는 목표를 내세우고 있다.

① 기자간담회

국내 기업 최초로 메타버스 공간에서 기자 간담회를 열고 '이프랜드(ifland)'로 이끌어갈 메타버스 대중화 시대의 미래모습을 발표했다. 다양한 언론사 기자 80여 명이 소속매체명과 본명을 머리에 단 '아바타' 모습으로 입장했고, SKT 아바타 직원의 사회로 개발자들과 임원들의 주제발표 및 질의응답이 이뤄졌다.

[그림8] SK텔레콤 기자간담회(출처 : SK텔레콤)

② 웹 드라마 제작

이프랜드 안의 테마공간에서 아바타 배우가 연기를 하고, 드라마 PD와 스태프들이 모두 아바타로 입장해 촬영을 진행했다. 이프랜드 대표 아바타 캐릭터 '최샬럿' 등 주요 배역들에는 실제 웹 드라마 연기자들을 캐스팅했고, 연기자들이 직접 아바타를 통해 연기하는 방식으로 제작했다. 조연 및 단역의 경우에는 이프랜드 일반 이용자들을 대상으로 오디션을 시행해 캐스팅함으로써 참여형 콘텐츠의 의미를 더했다(SKT 보도자료 참조).

[그림9] 웹 드라마 '만약의 땅' 제작(출처 : SK텔레콤)

③ 순천향대 입학식

순천향대는 2021 입학식 및 신입생 오리엔테이션을 이프랜드 점프 VR 플랫폼에서 개최해 화제가 됐다. 학교운동장을 메타버스에 똑같이 구현했고 학생들은 아바타 코스튬으로 과잠(대학점퍼)을 입고 아타바로 참석했다. 57개 학과 기준 150여개 방이 마련돼 학과별 방에 입장해 프로그램에 참여하도록 해 온라인 입학식의 새로운 시도를 열었다.

[그림10] 2021 순천향대학교 입학식(출처 : SK텔레콤)

④ 서울 제야의 종 페스티벌

서울시와 서울 디지털 재단은 '2021 메타버스 서울 제야의 종 페스티벌'을 이프랜드에서 개최했다. 2020년에 이어 2021년에도 '제야의 종 행사'가 온라인으로 진행됐다. 2021년에는 메타버스 플랫폼을 활용해 강연, 토크콘서트, 특별공연, 카운트다운 등의 프로그램으로 구성해 참여자들의 재미를 더했다.

[그림11] 이프랜드 2022 메타버스 서울 제야의 종 페스티벌 랜드(출처 : 이프랜드)

⑤ 세계성균한글백일장

성균관대학교는 한국에서 2회, 중국·동남아시아·중앙아시아·유럽 등에서 각 1회 온라인 한글백일장을 열어 각 지역 대회에서 금·은·동상을 수상한 외국인 학생 총 25명의 참가자들을 대상으로 메타버스 플랫폼을 활용해 '세계성균한글백일장'을 진행했다. 중국, 일본, 베트남, 미얀마, 캄보디아, 터키, 우즈베키스탄 등 여러 나라 현지 학생들이 글쓰기 대회에 앞서 메타버스에서 아바타로 만나 방탄소년단(BTS) 음악에 맞춰 춤을 추고 명륜당을 배경으로 사진을 찍기도 했다.

[그림12] 세계성균한글백일장(출처 : 성균관대학교)

(3) 엔씨소프트 유니버스

엔씨소프트 '유니버스'는 엔씨소프트에서 출시한 K팝 팬덤 엔터테인먼트 메타버스 플랫폼이다. '유니버스 오리지널'이 업로드 되는 '미디어', 아티스트와 1대 1로 가까워지는 '프라이빗 메시지', 팬과 아티스트가 일상을 공유하는 'FNS', 온·오프라인 팬덤 활동을 기록하는 '컬렉션', 아티스트의 캐릭터를 꾸미고 뮤직비디오를 제작하는 '스튜디오' 등을 제공한다.

[그림13] 유니버스(출처 : 엔씨소프트)

(4) 한빛소프트 오디션라이프

한빛소프트가 오랫동안 글로벌 서비스를 해 온 리듬액션 게임 '오디션'의 리소스를 활용하고 특징적인 커뮤니티 기능을 더해 새롭게 메타버스 생태계를 구성했다. '오디션 라이프'의 메타버스 생태계 안에서 이용자들은 크리에이터로서 직접 활동하고 직업과 기술을 가질 수 있으다. 의상, 건물, 오브젝트 등을 직접 제작하고 거래해 재화를 버는 다양한 경제활동도 할 수 있다. 플랫폼 내 월드는 유저들의 활동에 의해 확장이 가능하다. 이용자들의 아바타는 기존에 방향키 입력에 반응해 춤을 추던 '오디션' 캐릭터들과 달리 다양한 상호작용을 한다. 플랫폼 내 각종 활동은 외부 소셜 미디어와도 연계가 가능하다.

[그림14] 오디션라이프 타이틀(출처 : 한빛소프트)

(5) 그리드 모임

'그리드 모임'은 에이트원의 자회사 그리드가 개발한 메타버스 플랫폼이다. 온라인 가상 공간에서 교육, 회의, 포럼 등이 가능한 비대면 콘퍼런스 기능에 특화점을 두고 개발됐다. 최철순 에이트원 대표는 "모임은 일반적으로 알려진 단순 커뮤니케이션 강의 기능을 벗어나 가상 실습 기능 지원 등 확장현실(XR) 플랫폼 기능까지 아우를 수 있는 가상현실 특화 플랫폼으로, 앞으로 현존하는 서비스 대비 특화된 퀄리티와 기술력을 중심으로 차별화 될 수 있을 것"이라고 말했다.

① 한·중 문화 메타버스 콜로키움

한중문화협회, 중국차하얼학회, 의정부시가 공동으로 주최하고, 광운대 스마트융합대학원, 한반도메타버스 연구원 등이 주관한 행사로 약 150명이 아바타로 참석했다. 한중문화교류 관련 전문연구 발표, 한중 미술작품 전시회, 관광홍보영상 상영회, 한중문화 음악회, 한중문화 포스터 논문발표회, 교수 좌담회 등 다양한 행사가 진행됐다.

[그림15] 한중문화 메타버스 콜로키움 행사(출처 : 머니투데이)

② 광운대학교 가상캠퍼스

가상대학 홈페이지(kwcu.kw.ac.kr)를 통해 개설과목을 신청한 학생들이 개강 이후 수업을 들을 수 있다. 가상캠퍼스에서는 연합 7개교(광운, 한양, 한림, 경북, 전남, 경성, 방송대)의 모든 강의를 수강할 수 있다. 또한 광운대학교 산학협력단은 (주)YG엔터테인먼트와 메타휴먼 인재양성을 위한 MOU를 체결해 메타휴먼 및 메타버스 산업 활성화에 필요한 지식과 교류 등 다양한 분야 협력에 힘쓰기로 했다.

협약을 통해 향후 양 기관은 미래 산업을 대비한 고부가가치 창출형 메타휴먼(디지털휴먼) 제작 인재양성 및 메타버스 산업 활성화에 필요한 지식과 기술 교류, 실무교육과 취업 등 다양한 분야에서 협력할 예정이다.

[그림16] 광운대 메타버스 가상 캠퍼스 이미지(출처 : 광운대학교)

2) 국외 메타버스 플랫폼

(1) 마인크래프트(Minecraft)

'마인크래프트(Minecraft)'는 2011년 스웨덴의 모장 스튜디오가 제작했고 2014년 마이크로소프트에서 인수한 샌드박스 비디오 게임이다. 3차원 공간에서 플레이어는 목표 없이 자유롭게 플레이를 진행한다. 여러 가지 재질의 블록들을 채취하고 이동시켜 배치하면서 구조물을 지을 수 있다. 기본적으로 1인칭 시점에서 진행되지만 플레이어가 시점을 바꿀 수도 있다.

단순한 게임으로 본다면 마인크래프트를 메타버스 플랫폼 범주에 놓을 수 없겠지만 전 세계 1억 명 이상의 유저가 있다. 이 유저들은 현실에 존재하는 건축물 혹은 존재하지 않는 건축물을 구현해 낸다는 것이다. 게임 내 상품이나 스킨을 제작해 판매하는 마인크래프트 마켓 플레이스에서 마인코인(Minecoin)이라는 자체 통화를 사용한다.

코로나19 펜데믹 상황에서 대학들이 교실과 캠퍼스를 짓고 그 안에서 수업을 하고 아바타 졸업식까지 진행하는 등의 현실과 가상이 상호작용하면서 새로운 세상을 창조하는 활동이 이뤄지는 공간으로써 메타버스 개념에 들어맞는 플랫폼이다.

[그림17] 일본 한 초등학교 졸업식(출처 : 트위터 @backyennew)

(2) 로블록스(Roblox)

'로블록스(Roblox)'는 2006년 9월 정식 발매된 온라인 게임 플랫폼이다. 사용자가 게임을 프로그래밍하기도 하고, 다른 사용자가 만든 게임을 즐길 수도 있다. 2021년 현재 로블록스 내에는 약 4,000만개 이상의 게임이 존재하고 하루 평균 4,000만 명의 유저들이 접속하는 거대 메타버스 플랫폼이다.

로블록스 안에서는 '로벅스(Robux)'라는 가상화폐를 통해 게임 아이템과 게임 크레딧을 거래할 수 있고 이 로벅스는 현금화가 가능하다. 로블록스의 확장성과 미래 주력 소비층을 겨냥해 나이키, 반스, 현대자동차, 포에버21 등 글로벌 브랜드들은 로블록스 내에 랜드를 세워 브랜드를 홍보하고 아바타를 통해 제품을 체험하고 소비할 수 있도록 유도하고 있다.

[그림18] 로블록스에 구현한 '현대 모빌리티 어드벤처'(출처 : 현대자동차)

(3) 포트나이트(FORTNITE)

'포트나이트(FORTNITE)'는 2017년 에픽게임즈에서 개발·출시한 온라인 비디오 서바이벌 게임이다. 전 세계 이용자가 2020년 3억 5,000만 명을 넘어섰고 게임을 넘어서 유저들이 소통하고 공감하는 소셜 기능까지 확장된 메타버스 플랫폼이다. 유저들은 포트나이트에서 게임을 하기도 하지만 '파티 로얄(Party Royal)'이라는 공간에서 콘서트와 영화를 관람하기도 하고 게임과 상관없는 대화를 나누면서 포트나이트를 즐긴다.

오프라인 콘서트가 불가능한 팬데믹 시기에 미국 힙합가수 트래비스 스콧은 포트나이트에서 온라인 라이브 콘서트를 진행해 동시 접속자 1,230만 명, 216억 원에 이르는 수익을 거뒀다. 현실의 물리적 한계를 뛰어넘는 관람객 수는 많은 아티스트들에게 메타버스 공간이 현실의 제약 상황에 상관없이 자유로운 활동을 다양하게 보여줄 수 있는 기회의 공간이며 초현실의 무대 공간으로 이용되고 있다.

[그림19] 힙합가수 트래비스 스콧의 포트나이트 메타버스 공연(출처 : 에픽게임즈)

(4) 게더타운(Gather town)

'게더타운(Gather town)'은 2020년 5월 네 명의 친구들이 "멀리 사는 친구와 가족들과 어떻게 가깝게 지낼 수 있을까?(How do you stay close with friends and family that don't live near you?)"를 고민하다가 가상오피스를 생각해내었고, 이용자가 자신에게 맞는 스타일로 맞출 수 있는 형식의 메타버스 공간을 기획하고 만들어낸 것이 게더타운이다.

게더타운에서는 상호연결성, 개인적인 상호작용, 표현방식 등 물리적인 현실세계를 쉽게 표현하고 있어서 기관들의 가상사무실 혹은 행사에 많이 이용되고 있다. 프롭테크 기업 직방(대표 안성우)은 오프라인 출근을 전면 폐지하고 '클라우드 워킹(Cloud Working, 원격근무)' 제도를 전격 도입했다.

아바타를 만들어서 로그인하면 실제 회사 오피스에 들어가듯 가상공간에 입장하게 된다. 방향키를 조작해 자기 팀 책상으로 이동해 근무하며, 책상에 앉으면 팀원들 얼굴을 화상회의 하듯 보면서 대화할 수 있다. 오피스 회의실에 모여서 회의를 할 수도 있다.

[그림20] 온라인 협업 툴 '개더타운'을 활용해 근무 중인 직방 직원들(출처 : 직방)

(5) 엔비디아 옴니버스(Omniverse)

엔비디아의 '옴니버스(Omniverse)'는 3D 가상공간을 만들 수 있는 소프트웨어다. 기업들은 옴니버스를 이용해 공장, 창고, 건설현장 등 실제공간을 디지털 트윈으로 만들어 가상 시뮬레이션을 해볼 수 있다. 그래픽, 시뮬레이션, 인공지능(AI) 기술을 집대성한 3D 시뮬레이션 협업 툴이다. 실제세계와 가상세계(메타버스)를 융합하는 사실적인 디자인을 설계하고 시뮬레이션 하는 것이 목표다.

엔비디아 옴니버스를 활용하면 로보틱스, 자동차, 건축, 엔지니어링, 제조, 미디어, 엔터테인먼트 산업에서 보다 손쉽게 협업이 가능하다. BMW는 옴니버스로 자동차 공장 전체를 가상으로 만들고, 새 모델의 출시에 맞춰 생산라인을 조정하는 과정을 시뮬레이션 한다. 지능형 로봇 배치나 훈련도 디지털 트윈에서 이뤄진다. 스웨덴 통신회사 에릭슨은 옴니버스로 실제 도시 규모의 디지털 트윈 환경을 구축해 5G(5세대) 무선 네트워크 신호전파와 성능을 시뮬레이션하고 있다.

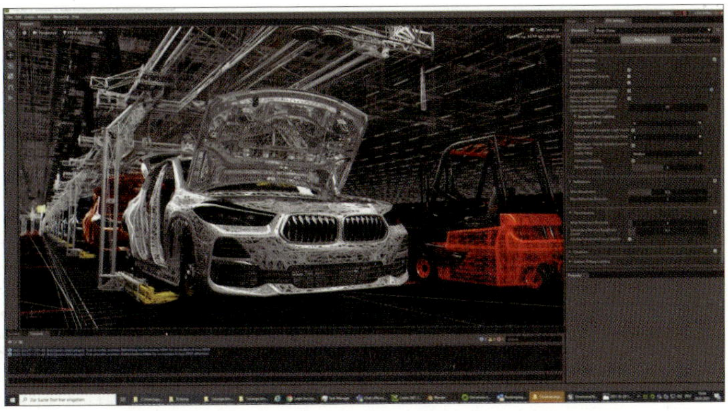

[그림21] BMW 가상공장 사진(출처 : 헬로티)

(6) 메타 호라이즌(Horizon)

페이스북은 커넥트 2020에서 오큘러스 퀘스트2 발매와 함께 페이스북이 메타버스 회사가 될 것임을 발표했고, 메타버스 소셜 미디어인 호라이즌을 준비하고 있다고도 밝혔다. 1년 후, 페이스북은 사명을 '메타'로 변경했고 오큘러스 퀘스트2의 누적 판매량은 약 900만대에 이른다.

VR기기인 오큘러스 퀘스트를 쓰고 컨트롤러를 사용해 호라이즌에 접속하면 메타버스 세상으로 들어갈 수 있다. 페이스북의 메타버스 호라이즌은 페이스북 로그인을 지원하지만 2D인 페이스북과는 별개의 서비스다. 호라이즌은 홈·월드·워크 룸 세 가지로 나누며, 홈은 호라이즌 접속 시 첫 화면이자 자신의 집을 꾸미고 친구들을 초대하는 용도, 월드는 사람들을 만날 수 있는 랜드마크, 광장 등의 공간이다.

워크 룸은 이미 출시된 제품으로, 사무실이나 회의 공간 등을 제공해 가상 캐릭터끼리 만나 함께 일할 수 있도록 한다. '사람들을 연결한다(Connecting People)'는 페이스북의 기조는 그대로 사용하면서 메타버스의 특징을 사용해 시공간을 뛰어넘겠다는 목표다.

[그림22] 메타의 3차원 가상현실 세계 '호라이즌 월드'(출처 : 메타)

(7) 구글 스타라인(Starline)

2021년 7월 18일 '구글 I/O(연례 개발자회의) 2021'에서 구글은 홀로그램 기술을 이용한 3차원 화상통화 구글 '스타라인(Starline)'을 발표했다. 구글은 이를 위해서 컴퓨터 비전, 머신러닝, 공간 오디오 및 실시간 압축에 대한 기술을 개발해왔다. 일반적인 기술인 3D 안경이나 헤드셋 없이 현실감 있는 3D 영상을 구현할 수 있게 볼륨감과 깊이감을 만들어 주는 획기적인 필드 디스플레이가 완성됐다. 이러한 기술을 기반으로 바로 맞은편에 앉아 있는 상대방이 실물 크기에 손에 만져질 듯 생생한 입체로 느껴진다. 의료와 미디어 등 다양한 산업 분야에서 활용할 것으로 기대되고 있다.

[그림23] 한 여성이 구글의 '프로젝트 스타라인'을 통해 3차원 영상으로 구현된 친척, 조카와 대화하면서 손을 뻗어 만져보려 하고 있다.(출처 : 연합뉴스)

(8) 오비스(oVice)

정세형 대표이사는 무역중개 사업을 하면서 2020년 NIMARU TECHNOLOGY(현 oVice,Inc.)를 설립했는데 코로나로 의해 아프리카에서 어쩔 수 없이 체류하게 된 것을 계기로 '오비스(oVice)'를 개발하게 됐다. 오비스는 오프라인 사무실을 대체할 수 있는 업무용 플랫폼이라고 할 수 있다. 직원들의 근태관리, 외부미팅 등 업무사항 관리, 웨비나, 내부 세미나, 이벤트 등을 할 수 있는 메타버스 공간이다. 스페이셜 오디오(Spacial Audio)를 살린 보이스 채팅으로 가까이 있는 아바타끼리 실제 공간에서처럼 대화가 가능하다. 실제 사무실에서 일어나는 커뮤니케이션 과정과 정보의 흐름이 기술적으로 이뤄지는 것이다.

[그림24] oVice 홍보 유튜브 발췌(출처 : 유튜브)

(9) 디센트럴랜드(Decentraland)

'디센트럴랜드(Decentraland)'는 가상의 캐릭터가 등장하는 부동산 메타버스 게임이다. 디센트럴랜드 코인은 디센트럴랜드 게임에서 가상 부동산을 매매하는데 사용된다. 이용자들은 디센트럴랜드에서 코인을 이용해 땅, 아이템 등을 구매하거나 팔 수 있다. 소유권은 이더리움 블록체인 상에서 NFT 형태로 기록·보관된다. 디센트럴랜드에서는 건물 내에 여러 NFT 작품을 전시하거나 건물을 타인에게 임대하는 것도 가능하다. 다른 블록체인 게임과 달리 디센트럴랜드는 이용자가 아바타를 통해 메타버스 속 세계를 탐험하며 직접 자신의 공간을 만들어가는 것에 중점을 뒀다.

[그림25] 디센트럴랜드 2021 사이버펑크 비더 콘테스트 1위 사이버펑크9구역
(출처 : 디센트럴랜드 공식블로그)

2. 분야별 메타버스 활용사례

1) 게 임

2018년 스티븐 스필버그 감독의 영화 '레디 플레이어 원'을 보면 미래의 사람들은 HMD 기기와 촉감 수트를 착용하고 아바타가 돼 오아시스라는 가상공간에 들어가 게임을 즐긴다. 오아시스에서는 시간과 공간의 제약에서 벗어나서 무엇이든 할 수 있고, 무엇이든 될 수 있다. 오아시스라는 메타버스 공간에서의 활동은 곧 현실의 소비와 수익에 반영된다. 공상과학 소설, 공상과학 영화라고 여겨지던 이런 메타버스 세상은 현실에도 존재한다.

포트나이트라는 온라인 게임에서는 유저들이 게임 안에서 사회적 관계를 맺고 공연이나 영화를 함께 관람하며 즐기기도 하고 게임 안에서의 소비가 현실과 연계된다. 로블록스라는 게임에서는 게임이나 아이템을 개발해 판매하고 소비하면서 현실의 수익구조와 연계돼 이뤄지고 있다. 마인 크래프트에서는 오프라인 기업들이 원하는 건축물을 구축하는 외주를 받고 전문적으로 마인 크래프트의 시스템을 이용해 가상공간을 제작해주는 사례가 많다.

2) 엔터테인먼트

글로벌 컨설팅기업 PwC(프라이스워터하우스쿠퍼스)는 전 세계 메타버스 시장규모가 2019년 50조원에서 2025년 540조원, 2030년 1,700조원 규모로 성장할 것으로 전망했다. 이용자는 꾸준히 늘어나고 있으며 이용자를 대상으로 한 여러 분야의 투자는 계속 이어질 것이기 때문이다. 미국 힙합가수 트래비스의 포트나이트에서의 성공적인 가상 콘서트는 이후 전 세계 많은 아티스트들과 엔터기업들에게 메타버스 플랫폼 활용의 문을 열었고 엔터업계는 발 빠르게 메타버스 플랫폼을 개발하거나 선점하기 위해 노력하고 있다.

코로나19 팬데믹 상황은 아티스트들이 공연할 수 있는 물리적인 기회 자체를 앗아갔는데 장소, 시간, 날씨, 상황 등 외부적 요인의 제약에서 벗어나 공연할 수 있고 초현실적인 무대를 연출할 수 있다. 또한 전 세계적인 이용자를 보유한 메타버스 플랫폼은 관객확보는 물론이고 광고효과도 비용대비 효과가 크다. 미래 소비주력 층인 Z세대(1990년대 중반에서 2000년대 초반에 걸쳐 태어난 젊은 세대를 이르는 말로 어릴 때부터 디지털 환경에서 자란 '디지털 네이티브(디지털 원주민)' 세대라는 특징이 있다. -네이버지식백과)가 활동하는 공간이라는 점 등을 고려했을 때 메타버스 공간은 엔터사업에서 선점해야 할 새로운 시장으로 자리 잡고 있다.

3) 브랜드 마케팅

샤넬, 에르메스, 루이비통, 티파니 등 글로벌브랜드들은 고객들이 오프라인 매장을 찾지 않아도 집에서 현실감 있게 온라인 쇼핑을 즐길 수 있도록 가상스토어를 구축했다. 2025년 이후 세계 명품소비시장의 절반을 차지할 것이라는 Z세대의 소비욕구에 맞춰 브랜드들은 발 빠르게 움직이고 있다.

나이키는 로블록스와 협업해 '나이키 랜드'를 만들어 나이키 제품으로 아바타를 꾸밀 수도 있고 이용자들이 게임을 즐기거나 제품 개발에 참여하는 상호작용을 구성했다. 아디다스는 샌드박스에 토지를 구매했고 아이템을 개발해 NFT 판매를 시작했다. 구찌는 제페토 내에 이탈리아 피렌체를 배경으로 한 '구찌 빌라(Gucci Villa)' 맵을 만들어 현실에서 판매되는 제품과 동일한 의상, 신발, 가방 등을 착용해 볼 수 있도록 했다.

루이비통은 라이엇게임즈의 리그오브레전드(League of Legends : LOL) 게임과 협력해서 루이비통 문양을 넣은 아이템을 개발했다. 발렌티노는 신상품 패션쇼를 닌텐도 스위치 게임 '동물의 숲'에서 진행하고 지난해 봄·여름 컬렉션을 무료로 선보임으로써 이용자들이 소비로 연결되거나 브랜드에 대한 선호도를 높일 수 있도록 메타버스에서 공감과 소통을 시도하고 있다.

4) 가상오피스

코로나19 팬데믹 상황이 예상외로 장기화되자 미팅과 업무를 비대면으로 지속해야하는 많은 기업들이 온라인 상주 협업 툴을 구축하고 있다. 국내에서는 부동산 플랫폼 업체 '직방'이 최초로 오프라인 사무실을 그대로 본 따 만든 메타버스 가상오피스 '메타폴리스'를 마련해 오프라인 사무실을 없애고 전 직원이 메타폴리스로 출근을 한다.

현대모비스는 본사 직원들에게 '재택근무제를 공식 제도화한다'고 공지했다. 대형 제조업체 중 처음이다. 현대모비스 직원들은 재택근무 계획을 사내 시스템에 하루 전에 미리 등록하고, 개인 컴퓨터나 회사가 지급한 노트북을 통해 사내 PC에 원격 접속하는 방식으로 재택근무를 진행한다. 이를 통해 기존에 사용 중인 화상회의시스템, 성과관리시스템, 협업 툴 등 모든 업무 시스템을 집에서도 활용할 수 있다.

SK텔레콤은 자율적 재택근무를 도입한 데 이어 시범형 '거점 오피스'를 마련해 운영 중이다. SK텔레콤의 박정호 사장은 "예전으로 100% 돌아갈 수 없기에 근무나 소통방식을 어떻게 발전시킬지 연구가 필요하다"라며 "우리가 쌓은 데이터, 비대면 기술을 바탕으로 언제 어디서나 자유롭게 일하는 방식을 시도할 것이다"라고 강조했다.

도브 등 400여 개 브랜드를 운영하는 영국의 소비재 제조기업 유니레버도 사무직군에 대해 원격과 사무실 근무의 중간 형태인 '하이브리드(hybrid·혼합형)' 근무방식을 이어 갈 것이라고 밝혔다. 앨런 조프 최고경영자(CEO)는 "주 5일 사무실 근무는 매우 낡은 방식"이라며 "절대 과거로 회귀하지 않겠다"라고 했다.

코로나19로 인해 크게 바뀐 근무환경이 이제 메타버스로 빠르게 진입하고 있다. 실제 근로자가 어디에 있든 구애받지 않고 일할 수 있는 가상 오피스를 활용한 '프롭테크(Proptech)' 산업이 열렸다. 프롭테크는 부동산(property)과 기술(technology)을 결합한 용어로 부동산 서비스에 인공지능(AI), 빅 데이터, 블록체인, 메타버스 등 첨단기술이 도입된 것을 말한다. 한국건설산업연구원에서는 '프롭테크 기업, 부동산 산업의 새로운 미래' 보고서를 통해 "2017년 이후 글로벌 프롭테크 시장이 130억 달러 이상으로 급격하게 성장하게 됐으며, 프롭테크 기업과의 파트너십이나 투자를 통해 첨단기술을 전통 부동산업에 맞게 포괄하려는 노력이 필요하다"라고 강조했다.

5) 교 육

코로나19 팬데믹 상황이 계속되면서 비대면 교육이 길어지다 보니 줌을 이용한 일방적인 학습방식에 교수자와 학습자가 모두 피로를 느끼면서 학습자가 적극적으로 참여할 수 있는 자유도가 높은 메타버스 플랫폼을 활용한 교육사례가 많아지고 있다.

'아바타'로 참여하는 가상의 교실에서 학생들은 나를 드러내야하는 부담감이 적어지고 안정감을 느낀다. 그리고 메타버스 가상교실에서는 공간적 제약을 극복해 오프라인에서 했던 활동을 비슷하게 진행하는 것이 가능하다. 실제 교실처럼 조별활동이나 활발한 토의수업이 가능하다. 메타버스 활동을 통해 학생들은 친구들과의 친밀감이 상승하고 주도적인 활동도 가능하며, 교사와 학생들의 상호작용도 오프라인 교실에서는 한 명의 선생님과 여러 학생들 간에 이뤄지던 관계가 메타버스 교실에서는 일대일 관계로 느껴지는 효과를 가져와 수업 몰입도를 상승시키기도 한다.

실습이 꼭 필요한 대학교육에서도 비대면 교육상황을 극복하기 위해 메타버스 활동을 도입하기위해 노력하고 있다. 한국산업기술대학교의 경우 공학계열의 혼합현실 실습 콘텐츠 개발 및 공간·인프라를 구축하고 있다. 실습실과 동일하게 구성된 가상현실의 실습공간에서 다수의 학생이 동시에 접속 해도 상호작용이 가능하고, 고가의 기자재 및 산업현장과 동일한 공간에 대한 필요성을 메타버스를 도입함으로써 극복하기도 했다.

또한 실험 사고예방과 체험 불가능한 공학원리를 실제로 체험하게 해 교육적 효과도 상승시킬 수 있다. 실제로 메타버스 실습수업에 대한 학생만족도 조사결과 어렵고 "지루한 전공수업에 대한 적극적인 참여가 가능하고, 학습 흥미가 향상됐다"라고 말하는 등 대부분 긍정적인 반응을 보였다.

6) 제조 산업

기술의 발전으로 스마트 제조 산업은 큰 발전을 해왔다. 스마트 제조가 메타버스와 만나 시너지 효과를 내면서 스마트 제조 산업의 성장성은 더욱 높아지고 있다. 디지털 트윈(Digital twin, 미국 제너럴 일렉트릭(GE)이 주창한 개념으로 컴퓨터에 현실 속 사물의 쌍둥이를 만들고, 현실에서 발생할 수 있는 상황을 컴퓨터로 시뮬레이션 함으로써 결과를 미리 예측하는 기술이다. -위키백과)인 가상세계에 실제 공장의 데이터가 똑같이 복제가 가능해 졌다. 이로써 가상의 제조환경에서도 현실에서 적용되는 제어가 가능해졌으며 제조공장의 관리가 용이해지고 작업자들의 능률을 높일 수 있다.

산업용 XR솔루션 전문기업인 버넥트 관계자는 "자동차·부품 공장에서는 조립설비와 부품공정의 단계별 작업지시 및 동영상, 애니메이션 등 3D 모델 등의 AR 콘텐츠가 작업자들의 능률을 높일 수 있다. 또한 항공·철도 분야에서는 업무운영 데이터를 기반으로 안전관리를 진행할 수 있으며, 에너지 분야에서는 발전소 설비데이터와 미세먼지, 온실가스 등의 데이터를 가시화해 통합관리 효율을 높일 수 있다"라고 설명했다.

XR은 제조업 현장에서 디자인, 생산, 정비, 교육 등 활용영역을 넓혀가고 있다. 도요타는 차량 디자인, 설계를 비롯해 시제품, 안전기술평가 등 자동차 개발 전반에 XR 기술을 활용하고 있다. 벤츠는 정비엔지니어들 간 차량정보 공유, 고숙련자와의 원격지원 등을 XR기술로 수행하고 있다.

국내 스마트 제조업체에서도 메타버스 도입이 확대되고 있다. GS칼텍스, 포스코인재창조원, 부산항만공사, 한국가스공사, 한국동서발전 등은 현장 대응훈련, 공장 공정교육, 정비교육, 설비관리 교육 등을 위해 XR을 활용하고 있다. 원격협업, 미숙련 근로자들의 역량 강화에 효율적이다.

제조디자인에서도 메타버스가 활용된다. 자동차 제조업체들은 XR 기술을 활용해 실제 테스트 모델을 가상 프로토 타입으로 대체함으로써 설계공정에 투입할 시간과 비용을 줄이고 있다. 현대기아차는 버추얼 차량개발실을 신설했다. 가상의 자동차모델 혹은 주행환경을 구축해 테스트하는 방식으로 개발공정을 상당 부분 단축했다. 자동차 디자이너가 원하는 대로 빠르게 디자인을 바꿔 품평까지 진행할 수도 있고, 실물 시제작(?) 자동차에서 검증하기 힘든 오류 등을 짚어낸다.

7) 관 광

코로나19 팬데믹 상황은 수많은 일상을 멈추게 했지만 그중에서도 이동제한으로 인해 여행과 관광산업은 대위기를 맞았다. 상황은 예상보다 길어지고 있고, 팬데믹 상황이 끝나더라도 예전과 같은 분위기로 돌아가는데 긴 시간이 필요할 것이다. 여행, 관광업계는 위기상황을 대처하는 방안을 메타버스에서 찾았다. 로블록스, 제페토, 마인크래프트 등 대표적인 메타버스 플랫폼들이 3D 비주얼을 구현할 수 있기 때문에 관광 명소들을 생생하게 표현하거나 그대로 보여주는 것이 가능하다. 한국관광공사가 제페토에 구축한 한강 시민공원에는 전 세계에서 700만 명이 방문하는 기록을 남겼다. 서울시는 '메타버스 서울 추진 기본계획'을 세워 서울관광의 모든 것을 메타버스 안에 담겠다고 선언했다.

3. 활용사례로 보는 메타버스 전망

급부상한 메타버스의 열풍은 MZ세대가 주도하고 있다. 디지털 네이티브인 MZ세대들이 거부감 없이 가상공간을 이용해서 소통을 하고 놀이를 하던 문화가 코로나19 팬데믹 상황으로 인한 이동과 관계에 제약이 생겨 전 세대에게 확산된 양상이다. MZ세대는 경제적 불평등이 심화된 사회에서 자라나 기득권이 갖고 있는 부를 자신들은 가질 수 없다는 상실감과 박탈감으로 실물경제보다는 메타버스에 관심을 갖게 됐다는 분석도 나온다. 아직 기득권자가 없는 가상의 세계는 기회의 세상이라 여겨지는 것이다.

메타버스라는 개념은 이미 1990년대 소설에서 등장했다. 30년이 지난 지금 열풍으로 일어난 것은 사회적 현상으로 인해서이기도 하지만 첨단기술의 발전이 뒷받침 되고 있기 때문이다. 5G 통신기술, VR, AR, XR 등 가상현실 기술, 대용량 저장소인 클라우드 시스템 등의 기술발전이 열풍을 더 확산시킬 수 있는 충분조건이 돼주고 있다.

메타버스는 현실과 연결돼 있지만 현실세계를 뛰어넘는 무한한 확장성을 갖고 있기 때문에 그 미래도 무한하다. 글로벌 시장조사기관 스트래티지애널리틱스(SA)는 전 세계 메타버스 시장이 2025년 2,800억 달러(약 330조원) 규모로 폭발적인 급성장을 이룰 것으로 전망했다. 이는 2020년 460억 달러와 비교해 6배 이상이다. 각국의 정부기관과 글로벌 테크 기업들이 메타버스에 뛰어들어 시장의 우위를 선점하려는 이유이다.

미래학자인 로저 제임스 해밀턴(Roger James Hamilton)은 "2024년에 우리는 현재의 2D 인터넷 세상보다 3D 가상세계에서 더 많은 시간을 보낼 것"으로 예측했다. 실제 로블록스 이용자의 하루 평균 사용시간은 틱톡(TikTok)이나 유튜브(Youtube)보다 긴 것으로 조사된 바 있다. 즉, 앞으로 사람들은 메타버스에서 보내는 시간이 늘어나고 현실의 더욱 많은 경제·사회적 활동들이 가상세계에서 이뤄지거나 현실과 융합하는 형식으로 변화 할 것으로 전망된다.

데이터는 4차 산업혁명 시대의 원유라 불린다. 메타버스에서 활동하는 사람들이 남기는 모든 것들은 데이터가 된다. 글로벌 빅테크 기업들은 이미 데이터를 확보해 자신들의 힘을 키워온 경험이 있기 때문에 메타버스에서도 데이터 확보를 위한 기술 개발은 물론이고 콘텐츠 개발로 사람들을 자신들이 구축해놓은 메타버스 세상으로 유인하고 있다.

페이스북의 마크 저커버그는 미래를 예상하듯 2014년 VR기기 전문기업인 오큘러스를 인수했고, '메타'라는 이름으로 사명을 바꿔 인터넷 다음 세상인 메타버스 기업으로 서둘러 변신했다. 마이크로소프트사는 화상회의 도구인 '팀즈'와 3차원 이미지 구현 소프트웨어 '메시'를 결합해 '팀즈용 메시'를 출시할 예정이다. 장비착용 없이 3D 환경에서 현장감 있는 회의를 할 수 있도록 하는 서비스이다. 고사양 그래픽카드 시장에서 독보적 위치를 차지하고 있는 엔비디아는 메타버스 기술 인프라 사업에 초점을 맞추고 있다. 그래픽, 시뮬레이션, 인공지능(AI) 기술을 집대성한 3D 시뮬레이션 협업 툴인 옴니버스를 출시했다. 실제 세계와 가상세계(메타버스)를 융합하는 사실적인 디자인을 설계하고 시뮬레이션하는 것이 목표다.

메타버스를 위한 3D 시뮬레이션 협업 플랫폼을 만들어 많은 기업들이 옴니버스 메타버스에서 일하는 환경을 만들겠다는 것이다. 현재 불고 있는 메타버스 바람은 기술의 개념에 국한되지 않는다. 새로운 삶의 방식 혹은 경제활동까지 의미한다. 사람들은 아바타를 꾸미면서 나의 욕망을 해소하고 아바타를 통해 사회관계를 맺고, 현실에서 할 수 없는 경험을 하고, 경제활동을 한다.

아바타는 또 다른 나이자 나의 세계관이다. 그렇기 때문에 포트나이트, 로블록스, 마인크래프트 같은 게임 플랫폼을 이용하지만 게임 활동과 차별화된다. 플랫폼 기업들이 메타버스에서 경쟁력을 높이기 위해서는 창의적인 콘텐츠와 혁신적인 상호작용 장치, 개인이 주도적으로 세계를 구축할 수 있는 창작 생태계를 구축해야 한다. 로블록스에는 700만 명의 개발자가 있고, 제페토에는 누적 창작자가 6만 명에 이른다. 게임 개발자, 패션 디자이너는 새로운 직업은 아니지만 새로운 방식으로 누구나 접근 가능한 메타버스 안의 직업으로 자리 잡았다.

이용자가 늘어나는 메타버스 플랫폼은 빅 테크 기업 뿐 만 아니라 교육, 의료, 유통, 헬스케어 등 다양한 산업분야에서 놓칠 수 없는 새로운 시장이다. 오프라인과 온라인 시장에서 전쟁을 벌여온 많은 유통 기업들은 이제 메타버스 플랫폼 활용 전쟁이 시작됐다.

최재용 한국메타버스연구원 원장은 "유통기업들이 메타버스 플랫폼을 만들면서 실제 구매행위로 이어지도록 상품의 진열배치, 온라인 채널과의 연계 등 공들여야 할 부분들이 많다"라며 "발 빠르게 메타버스를 활용해서 고객과 접점을 형성하는 기업들이 살아남을 것이다"라고 말했다.

교육기업들은 코로나19 상황으로 인한 학습지 시장은 침체기를 겪으며 비대면 교육시장으로 전환하면서 인공지능(AI) 교육서비스와 메타버스 교육서비스를 개발해 학생들이 주도적으로 교육에 참여하고 재미있게 학습을 유지할 수 있는 콘텐츠 개발에 많은 투자를 하고 있다. 패션 기업들은 MZ세대를 겨냥한 마케팅과 홍보에 열을 올리고 있다. 미래의 주력 소비층에게 브랜드 선점 우위효과를 노리기 위해 메타버스 플랫폼에 랜드를 건설하고 가상 숍을 구축하고 있다. 몇몇의 패션업체는 오프라인 소비를 위한 마케팅과 홍보를 넘어서 메타버스 공간 내에서의 소비도 겨냥하고 있다.

나이키는 메타버스용 가상 패션 아이템을 개발해 특허를 출원하고 NFT(Non-Fungible Token, 대체불가능토큰)을 발행해 디지털 재산의 가치를 높이는 방식으로 메타버스를 활용하고 있다. 미래학자 레이 커즈와일은 '특이점이 온다'(2007)라는 저서를 통해 2020년대 후반이 되면 가상현실은 진짜 현실과 구분이 불가능할 정도로 정교해질 것으로 예측했다.

빅테크 기업들의 꾸준한 기술개발과 여러 산업분야의 메타버스 활용은 메타버스 플랫폼 이용자들의 유입이 늘어갈수록 거대한 흐름이 돼 계속 흘러 갈 것이다. 아직 메타버스에 올라타지 않았거나 법과 제도적 한계로 올라타지 못한 공공분야, 금융분야, 의료분야도 메타버스에 곧 올라탈 수밖에 없다. 이용자들에게 시대에 맞는 서비스 제공을 해야 하기 때문이다.

메타버스에 민원·행정 서비스나 공공도서관 등의 공공서비스가 구축된다면 지리적 격차에 따른 지방소외 문제가 해소되고 시공간적 한계로 처리되지 않던 일들이 언제든 쉽게 처리가 가능해 질 것이다. 오프라인 지점들이 점점 사라지고 모바일 서비스로 이동하고 있는 금융권은 과연 어떨까? 우리금융경영연구소 연구원들이 발간한 'Q. 메타버스(Metaverse)? → A. 가상세계' 보고서에서 '향후 기술발달과 함께 가상세계 구축 범위가 확대되면 금융을 포함한 다양한 커뮤니케이션 활동기반이 모바일 환경에서 가상세계로 이동할 전망'이라고 예측했다.

예측대로라면 기존에 은행을 방문해야만 했던 업무들이 디지털 트윈 방식으로 메타버스 가상은행에서 이용이 가능하다. 아직 의료법으로 원격진료가 불가능한 의료계도 진료 외의 서류업무와 건강관리 혹은 의료상담 등의 서비스를 메타버스에서 제공하는 방식으로 메타버스 활용이 가능할 것이다.

Epilogue

결국 모든 분야에서 메타버스 환경은 구축이 될 것이다. 어느 정도 깊이 있고 다양한 서비스로 이용자들을 맞을 것인지는 각각의 분야와 기업에 따라 다르겠지만 이용자들의 욕구를 외면하고 거대한 시장을 등지는 산업이 살아남기는 힘들 것이기 때문이다. 거대한 흐름인 메타버스 세상이 멈추지 않고 계속 발전하기 위해서는 안전한 환경이 우선이다.

메타버스는 IT 기술이기 때문에 데이터 위·변조의 위험과 해킹 등의 문제가 항상 도사리고 있다. 메타버스 환경에 맞는 보안이 필요하다. 그리고 메타버스에서는 아바타로 활동을 하기 때문에 실재 어떤 인물인지 스스로 정직하게 드러내지 않는 이상 상대방을 알 수가 없다. 그렇기 때문에 보호받아야 할 아이들이 성추행이나 언어폭력 등 사이버 폭력에 노출 될 가능성도 높다.

메타가 출시한 개방형 메타버스 플랫폼인 호라이즌 월드에서는 테스트 기간에 아바타 성추행 사건이 벌어지기도 했다. 오프라인과 마찬가지로 성적문제에서 보호받을 수 있는 기준과 법이 필요하다. 보안문제, 익명에 숨은 불법적 문제행동, 빅 테크 기업들의 데이터 독점문제 등 해결해야할 과제들이 남아있다. 하지만 이런 과제들이 메타버스라는 거대 산업을 막지는 못 할 것이다. 계속 발전해가는 과정에서 해결의 방안이 마련되기를 바랄 뿐이다.

개인과 기업에서 시작된 메타버스는 이제 글로벌 기업과 국가에서 주력하는 산업이 됐다. 메타버스 공간이 보다 안전해지고 개인의 자유도가 계속해서 보장되고 현실과 적절하게 균형을 이루면서 발전한다면 메타버스는 우리에게 그야말로 '뭐든 지 할 수 있고, 누구든 될 수 있고, 어디든 갈 수 있는 낙원 – 오아시스'(영화 '레디플레이어 원' 대사 중)가 될 것이다.

[참고자료]

- 제페토
- 이프랜드
- 내 손안에 서울(서울시 대표 소통 포털)
- 유니버스 게임라운지
- 한빛소프트
- 게더타운(Gather town)
- 이데일리
- 한국정경신문
- 엔비디아 코리아 공식 블로그
- 2021년 7월 18일 '구글 I/O(연례 개발자회의) 2021'
- oVis홈페이지
- AI타임즈
- EBS 〈미래교육플러스〉 메타버스 교육현장을 바꾼다
- 인더스트리뉴스
- 01·02호_Vol49-미래연구포커스-한상열
- 시사위크(박설민) '폭발적 성장의 메타버스, 국내 시장 전망은?
- 영화 〈레디 플레이어 원〉, 2018, 스트븐 스필버그 감독

Chapter
3

메타버스의 산업적 흐름 및 동향

이민호

Chapter

03 메타버스의 산업적 흐름 및 동향

Prologue

이제 막 시작된 '메타버스(Metaverse)'는 그 용어 자체가 정의나 합의된 바 없이 사용되고 있는 현실이다. '메타+버스'란 용어는 1992년 스티븐슨의 SF소설 스노 크래시 속에서 처음으로 만들어져 나온 것으로 '메타(Meta)'란 단어와 '유니버스(Universe)'에서 따온 단어를 합성한 명칭이다.

메타(Meta)는 그 어원이 헬라어(그리스어)인 성경에서 많이 쓰인 단어로 '하나님께서 함께, 임마누엘께서 함께(같이) 이후에 세계를 표현하기도 함'의 뜻으로 사용된 단어인데 영어 Meta는 초월, 가상을 뜻한다.

따라서 '메타+버스'를 가상(초월) 세계라 했는데 그 범위가 확장현실, 증강현실, 거울세계, 혼합현실, 가상세계로 분류해 모두 메타버스라 칭한다. 그러나 어떤 이는 가상세계의 경제활동만이 메타버스라고 힘줘 주장하기도 한다.

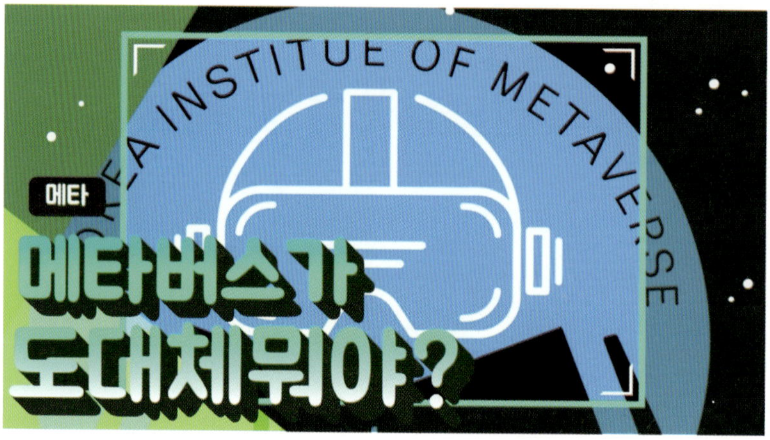

[그림1] 메타버스 이미지

1. 3D 공간 콘텐츠에 대한 수요 증가

3D 공간 콘텐츠 개발에 대한 수요가 증가하고 있다. 메타버스 산업으로 다가가려면 현재 개발된 플랫폼이나 콘텐츠가 더욱 발전하는 XR 기술이 관건일 것이다. 그리고 기존산업과 기업의 많은 변화가 있어야 할 것이다. 메타버스는 AR, VR, MR, XR 기술을 중심으로 개발되는 모든 생태계 연구로 디바이스, 소프트웨어, 각종 콘텐츠와 플랫폼의 발 빠른 구축을 이뤄 가고 있다.

1) 향후 산업혁명의 3D 콘텐츠

앞으로 콘텐츠 산업의 핵심은 3D, 인터랙티브 역량으로 다양한 XR 제작도구들이 쓰일 것이며 이미 XR S/W 개발기업의 시장점유 속도가 빨라졌다. 게임 산업, VFX 산업, 3D 콘텐츠산업, XR 콘텐츠 산업의 수요 증가에 따라 개발속도가 빨라지고 있다.

또한 디바이스 상용을 성공적으로 이뤄낸 큰 여러 기업(Facebook, Microsoft, Apple, Google, Naver 등)들은 강력한 XR 시장의 주도권을 확보하기 위해 치열한 경쟁을 하고 있으므로 더욱 메타버스 세계는 거대하게 발전하게 될 것이다.

이와 같이 용어 자체가 정립되지 않았고 그 범위를 두지 못한다. 나름 정의를 내려 본다면 '디지털 세계' 속에서 함께하는 사회·경제활동을 '메타버스'라고 정의하고 싶다. 메타버스란 용어의 생성이 1992년 이후라고 볼 때 영화 '레디 플레이 원'은 지금과 미래의 메타버스 세상을 실감나게 예언해 보여준 것이다.

소수의 IT 세계에서 쓰던 은어 같은 용어가 2021년도에는 대유행어로 신종 현대 용어로 변했다. 이속에서 또 뜨는 용어는 'NFT'와 '블록체인'이다. 그러나 모든 세계가 메타버스 화되는 시기에는 사라질 수도 있는 용어이다. 메타버스가 새로운 것처럼 모두가 메타버스 생활에 젖어 들 때는 그 용어가 새롭지 않을 것이기 때문이다.

이 세계 속에서 실제 내 몸을 대신해 아바타가 활동하면서 나의 모든 감정을 대신 표현해 준다. 현실세계와 똑같은 활동을 가상공간에서 펼칠 수 있으니 문화예술, 정치, 경제, 교육 등 모든 현실 공간에서 제한 없이 활발한 활동을 할 수 있기 때문이다.

2) 코로나로 인한 각 분야의 콘텐츠 수요 급증 사례

컴퓨터의 발전과 스마트폰의 대중화는 사람들을 메타버스 시대로 급속하게 끌어들인 또 하나의 산물이다. 이를 통해 배달·포장사업이 크게 늘어났고, 메타버스 거울세계의 활용으로 배달의 민족, 네비게이션 등 손바닥 안에서(휴대폰) 다 찾아볼 수 있게 됐다. 상거래도 크게 확장했다. 현장으로 가지 않고도 원하는 모든 것을 볼 수 있고 가져올 수도 있다.

3) 활용 사례

(1) 디자인콘텐츠

2021년 11월까지 라우드소싱에서는 5,330개의 디자인 콘테스트가 개최됐으며 이중 가장 많은 비율인 28.5%가 3분기에 개최됐다. 위드 코로나에 대한 기대감으로 인해 새로운 행사나 브랜드 제품을 의뢰하는 자들이 많이 늘어났다.

※ 2021년 디자인 시장 3가지 요약

- 오프라인의 부활, 새로운 영역에서의 디자인 수요 증대
- 디자인으로 비즈니스를 Refresh 하다. 1·3분기에 집중된 디자인 수요

• 업종별 디자인 트렌드의 발전 → 업종별 지향하는 이미지가 있다.

(이상은 라우드소싱 2021.12.16.에서 발췌)

메타버스의 콘텐츠와 플랫폼의 모든 영역에서 디자인은 될 수 있기 때문이다.

(2) 한국콘텐츠진흥원 CT인사이트

한국콘텐츠진흥원 CT 인사이트(Insight), 교육체제 및 지원시스템에 대한 요구증가, 3D 프린터 응용에 대한 중국 패션업계의 3가지 전망, 3D 영화 등 이와 같이 3D 수요는 모든 산업과 각 분야에 급증하고 있음을 볼 수 있다. 세계적으로 콘텐츠 플랫폼 개발의 큰 변화와 발전은 인간의 편리성과 안전성에 이바지하면서 메타버스 시대를 이끌어 갈 것이다.

상상 속의 세계에서 가상 속의 현실로 만들어가고 있는 메타버스 시대가 시작된 것이다. IT 플랫폼 콘텐츠의 활발한 개발은 인간에게 편리성을 주면서 상업적 경제활동이 목적이 되는데, 그 경제활동 또한 디지털 세계이기 때문에 NFT, 블록체인은 메타버스 시대의 원동력이 되는 것이라 생각된다. 그럼 우리는 이 세계를 어떻게 살아가야 할까 생각해 보지 않을 수 없을 것이다.

2. 메타버스 콘텐츠와 플랫폼의 진화

1) XR 기기와의 만남

메타버스가 XR 기기와 만나면서 새로운 시장을 창출하고 있다. 콘텐츠 제작, 플랫폼 업체, 게임주, VFX 기술을 가진 업체, XR 관련 주들이 메타버스 범주에 들어간다.

2) KT, 미디어 콘텐츠 밸류체인 강화

KT는 미디어 콘텐츠 밸류체인을 강화한다. '지니 뮤직, AI 오디오 플랫폼으로 진화'(지니 뮤직, 밀리의 서재 지분 38.6% 확보)하고 구독형 서비스를 확대한다. 또한 밀리의 서재는 2022년 내 IPO 추진하고 KT그룹 미디어 밸류체인을 강화한다.

골드만 삭스에 따르면 2019년 25조 5,530억 원이던 음원 오디오 콘텐츠 시장이 오는 2030년에는 87조 4,600억 원으로 크게 성장할 것으로 기대했다.

[그림2] 밀리의 서재(출처 : 테크M, 제공 : 밀리의 서재)

3) 메타버스를 통한 수익창출의 방법 예시

게임으로부터 시작된 메타버스는 여전히 많은 사람들이 이 안에서 게임을 통해 재미는 물론 수익창출로도 이어지고 있다. 따라서 메타버스에 젊은이들이 열광하는 데 이 부분도 상당부분 작용을 한다고 본다.

메타버스 안에서 수익창출 방식은 창작자 UGC 콘텐츠(사용자 생성 콘텐츠)의 교환 및 판매, 디지털 자산 수집이나 디지털 자산 제작 에이전시 운영, 게임 앱으로 돈을 벌수 있는 시대이며 로블록스(Roblox)는 크리에이터들에게 총 3,000억 원을 지불했다. 제페토(ZEPETO)는 직접 아이템을 제작해 판매가 가능하며 포트나이트(Fortnite)의 경우 전체 수익의 5%를 정산해 지불했다.

그 외 기업의 경우 크리에이터를 통한 브랜드 캠페인, 가상현실 세계에서의 브랜드 체험을 제공하고 메타버스 플랫폼 제작을 통해 수익을 창출할 수 있다.

4) Face book의 개편(메타)

페이스북(Facebook)은 개편 작업을 통해 메신저 기능강화, 게이밍 서비스 론칭, 뉴스 중심의 뉴스 피드 큐레이션 진행, 아바타 제작 서비스를 론칭했다. 페이스북의 진행 사업으로는 게이밍 관련 사업 투자 증가, 오큘러스 관련 사업 확대 등을 들 수 있다.

[그림3] 스냅챗(출처 : 스냅챗)

스냅챗은 사진 및 영상 메시지를 보낼 수 있는 SNS 애플리케이션이다. 미국 Z세대의 80%가 사용하는 메신저 앱으로 Z세대를 위한 종합 SNS 서비스를 지향한다.

① 아바타를 기반으로 내 친구들이 주소에서 확인

② 아바타 프로필을 통해 연락

③ 카메라 기능으로 AR 필터를 통한 가상 피팅 등 AI 기술 서비스

④ Bitmoji for Games : 나의 얼굴과 흡사한 아바타가 미니게임에 출현

⑤ Bitmoji로 게임을 만들고자 하는 사람들에게 지원

⑥ 기존에 만든 스펙터글즈라는 안경 디자인 기술 업그레이드

현실 세계와 가상세계를 연결하는 소셜 네트워크 플랫폼으로 진화. AR을 기반으로 창작할 수 있는 환경 제공

5) 메타버스 플랫폼과 NFT로 경제 업그레이드

지금의 플랫폼은 1:N 방식으로 새로운 재화 창출의 한계이나 메타버스 N:N 방식으로 전환해 가상의 재화를 늘려 세계 경제에서 선도적 역할을 담당해야 한다. 이를 위해 메타버스와 NFT로 재화의 획득과 소유 방식의 일대 전환이 필요한데 메타버스와 NFT의 역할로 활성화 될 것이다.

(1) 메타버스의 거대 양대 산맥

메타버스는 그 범위가 광대하다. 메타버스의 거대 양대 산맥을 짚어 보고자 한다. 시작된 메타버스의 거대한 출현은 우리가 모르는 부분들이 너무나 많고 그 범위가 광대하므로 어떻게 발전해 갈지 예측하기 어렵다. 미래는 메타버스의 세계가 될 것은 분명하므로 메타버스의 산맥에 속하는 것을 분류하는 것으로 나만의 윤곽을 세워보는 것이다.

① 메타버스의 첫 번째 산맥 디지털 플랫폼 콘텐츠

눈부시게 발전하는 컴퓨터의 출현을 시작으로 인공지능, AI, 콘텐츠, AR, VR, XR 등 일반인들은 무슨 말인지 모르는 사람이 대부분일 것이다. 사회 각계각층에서 메타버스는 활용도가 대단히 많다. 코로나19로 인한 비대면 사회에서 디지털 모바일 5G의 발전과 2D, 3D로의 출연은 메타버스 생태계를 급속히 구축했다. '아바타'를 통해(자신을 대리하는 가상공간의 또 하나의 나) 게임을 중심으로 활동하는 것 같지만 여기서 사회, 문화, 경제, 정치, 교육 등의 생태계가 활성화돼가고 있다.

② NFT와 블록체인 그리고 메타버스와의 관계

NFT와 블록체인 그리고 메타버스는 뗄 수 없는 관계로 별개의 개체 같으나 메타버스 세대는 NFT, 블록체인이 자동 활성화 되게 돼 있다. NFT는 블록체인 기술로 만들어진 '대체 불가능 토큰'이다. 비트코인이나 이더리움 등은 블록체인에서 나온 토큰이며 대체가 가능한 토큰이나, NFT는 창작자를 위한 저작권 보호와 모든 권한의 탈 중앙집권을 거부하고 개인 분산체제를 만들기 위함이다.

블록체인이란 수많은 컴퓨터의 연결로 장부기록을 순간으로 기록하며 저장한다. NFT는 20만 여개 컴퓨터의 연결기록 장치이다. 블록체인도 여러 개가 있으나 이 블록체인의 기술로 나온 비트코인, 이더리움 등이 있다. NFT의 결론으로 본 필자는 '저작권을 영구적으로 보유케 하는 세계적 디지털 등기소'라 명칭 한다. 여기서 저작권은 변함없고 소유권만을 거래하는 것이고 매매될 때마다 정해진 %의 로열티를 거래액의 저작권자에게 지불된다.

3. 콘텐츠 산업 디지털 역량 강화

1) NIPA 인력 개발 강화 교육

경향게임스에 의하면 NIPA 2021년 디지털 콘텐츠 개발 인력 역량 강화 교육 성료했다고 보도하고 있으며 내용은 다음과 같다.

정보통신산업진흥원(NIPA)는 지난해 3월 20일부터 12월 4일까지 운영되는 '21년 디지털콘텐츠 개발인력 역량강화 교육' 사업을 성황리에 마무리했다고 밝혔다.

[그림4] 메타버스를 통한 교육(출처 : NIPA)

기업 수요 연계 프로젝트 교육(중기 과정)은 교육, 산업, 안전, 의료, 복지, 국방, 제조 5대 산업분야 기업을 대상으로 실무, 활용 가능한 프로토타입을 제작. 현장 실무형 인력양성을 목적으로 203명이 수료했다. 육군사관학교, EBS, 한국 조선해양, 한국전력기술 네오 팩트, 알파 메디칼 등의 기업들이 참여해 총10건 교육성과가 나왔다.

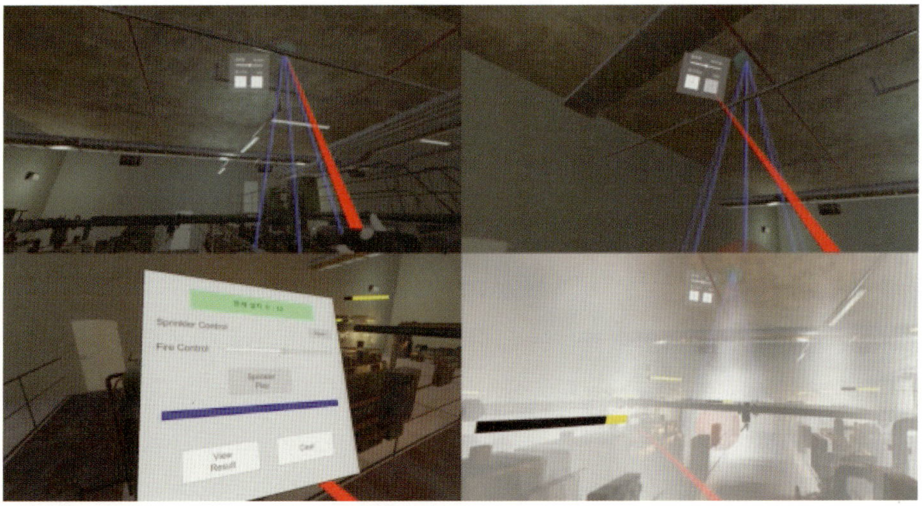

[그림5] 5대 산업분야 기업을 대상으로 실시한 메타버스 교육(출처 : NIPA)

제작역량 강화교육(단기과정)은 신기술 기반의 AR/VR/MR/XR, 메타버스 환경 구축 및 객체 기술 과정 등 21개 과정을 진행 3.7:1의 높은 경쟁률을 나타냈으며 총 307명이 수료했다. 본 교육 과정을 통해서 배운 콘텐츠 기술을 바탕으로 '환경탐험대 AR 앱', '공공데이터를 활용한 문화유산 실감 콘텐츠', 입체음향 콘텐츠 'Colors of the Wind' 등 23건의 교육성과를 올렸다.

강화를 위한 디지털 콘텐츠 교육이 각계각층에서 활발히 진행돼가고 있고 확장세를 보여주고 있다. 인력개발 교육 강화를 비롯해 그 역량강화로 세계적인 기업으로 활발히 확장해 가는 모습을 볼 수 있다.

2) 메타버스의 열풍이 분다

1992년 스티븐슨의 SF소설 스토 클래쉬에서 처음 등장한 이후 영화 '레디 플레이어 원'으로 그림을 그렸다. 영화 속의 초월 가상세계, 증강세계, AR, VR의 소개와 함께 메타버스 세계를 세상에 알리는데 일조했고, 최근 들어 갑자기 많은 사람들이 관심을 갖는 것은 세계적인 팬데믹 현상으로 모든 상황이 비대면으로 전환되면서 열풍이 불기 시작했다.

세계적인 IT 산업의 선두에서 최고의 시가총액을 휩쓸고 있는 기업을 '빅 레이크' 기업이라 부른다. 메타(구 페이스북), 마이크로소프트, 애플, 아마존, 구글 등 이들 기업의 공통점은 대형 플랫폼을 갖고 있거나 노트북, 스마트폰 등 소프트웨어를 구동할 수 있는 기기를 만든다는 점이다.

3) 메타버스는 곧 돈이 되기 때문이다

사람들이 몰리는 곳은 곧 돈의 흐름이 있다. 이처럼 메타버스에 세계적인 대기업들이 투자하며 사활을 걸었다. 로블록스 플랫폼에서 실제 머물고 활동하는 인구가 1억 5,000만 명이 넘는다. 국내에서는 제페토 플랫폼에서(Zepeto) 아이돌 걸 그룹 블랙핑크의 팬 사인회에 전 세계 4,600만 명이 몰렸다. 이후 제페토를 이용하는 인구는 현재 2억 6,000만 명이라고 발표됐다.

여기 더욱 가세한 페이스북은 사명을 '메타'로 바꾸고 본격적인 메타버스 세계를 장악하겠다는 목표로 주도적 역할을 하겠다고 공언했는데 페이스북의 이용 인구는 세계 인구의 1/3에 가까운 27억 명이라 한다. 즉 보이지 않는 세계의 왕국이 기업들인 것이다.

대기업들은 메타버스 플랫폼을 차세대의 큰 가능성으로 인정한 것이다. 모바일 기기 관련 프로세스 개발, 게임 시스템 개발, 인터넷 인프라, 가상현실 헤드셋, 가상화폐 등은 소비자가 메타버스 세계를 수용하기 위한 필수 전제조건이다.

코로나19, 5G, 3D의 출현은 일반인이나, 직장인이나, 학생들이나 모든 분야에 큰 변화를 이루고 있다. 제한된 시공간의 삶에서 제한 없는 시공간을 넘나들 수 있는 그리고 편리하고 안전하고 쉽게 사회생활을 할 수 있는 생태계가 바로 메타버스이니 빅 레이크 기업들이 원하는 사업공간이 된 것이다. 곧 메타버스는 경제의 근본이 되고 돈이 모이는 세상이 될 것이라고 본다.

4) 무궁무진한 가능성을 가진 미개척의 땅

가상현실세계는 시공간에 구애를 받지 않기 때문에 상상의 비즈니스가 현실화될 수 있고 그 안에서 새로운 경제활동이 확산될 것으로 기대가 된다. 무한한 가능성이 제시되고 있지만 아직 '메타버스'의 개념적 정의나 기술적 표준은 만들어지지 않았다. 필자는 메타버스의 미래는 기업이 주도하는 즉 10개의 대기업이 이 세계를 지배하는 기업왕국으로 이뤄질 것 같다는 느낌이 든다. 메타버스 세계의 경제 주도권, 지금 그 왕국건설에 치열한 경쟁이 시작됐다.

현재 페이스북은 미국에서 가장 많은 관심을 갖고 있으며 VR/AR을 통해 메타버스를 구현하기 위해 노력하고 있다. 중국에서는 텐센트가 이미 플랫폼 콘텐츠 기업으로 수평적 가치사슬을 구축했다. 플랫폼과 콘텐츠 핵심기업에 대규모 투자가 이뤄지면서 메타버스는 중국 내 자본과 트래픽의 선순환 아래 더욱 성숙해질 전망이다.

필자가 생각하는 희망은 글로벌 세계 속 경제침체 구조의 돌파구로 메타버스에 희망 갖는 것이다. 이미 중국의 메타버스 안에서의 활동 인구수는 대단하다. NFT, 블록체인의 기술과 지배를 70% 정도 중국인이 차지하고 있다고 한다. 우리나라는 더욱 메타버스에 활발한 홍보와 참여에 박차를 가해야 하지 않을까 생각된다. 다른 나라보다 더욱 재능과 기술력이 좋은 우리 국민들의 메타버스 내의 아이템 창출은 미래의 희망인 것이다.

(1) 글로벌 메타버스 시대

[그림6] 글로벌 메타버스의 시대(출처 : 픽사베이)

① 메타(구 페이스북)의 메타버스 시대

메타(구 페이스북)는 메타버스 시대를 가장 잘 준비하고 필사적으로 추구하는 회사이다. 최근 애플과 구글이 개인 정보 프라이버시를 강화하면서 메타는 데이터를 활용한 기존의 경제모델에 심각한 타격을 입었기 때문이다. 메타에는 '호라이즌' 이라는 가상현실을 기반으로 하는 소셜 플랫폼이 있으며 호라이즌은 오큘러스를 통해 플랫폼에 액세스하는 사용자가 아바타로 변경하거나 다른 아바타와 채팅을 하거나 게임을 플레이할 수 있는 플랫폼이다.

메타에서 활동하는 유저의 인구는 27억 명이나 되며 이는 거대한 메타버스의 왕국으로 발전할 것이다. 마크 저커버그는 "2030년에는 우리가 꿈꾸는 메타페스티벌의 세계가 완전히 실현될 것"이라고 말했다. 2022년에는 가상현실과 증강현실 가젯을 출시해 널리 사용될 수 있는 길을 열어줄 예정이며, 차세대 연동기기로 스마트폰을 대신하는 AR글라스가 등장할 전망이다.

메타는 마이크로소프트와 함께 필요한 모든 도구를 갖추고 있어서 지배 경쟁에서 우위를 차지하고 있기 때문에 현 시장에서 메타는 가장 적극적으로 메타버스에 올인 중이다. 또한 메타는 SNS 전문기업에서 메타버스 전문기업으로 탈바꿈을 선언했으며 모바일 게임 등 플랫폼 전반에 걸쳐 대대적인 혁신을 꾀하고 있다. 가상현실을 활용한 무한 오피스(infinite office)를 구축하고 있으며, 2014년 VR 리서치 스타트업 회사인 오큘러스를 20억 달러에 인수하는 등 VR기술 개발에 집중 투자해 왔다.

메타의 메타버스는 디지털 트윈의 기반이 될 것이다. 오큘러스 헤드셋은 판매수익의 모델이 되고 핵심 수익모델은 광고와 가상 상품 판매(아이템)로 이는 촉진제 역할을 할 것이다. 또한 호라이즌은 로블록스에 있는 기능과 비슷하지만 메타버스 온라인 세계에서 사회적 공간을 만드는데 탁월하므로 광고판을 생성하고 사용자가 게임 등을 만들어 판매할 수 있는 온라인 시장을 구축하는 사업으로 예상된다.

② 구글의 구글어스 플랫폼

구글은 '구글어스(Google Earth)'라는 플랫폼을 기반으로 하며, 제페토도 역시 아바타를 통한 플랫폼으로 가상공간에서 사용자가 활용할 뿐만 아니라 아이템 개발을 할 수 있고 판매하는 공간과 빌트인을 통해 맵을 만들 수 있도록 했다. 구글은 개발자 콘퍼런스 구글 I/O 에서 자사의 3D커뮤니케이션 기술 프로젝트인 '스타라인(Starline)'을 공개했다.

③ 로블록스

로블록스 세계에서는 현재 수십억 달러를 버는 개인 사용자도 있다. 기존 게임 서비스 로블록스는 어린 Z세대가 주를 이루며 게임과 아이템 생성을 하고 있다. 미국의 16세 이하 청소년 55%가 가입하고 있는 로블록스 월 별 활성 사용자가 1억 5,000만 명으로 증가했다. 가상현실 인프라에서 게임을 즐기며 게임개발로 수익을 창출하는 것이다.

④ 포트나이트

포트나이트는 전 세계 3억 5,000만 명의 플레이어들이 '파티로얄'이라고 불리는 3D 소셜미디어 장소에서 공연하는 것을 볼 수 있는 서비스이다. 현실과 흡사한 가상현실이 Z세대 청소년들이 소비하는 전용 경제 생태계로 진화하고 있다.

⑤ 메타버스 또 하나의 거대한 지구로

메타버스는 현 세계의 거대한 또 하나의 지구이다. 30억 이상의 인구가 한자리에 함께하는 시공간을 초월한 생태계가 됐다. 그러나 아직 미개발된 넓은 개척지는 무궁무진하다. 메타버스의 주어진 희망의 기회를 놓치지 말고 끊임없는 플랫폼 개발과 콘텐츠 아이템 개발이 중요하고 기업과 정부도 큰 관심과 적극적인 지원도 필요하다. 디지털 콘텐츠 역량이 우리나라와 세계의 기업들이 교육과 투자개발로 엄청난 속도의 역량을 쌓아가고 있는 현실을 볼 때 메타버스의 세계는 곧 우리의 삶의 현장에 피할 수 없는 세상이 될 것이다.

4. 우주산업의 필수 메타버스

[그림7] 우주산업과 메타버스(출처 : 픽사베이)

현재 우주위성은 디지털세계를 만들어 놓았는데도 불구하고 근본이 되는 우주산업인 위성산업의 관심이 약하다고 본다. 과학기술정보통신부가 2022년 18조 6,000억 원을 투입해 미래기술혁신과 디지털 대전환을 위한 연구개발(R&D)에 집중했다. 메타버스의 플랫폼과 콘텐츠와는 좀 거리가 먼 것 같지만 메타버스의 근본화가 되는 산업기술(AR/VR/MR/XR)과 디지털 기술은 우주항공 산업에도 없어서는 안 되는 중요한 기술 산업이며 더욱이 AI 기술은 더더욱 우주 산업에 크게 기여할 것이다.

5. XR과 메타버스를 통해 지역에 새로운 바람

1) 원주시

원주시에서는 XR 메타버스 아이디어 콘텐츠 공모전을 한 달간(2021.04.23.~05.31) 가졌는데 총 5개의 팀을 선출했다.

[그림8] 원주시 XR, 메타버스 아이디어 콘텐츠 공모전 포스터(출처 : 원주시 공식 블로)]

2) 인천시

인천시 또 한 과기부 등이 주관한 디지털 뉴딜사업 XR 메타버스 프로젝트 공모에 나섰다. XR 메타버스 사업을 통해 기업들에게 XR 메타버스 관련 산업육성, 관광 콘텐츠 개발 등 생태계 구축을 위해 최대 3년간 13년간 130억 + a 투자라는 슬로건을 내세웠다.

네이버 랩스 등 국내 최고의 XR 메타버스 전문 기술기업과 컨소시엄을 구성해 미래 산업을 선도한다. 사용자가 필요한 정보를 언제 어디서나 실감나게 제공함으로써 인간의 지적 능력을 향상시켜 신속한 의사결정과 생산성 혁신을 견인한다.

인천시는 XR 메타버스 생태계 구축을 위해 2022년까지 총 130억 원(국비 80억 원, 시비 25억 원, 민간 25억 원)을 투자하게 되며, 2023년에는 수행 평가 결과에 따라 국비를 추가로 지원받게 된다.

[그림9] XR 공간정보 구축 대상 지역(출처 : G인천경제)

3) 제주도

제주 국제자유도시개발 센터(JDC) 클라우드 가상화 전문기업 틸론 등은 제주테크노파크 디지털 융합센터에서 제주대학교 곽호영 교수를 의장으로 한 제주 메타버스 산업 협의회 발대식을 가졌다. 5G와 XR 기술이 만드는 초연결·초실감 메타버스 신산업 분야를 주도하는 민·관 협력 중심의 '제주 메타버스 산업회'를 지향하며, 제주 메타버스 생태계 조성과 개방형 메타버스 플랫폼 기획 및 그 실현을 목적으로 결성됐다.

이와 같이 메타버스는 지방자치제에 엄청난 센세이션을 일으키고 있다. 2024년 320조 원의 시장으로 커지는 것을 목표로 한 메타버스는 고글 모양의 헤드셋을 쓰고 이용하므로 각 VR 게임 회사들의 개발이 분주하다. 최근 몇 년간 가상현실에 대한 수요가 급격하게 증가하고 있고 글로벌 리서치 기관인 Statista에 따르면 글로벌 확장 현실 XR 산업은 2021년 307억 달러에서 2024년 2,969억 달러로 성장할 것으로 예측했다.

[그림10] 제주 메타버스산업 협의외 발대식 기념사진(출처 : 틸론뉴스 틸론)

6. 향후 메타버스는?

1) 메타버스 어떻게 타고 살아가나

이제 우리의 삶의 현장으로 펼쳐지는 메타버스는 피할 수 없는 숙명적인 세계이므로 현실을 받아들여 지배하고 정복해야 한다. 메타버스를 외면하고 배척한다면 어느 샌가 저 멀리 세월의 뒤안길에 덩그러니 뒤처진 삶이 될 것이다. 누군가가 말했듯이 현실을 즐기자. 그리고 도전하자, 오뚝이처럼 일어나자, 전진하자, 지배하고, 정복하고, 다스리고, 생육하고, 번성하고, 창대케 되라하신 축복의 길을 가야할 것이다.

2) 메타버스 무엇을 이용하며 살아갈까

그럼 메타버스 세계 속에서는 무엇을 이용해 어떻게 하고 살아가는가?

(1) 세계 콘텐츠 플랫폼 IT 개발자

세계의 모든 콘텐츠 IT 개발자들은 쉽고, 편리하고, 간단하고, 재미있게 사용하도록 만들어 놓았고 만들어가고 있다. 더 많은 기술개발을 통해 콘텐츠들이 다양화될 것이다. 세계적인 IT개발자들이 앞 다퉈 개발하고 내놓는 콘텐츠에 관심을 갖고 기술개발에 국가적 차원에서 지원도 있어야 할 것이다.

(2) 컴퓨터와 인공지능(AI)

컴퓨터와 인공지능 개발로 미래의 각종 콘텐츠 기기는 가장 가깝게 컴퓨터(PC)와 스마트폰을 꼽을 수 있을 것이다. 이는 우리 생활 속에서 없어서는 안 될 마치 우리 몸의 한 부분을 차지하는 것처럼 가까이 있다. 더 많은 스마트폰들이 개발될 것이고 인공지능을 통해 우리의 삶은 상상 이상의 편리함으로 바뀌게 될 것이다.

(3) MZ 세대

MZ 세대 즉 10, 20대의 어린 청소년들은 어렵게 메타버스를 배우지 않았어도 이미 게임 등을 통해 기성세대보다 더 메타버스에 익숙하고 가까이 있다. 30대~ 50대는 컴퓨터의 태동과 더불어 살아왔다. 60대 이후 고령화 시대를 맞이하는 세대는 더욱더 메타버스는 강력한 생활수단이 될 것이다. 자유롭지 못한 육체의 노쇠는 메타버스가 그 대안이 될 것이기 때문이다.

(4) 세대 구분 없는 메타버스

세대 구분 없는 메타버스 거대한 또 하나의 인간이 만들어가는 바벨탑 같은 세계가 이뤄지고 있다. 아이부터 노년에 이르기까지 작게는 일상생활에서 시작해 크게는 국가산업, 의료, 국방 등 전 산업분야에 이르기까지 이제 메타버스는 넘지 못할 경계선이 없다.

피할 수 없는 메타버스 세상이 왔다. 누군가 이런 말을 했다. '피할 수 없으면 즐겨라'. 메타버스를 즐겨 보자. 큰돈을 벌수도 있고 부자가 돼 잠시 세상의 즐거움을 즐길 수 있는 기회가 메타버스 안에 있다. 메타버스 세계 속의 주인공이 돼라. 그러나 가상공간과 현실의 구분이 없더라도 현실은 현실이다. 가상세계 속에 너무 빠져서 현실을 망각하고 자신의 위치와 사회 속에서의 개인의 위치를 잊지 말아야 할 것이다.

메타버스를 통해 많은 일자리들이 창출할 것이고 그로인한 수익창출로 경제는 다시 맥박이 뛸 것이라 기대한다.

Epilogue

코로나19로 전 세계인들이 몸살을 앓고 경제도, 사회도, 우리들의 활동도 멈춘 것처럼 돼버린 현실이 참 안타깝다. 대면보다는 이제 비대면으로 익숙해져가고 있는데 여기서 우리는 어떻게 살아남을까를 고민하지 않을 수 없다. 이 시점에서 세계경제의 변곡점이 될 만한 메타버스(지금 내가 살고 있는 세상과 중첩돼 있는 세상)에 탑승해서 메타버스의 성장과 함께 발 빠르게 메타버스의 산업적 흐름이나 동향의 흐름을 이해하면서 함께 나가야 할 것이다.

머무르고 정체할 시간이 없다. 세계는 메타버스 속으로 이미 뛰어 들었고 그 안에서 너무나 많은 변화와 혁신을 이뤄가고 있다. 앉은 자리에 머무른다는 것은 그 익숙함이 편리할 수는 있어도 익숙함이 결코 나를 개발 혹은 발전시킬 수는 없다.

익숙함을 깨고 빠르게 성장하고 발전하는 메타버스 세계 속으로 더 많은 관심과 노력이 필요할 것이다. 이제 메타버스를 통한 산업개발은 곧 국가개발로 그리고 국력으로 이어질 것이다. IT강국인 대한민국이 '메타버스 강국'이 되도록 속도를 멈추지 말고 박차를 가해야 할 때이다.

[참고 문헌 및 사진 출처]

- 김상균(강원대학교교수)의 강의, '메타버스 새로운기회', 배가북스, 2021.05
- Naver.rokara61 문헌, 2021.10.12
- 밀리의서재 김경덕기자, 2021.08.10
- 이진수 카카오 엔터테이먼트 대표 기자회견, 2021 이데일리 IT 컨퍼런스 포럼
- 네이버 명품코리아 뉴스 내외신문(전태수기자), 2021.10.19
- MKYU 메타버스 크리에이터 수익 창출 방식, 2121.09.10
- Ven.ture.beat 비즈트리블
- 김형호, 페이스북 등 글로벌 기업들은 왜 메타버스에 올인하는가?
- 유튜브 AI융합교육연구원 '메타버스로 준비하는 2학기 등교수업'
- 인천 이음 AR메타버스 서비스 컨셉
- 네이버 틸론, 2021.12.22.
- Statista 삼성증권 향후 20년 이끌 메타버스 산업
- 성소라 워싱턴대 전교수, '메타버스와 NFT 진짜혁명은?'
- 안유화교수(메타버스NFT) 유튜브
- 남세동대표 인공지능 강의 1, 2, 3 유튜브
- 김승주교수(고려대), 'Kisdi스피커 블록체인기술 이해와 활용사례'
- 김민수 NFT 뱅크 대표, 'NFT와 메타버스'
- 최재용(한국 메타버스 연구원 원장), '이것이 메타버스다', 미디어북, 2021.09

Chapter
4

게더타운의 교육 분야 활용방안

김태영

Chapter

04 게더타운의 교육 분야 활용방안

Prologue

메타버스 개념이 사회 전반에 급속히 보급되고 대학, 기업체, 지자체들도 이 거대한 흐름에 탑승하고 있다. 정치, 경제, 사회, 문화에서 메타버스의 영향을 받지 않는 분야가 없으나 이 장에서는 특히 교육 분야에서 메타버스 플랫폼 중의 하나인 게더타운의 활용적 측면을 부각시켜 보려고 한다.

먼저 비대면 시대 교육 플랫폼의 변화를 간단히 살펴본 후 주요 플랫폼인 이프랜드, 제페토, 게더타운의 특징을 비교 분석해 보기로 한다. 이 중 게더타운의 장점을 살펴보고 그 잠재적 기능들을 어떻게 교육에 활용할 수 있는지를 구체적으로 설명할 것이다.

교수자들은 이 장을 통해 교육목적에 적합한 가상공간을 구축하고 수업을 운영하는 방식에 대한 통찰력을 얻을 것으로 기대된다.

1. 교육 플랫폼의 변화

눈에 보이지도 않은 바이러스의 예기치 못한 습격 후 삶의 패턴이 완전히 바뀌었다. 코로나의 영향을 받지 않은 분야가 없지만 특히 교육 분야에도 혁명이라고 해도 과언이 아닌 대대적인 변화가 있었다.

가장 큰 거시적인 변화는 지식 전달의 방식이 시공간의 제약을 벗어났다는 것이다. 그동안은 강의시간과 강의실이 정해져 있었다. 그러나 이제 교수자들은 강의를 미리 녹화해서 약속된 시간에 시청할 수 있게 하거나 특정 응용프로그램을 통해 비대면으로 강의하는 방식으로 전환해야 했다. 이런 시기를 마치 기다리기나 한 것처럼 zoom, webex, 구글미트 등 플랫폼이 온라인 교육 도구로 급부상하게 됐다. 이들은 팬데믹 이전에 원격으로 온라인 화상회의를 위한 협업 도구로 출현했으나 팬데믹 이후에는 비대면 강의에 있어 필수적인 도구로 자리 잡게 됐다.

교육 공간이 자연스럽게 현실세계에서 가상세계로 이동하게 되면서 시공간의 제약을 벗어나고 비대면 교육 방식이 장기화 및 고착화되자 교수자와 학습자의 소통 방식에도 점차 변화가 찾아왔다. 교수자가 단 방향으로 지식을 전달하다보니 온라인상에서는 학습자의 반응이나 이해정도를 정확하게 확인하기 어려워지게 되자 점차로 쌍방향 또는 토론중심의 교육으로 전환하기 시작했으며 이 흐름은 아직도 현재 진행 중이다.

결국 코로나로 인해 기존에 존재하던 플랫폼을 도입해 비대면 교육이 운영되면서 소통방식의 변화가 찾아왔으며 이 변화에 상응하는 새로운 플랫폼이 요구됐다. 이에 따라 기존의 Zoom등과 같은 화상 회의 기반 플랫폼의 단점을 보완한 메타버스 플랫폼들이 등장하게 됐다.

2. 교육 플랫폼 종류와 비교

비대면 상황에서의 교육 플랫폼은 목적과 방식에 따라 다양하게 구성할 수 있다.대표적인 플랫폼들의 특징을 살펴보기로 한다.

1) 이프랜드(ifland)

이프랜드는 SK 텔레콤에서 개발한 3차원 가상공간이다. 이프랜드에서는 가상공간을 '랜드(land)'라고 부르며 사용자는 제공되는 랜드 중 하나를 선택해 입장할 수 있다. 최대 입장인원은 130명으로 주로 대형 콘퍼런스나 전시회 등을 구현하기에 적합한 플랫폼이다. 순천향대학교의 입학식을 이프랜드에서 개최한 것이 주요 사례가 됐다.

이프랜드 플랫폼을 교육용으로 사용하기에는 몇 가지 부적합한 요소들이 있다. 첫째, 교육 자료는 랜드에 탑재된 디스플레이를 통해 시청하게 되는데 업로드 가능한 자료가 mp4 동영상과 PDF로 제한돼 있어서 특정 사이트나 링크를 공유할 수 없다. 둘째, 참여자들이 3차원 공간에서 자유롭게 움직일 수 있으므로 교수자가 참여자 전체의 거동을 한 눈에 볼 수 없을뿐더러 통제하기도 쉽지 않아 수업 환경이 산만해지기 쉽다. 셋째, 소그룹 모임이나 교수자와 학습자간 1:1 비밀 채팅 등의 기능이 없어서 교육 활동을 다채롭게 구성할 수가 없다.

따라서 이프랜드는 정보나 지식이 단 방향으로 전달되는 홍보나 콘퍼런스에 더 최적화된 플랫폼이라고 할 수 있다.

[그림1] 이프랜드의 랜드

2) 제페토(zepeto)

제페토는 전 세계적으로 2억 5,000만 명 이상이 사용하는 강력한 메타버스 플랫폼이다. 스마트폰 환경에 최적화 돼 있다. 제페토는 이프랜드의 모든 기능을 포함하면서 아바타의 움직임과 공간에서의 활동이 다채로워 메타버스가 주는 흥미진진한 경험을 해 볼 수 있다.

제페토의 가상공간을 '월드'라고 하는데 월드는 이프랜드의 랜드와는 다르게 커스터마이징이 가능하다. 한편 아바타를 꾸미는데 필요한 아이템을 구매뿐만 아니라 직접 제작해 판매할 수 있는 플랫폼이기도 하다.

제페토는 현실세계와 비슷한 거의 모든 요소를 구비한 공간이긴 하나 특정 공간에 모여 교육활동을 하기 위해서는 몇 가지 불편한 요소들이 존재한다. 첫째, 자료 공유가 상당히 제한적이다. 제공된 월드로 교육공간을 구성할 경우 탑재 된 오브젝트로는 자료공유가 불가하므로 공간을 커스마이징해서 자료공유가 가능하도록 제작해야 한다. 둘째, 이프랜드와 마찬가지로 소그룹으로 회의를 진행하거나 교수자와 1:1 질의응답을 효율적으로 하기 어렵다. 셋째, 교육 목적에 맞는 공간은 직접 제작해야 하는데 전문적인 3차원 기반 공간 디자인을 해 보지 않은 사용자에게는 쉽지 않다.

[그림2] 제페토의 월드 - 한강공원

3) 게더타운(gather.town)

게더타운은 이프랜드와 제페토 같은 3차원 공간이 아니라 2차원 기반의 가상공간이다. 아바타의 형태도 세련되지 않으며 디테일도 떨어져서 2000년대의 싸이월드 같은 느낌을 준다. 그러나 PC에 최적화 돼 있고 자료공유도 다양하게 구성할 수 있어 교육용 공간구현에는 최적화 돼 있는 솔루션으로 판단된다.

이프랜드와 제페토의 단점인 소그룹 활동과 1:1 비밀 채팅 등이 가능하고 비전문가라도 공간 커스터마이징을 쉽게 할 수 있다. 이미 대학, 기업, 지자체 및 종교 활동에 게더타운 도입이 증가하고 있는 추세이다.

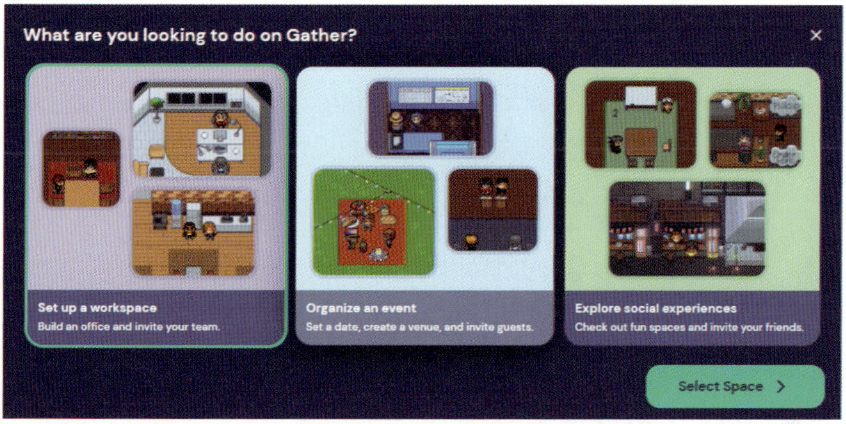

[그림3] 게더타운

3. 게더타운 장점

1) 아바타

게더타운은 자신의 아바타(분신)가 활동하는 가상공간이다. 게더타운의 아바타는 세련된 디자인이 특성인 이프랜드와 제페토와는 달리 2차원 기반의 다소 거친 모습이다. 오히려 이 점이 익명성을 보장하는 아바타의 특성을 한껏 돋보이게 하는 대목이기도 하다. 게더타운의 아바타는 남녀노소 연령제한 없이 '대략적인' 모습으로 분신을 꾸며 가상공간에서 활동하는 자유로움을 제공한다. 또한 섬세하지 않은 제한된 아바타 모양은 교수자와 학습자가 외모로는 크게 구분되지 않는 일종의 심리적 안정감도 제공해 유교적인 예의범절에 크게 구애받지 않고 상대방에게 접근할 수 있게 하는 효과도 있다.

[그림4] 게더타운의 아바타 모습

2) 상호 소통방식의 자유로움

게더타운은 가상공간에서 상호작용 방식의 일대 혁신을 가져왔다라고 해도 과언이 아니다. 줌(Zoom) 및 유사 플랫폼이 비대면 상황에서 교육과 비즈니스 분야의 선두주자이었음을 부인할 수 없다. 그러나 작은 창에 비춰진 상대방을 장시간 시선을 고정해 소통하는 방식이 '줌 피로감'이라는 현상으로 나타난 것도 사실이다.

이에 반해 게더타운은 소통할 상대를 의식적이고 능동적으로 ❶ 선택해 상대에게 ❷ 다가가서 ❸ 말을 걸어야 하므로 일상생활에서의 소통의 절차 ❶ → ❷ → ❸을 그대로 따르게 된다. 따라서 의식과 행동이 현실 세계를 그대로 반영하고 줌에서 활동할 때의 정적이고 수동적인 정신작용과 반대로 두뇌활동을 극대화 시켜줘 오히려 관심과 흥미를 유발시키는 강점이 있다. 또한 소그룹을 구성하고 소그룹에 속한 사람들끼리만 소통하는 기능이 있어서 각종 그룹 활동을 기획하고 구현하는 것이 가능하다.

3) 커스터마이징

게더타운의 강점은 공간의 커스터마이징이다. 이프랜드는 사용자의 공간제작이 불가능하며 제페토는 빌드잇이라는 PC 기반 플랫폼에서 3차원으로 공간을 구성할 수 있기는 하나 사용방법이 쉽지 않다.

게더타운 자체에 카테고리별로 템플릿(templates)을 제공한다. 따라서 교수자는 목적에 맞게 적당한 것을 선택해서 공간으로 활용하면 된다. 템플릿을 그대로 사용해야 하는 것은 아니고 변경가능하다. 즉, 원하는 오브젝트를 추가할 수도 있고 반대로 기존의 것을 삭제 또는 재배치가 가능하다. 따라서 교수자는 교육목적에 맞는 템플릿을 찾아 몇 가지만 바꾸면 큰 어려움 없이 공간을 자유롭게 구성할 수 있다. 구체적인 커스터마이징 기법에 대해서는 후술하기로 한다.

4. 게더타운 교육 활용

게더타운이 줌(Zoom)에서 와는 다르게 실제 캠퍼스처럼 가상공간 안에서 이동하면서 수업을 들을 수 있고 쌍방향 소통이 쉽게 이뤄지며 강의실도 팀별 협업 공간, 교수 개별 상담실 등도 운영할 수 있는 등의 장점 때문에 교육 분야에서 게더타운 활용은 점차로 증가하는 추세이다.

이화여대의 모 교수는 학기 초에 학생들에게 강의계획서와 함께 게더타운 링크를 나눠주고 게더타운을 수업 플랫폼과 콘텐츠로 연구하고 있다(전자신문: https://www.etnews.com/20210910000213).

울산대는 2021년 2학기에 정규과목 28개 강좌를 게더타운에서 열어 대학 원격교육 우수사례 공모전에서 우수상을 차지하기도 했다. 울산대는 게더타운에 사회복지학 전공 학술제, 의공학 전공 졸업연구 발표회, 미술학부 전시회 등의 행사를 진행했다(https://www.news1.kr/articles/?4530289).

교육 스타트업인 클라썸은 게더와 파트너십을 맺었다. 화상강의의 불편을 줄인 솔루션으로 게더를 교육과정에 도입하도록 컨설팅하고 저렴한 가격에 판매할 수 있는 내용이다. 한림대 의료원은 화상 안전교육을 게더타운에서 실시한 바 있고, 시립과학관도 장기화되는 코로나19 상황에서 다양한 과학교육을 위해 게더타운을 활용하는 등 게더타운 활용사례는 대학, 스타트업, 지자체, 병원 등으로 확산되고 있다.

5. 게더타운 교육에 활용하는 방법

게더타운의 각종 기능을 이용해 이 플랫폼을 교육에 활용하는 구체적인 방법을 설명한다.

1) 활동할 학습 공간 만들기

대학, 기업체, 학원 강의 목적으로 게더타운을 활용할 경우라면 교수자는 책상과 의자가 배치된 강당이나 강의실이 필요할 것이다. 여기서는 강의실을 구성하는 법을 설명한다. 게더타운에서는 사용목적에 맞는 공간을 미리 제작해서 제공해주는 기능을 갖고 있다. 이렇게 미리 제작된 공간을 '템플릿(templates)'이라고 한다.

게더타운 홈페이지에서 우측 상단 'Create Space'를 클릭하면 [그림5]와 같이 세 개의 카테고리 ❶,❷,❸ 중 하나를 택할 수 있는 창이 나타난다. 목적에 맞는 항목을 선택하고 ❺를 클릭한 후 필요한 옵션을 추가해도 되고, 하부 카테고리를 좀 더 구체적으로 살펴본 후 템플릿을 선택하고자 할 때는 하단의 ❹ Start from scratch를 클릭한다.

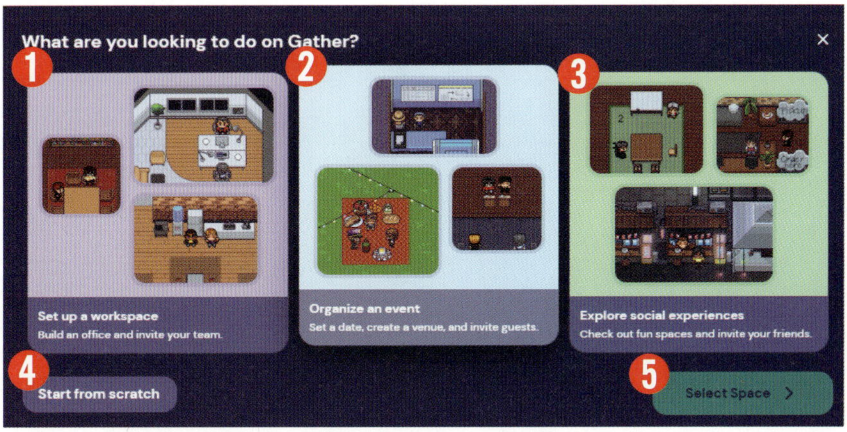

[그림5] 템플릿 선택하기

이때 [그림6]과 같이 ❶ 좌측에 세부 템플릿 카테고리가 나오고 중앙에는 템플릿 목록이 보인다. 스크롤을 하다가 목적에 맞는 템플릿을 찾으면 해당 목록의 테두리가 ❷ 녹색으로 변하고 우측에 공간에 대한 상세한 ❸ 정보가 나온다. 이때 하단에 선택한 템플릿의 ❹ 이름을 영어로 기입한다.

허락된 참여자만 초대하고 싶을 때는 ❺ Password protect를 활성화 해 패스워드를 기입하면 된다. 항목 ❻을 적당하게 선택하고 ❼ Create Space를 클릭하면 선택한 공간이 만들어지게 되며 사용자의 아바타가 한 지점에 나타난 것(spawn)을 확인할 수 있다.

제작한 템플릿은 얼마든지 변경가능하다. 즉, 기 배치된 책상, 의자, 책꽂이 등 다양한 오브젝트(=사물)들을 자유롭게 삭제 또는 추가할 수도 있다. 새 위치로 옮겨 놓을 수도 있으므로 적당한 템플릿을 선택하면 백지상태에서 비교적 손쉽게 공간을 구성할 수 있게 된다.

[그림6] 세부 템플릿 선택하기

2) 학습 공간 사용에 대한 조건 정하기

일단 강의실이 정해지면 강의실을 어떻게 효과적으로 운영할 것인가를 정해야 한다. 이때 염두에 둬야 할 사항을 항목별로 설명한다.

(1) 비밀번호 설정

해당 강의실에 입장하는 교육생들에게 비밀번호를 할당해 허락되지 않는 교육생들의 강의실 입장을 금지할 수 있다. 이 기능은 수강신청을 한 학생들에게만 수강권한을 주고자 할 때 활용하면 좋다. [그림7]과 같이 원하는 템플릿을 선택한 후 우측 하단에 나타나는 ❶ 'Name your space' 탭에서 강의실 이름을 삽입한 후 ❷ 바로 아래 Password protect를 비활성에서 ❸ 활성으로 바꾼 후 ❹ 패스워드를 삽입하면 된다. ❺ 'what are you building'은 공간의 목적을 묻는 것인데 적당히 Classroom으로 선택했다. 마지막으로 제일 하단의 ❻ Create space를 클릭하면 비밀번호가 설정된 강의실이 만들어진다.

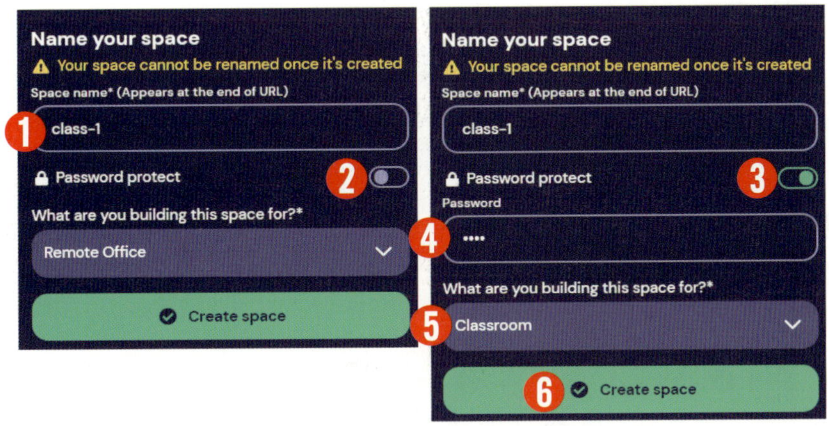

[그림7] 비밀번호 설정 방법

강의실에 입장한 이후에 비밀번호를 삭제 혹은 변경할 수도 있다. [그림8]과 같이 ❶ 세팅을 클릭 한 후 ❷ space 탭에서 세 번째 ❸ Space Access를 택한 후 ❹ Space Password에서 ❺ 삭제버튼 Remove을 클릭하면 기존의 비밀번호가 삭제되고 ❻에 변경할 패스워드를 기입하고 ❼ 저장을 클릭하면 새로운 패스워드로 설정이 된다.

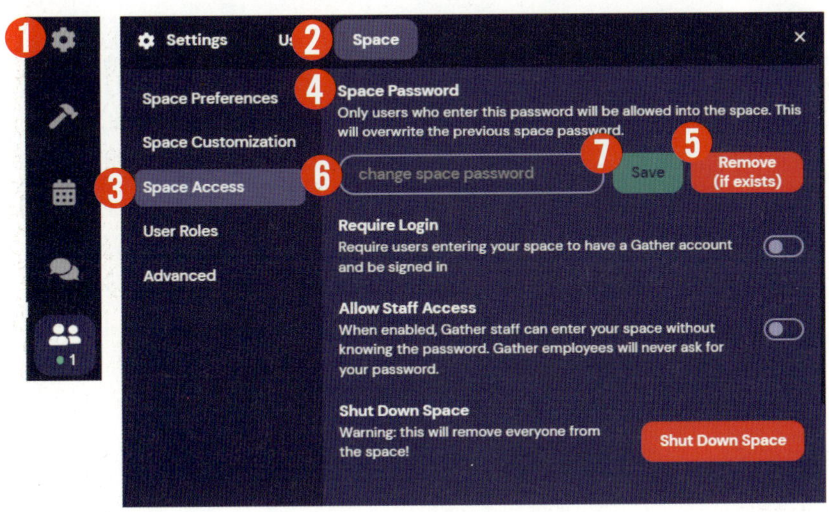

[그림8] 비밀번호 변경

(2) 튜토리얼 끄기

강의자는 해당 공간의 링크를 카카오톡, 메시지나 이메일로 보내고 참여자들은 수신한 링크를 크롬 주소 창에 붙여넣기 해서 강의실로 입장한다. 강의자가 튜토리얼 기능을 미리 꺼놓지 않으면 참여자들은 본의 아니게 튜토리얼에서 게더타운 사용방법을 알려주는 화면을 보게 되므로 강의실에 바로 입장하는데 불편함을 느낄 수 있다. 따라서 호스트인 강의자는 이런 번거로움을 사전에 방지해 줄 필요가 있다.

[그림9]와 같이 ❶ 설정을 클릭 한 후 ❷ space 탭에서 첫 번째 ❸ Space Preferences에 들어가 스크롤을 아래로 내리면 ❹ Hide Tutorial in this Space가 보인다. 여기를 ❺ 활성화해 두면 초대 받은 참여자가 튜토리얼을 보지 않고 바로 강의실로 입장하게 된다.

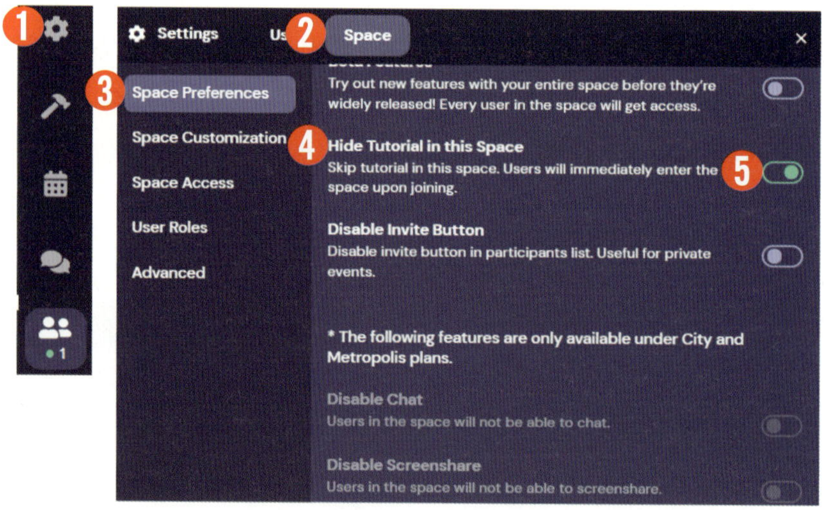

[그림9] 튜토리얼 끄기

(3) 참여자가 다른 참여자를 초대하지 않도록 하기

강의자 입장에서는 초대한 참여자가 임의로 자신들의 지인이나 친구를 초대하지 못하도록 설정할 필요가 있다. 이를 위해서는 [그림10]과 같이 ❶ 설정을 클릭 한 후 ❷ space 탭에서 첫 번째 ❸ Space Preferences에 들어가 스크롤을 아래로 내리면 ❹ Disable invite

Button이 보인다. 이를 ❺ 활성화 상태로 설정해 두면 참여자가 임의로 다른 사람들을 초대하지 못하게 된다.

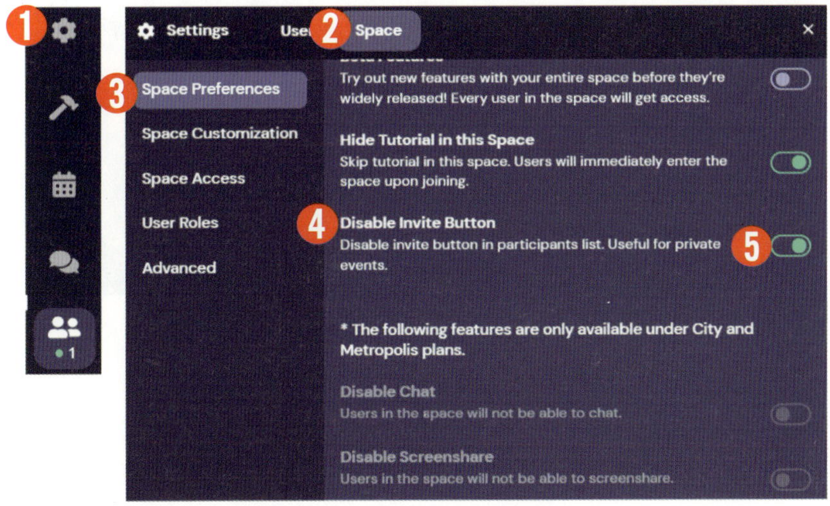

[그림10] 참여자의 초대기능 끄기

(4) 글로벌 빌드 비활성화 하기

강의실 참여자(교육생)가 강의실 구조를 임의로 바꿀 수 있게 한다면 교육이 원활하게 진행될 수 없을 것이다. 이를 방지하기 위해 호스트 외의 참여자가 임의로 오브젝트를 추가 혹은 삭제할 수 없도록 지정할 수 있다.

[그림11]과 같이 ❶ 설정을 클릭 한 후 ❷ space 탭에서 2번째 ❸ Space Customization 항목의 ❹ Global Build가 ❺ 비활성화 된 상태가 되도록 해야 한다. 만약 ❻ 활성화 상태가 되면 참여자가 임의로 강의실을 변경할 수 있게 되므로 꼭 체크해 줘야 한다.

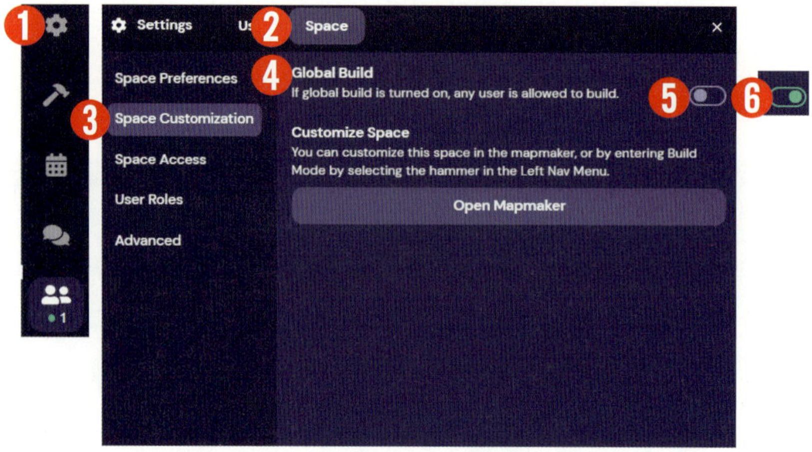

[그림11] 글로벌 빌드 비활성화 하기

(5) shut down space

교수자는 학습활동이 끝난 이후 학습공간의 개폐 여부와 방법을 미리 세팅해 둘 수 있다. 학습공간을 닫아 더 이상 학습자들이 공간에 들어 올 수 없도록 하기 위해서는 Shut Down Space 기능을 활성화 해둬야 한다.

이 기능은 [그림12]와 같이 ❶ 설정에서 ❷ User 항목의 ❸ Space Access 중 ❹ Shut Down Space를 클릭해 활성화 시키면 된다. ❺ This space is closed 창이 뜨면 사용하던 방이 닫힌 것이다.

Shut Down Space 기능은 학습공간이 삭제된 것은 아니고 공간은 계속 존재하되 학습자가 들어갈 수 없게 만드는 기능이다. 한번 Shut Down된 공간이라도 관리자는 언제든지 재개방할 수 있다. 재개방시에는 shut down된 방을 클릭하고 다시 ❺ 창이 나타나면 ❻ Open space를 클릭하면 된다.

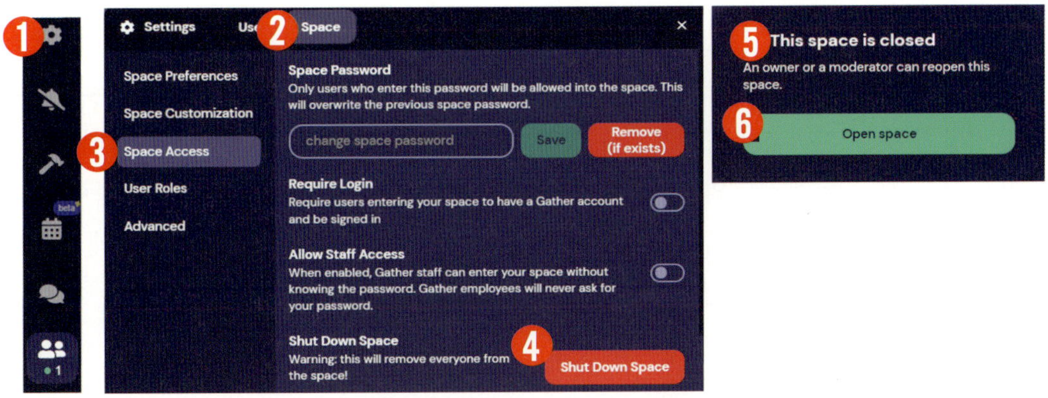

[그림12] shut down space 활성화

(6) 학습자들의 채팅 저장

게더타운에서는 교육 중 채팅 기능을 통해 학습자와 교수자간 질문이나 요청사항을 실시간으로 주고받을 수 있다. 모든 채팅기록을 남겨둬 교육활동 이후에도 교수자가 참고하기 위해서는 채팅기능 저장을 활성화 시키는 것이 좋다.

이 기능은 [그림13]과 같이 ❶ 설정에서 ❷ Space 항목의 ❸ Space Preferences 항목 중 ❹ Preserve Chat History를 ❺ 활성화 상태로 두면 된다. 이 기능을 활성화시켜두면 후에 학습공간을 shut down 했다가 다시 오픈해도 이전의 채팅기록은 그대로 남게 된다.

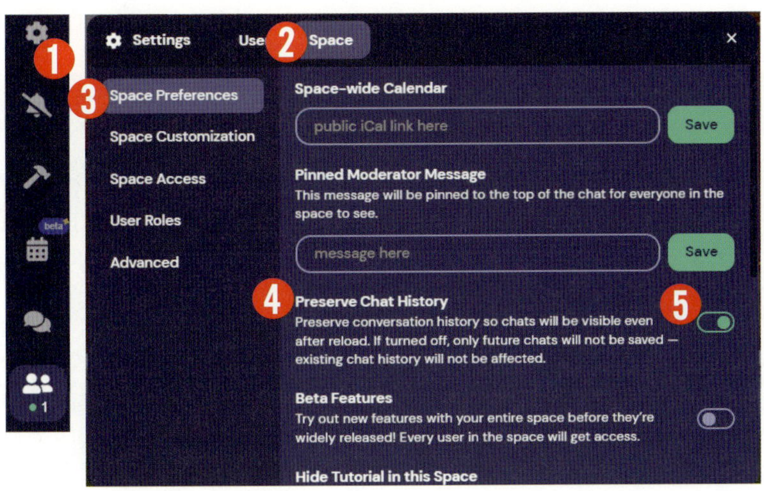

[그림13] 채팅 저장 기능

3) 학습공간 커스터마이징 하기

게더타운 자체에 카테고리별로 템플릿(templates)을 제공한다. 따라서 교수자는 목적에 맞게 적당한 것을 선택해서 공간으로 활용하면 된다. 이를 위해서는 게더타운 홈페이지에서 sign in을 하고 우측 상단의 Create Space를 클릭하면 세 가지의 큰 카테고리 중에 하나를 선택하라는 창이 뜬다. 나중에 얼마든지 바꿀 수 있으므로 임의로 선택하고 아래 Select Space를 클릭하면 좌측에 템플릿 카테고리와 함께 중앙에 제공되는 기본 템플릿들이 보인다. 이들 중 적합한 것을 택하면 공간이 생성된다.

템플릿을 그대로 사용해야 하는 것은 아니고 변경가능하다. 즉, 원하는 오브젝트를 추가할 수도 있고 반대로 기존의 것을 삭제 또는 재배치가 가능하다. 따라서 교수자는 교육 목적에 맞는 템플릿을 찾아 몇 가지만 바꾸면 큰 어려움 없이 공간을 자유롭게 구성할 수 있다. 오브젝트만 변경 가능한 것이 아니고 템플릿 자체도 변경가능하다. 이를 위해서는 템플릿 자체를 다운로드 받아 적당한 이미지를 추가하고 다시 업로드하면 된다.

[그림14]는 게더타운에서 제공되는 템플릿 Cyberpunk Apartment의 일부이다. ❶ 보라색의 바닥이 마음에 들지 않는다면 mapmaker로 들어가 좌측 상단메뉴 중 ❷ Download Background를 클릭해 적당한 폴더에 다운로드 받는다. 다운로드 받은 이미지를 이미지 보정 툴에 다시 불러오기를 한다. 필자는 윈도우의 그림판을 실행시켜 다운로드 받은 이미지를 불러온 후 바닥을 적당한 모양으로 변경하고 저장한 뒤 맵 메이커(mapmaker)의 좌측상단 메뉴 중 ❸ Upload Background를 클릭해 방금 수정한 파일을 불러온 결과이다.

[그림14] 기존 템플릿 변경하기

4) 화면공유와 수업관리

교수자와 학습자가 함께 PPT 등의 자료화면을 보면서 수업을 운영하는 경우에는 교수자 또는 학습자의 화면을 공유해야 한다.

(1) 듀얼 모니터의 경우

듀얼 모니터의 경우에는 한 화면에 게더타운, 다른 화면에는 자료를 배치하고 학습자와 자료 화면을 공유하면 된다. 이를 위해서 [그림15]와 같이 게더타운 중앙하단의 ❶ 화면공유(Screenshare)를 클릭한 뒤 나타나는 ❷ 창에서 ❸ 전체화면, ❹ 창, ❺ Chrome 탭 중에 원하는 자료를 선택하고 우측 하단의 ❻ 공유버튼을 클릭한다. 공유된 자료에서 오디오도 포함시키고자 할 때는 좌측 하단의 시스템 오디오 공유에 체크한다.

- 전체화면(❸) : 듀얼 모니터 중 한 개의 화면을 공유하는 기능이다. 선택한 화면에 실행된 모든 프로그램 창이 보이게 된다.
- 창(❹) : 모든 모니터에 실행된 창 하나를 공유할 때 사용하는 기능이다. 예를 들어 공유하고 싶은 자료가 PPT라면 PPT가 띄워져 있는 전체화면을 선택할 필요 없이 PPT 창 한 개만 공유하면 충분하다. 이때 사용하는 기능이다.
- Chorme탭(❺) : 크롬 브라우저에 있는 탭 중 하나를 공유할 때 사용하는 기능이다.

[그림15] 화면공유방법

자료가 공유되면 게더타운 상단에 공유된 자료가 작은 창으로 나타난다. 이를 확대하고자 할 때는 작은 창에 마우스를 갖다 대고 두 번 클릭하거나, 작은 창 우측 상단의 확대 화살표를 클릭하면 된다. 다시 줄이고 싶으면 우측 상단의 축소 화살표를 클릭하면 된다. 자료 공유를 중지할 때는 게더타운 중앙 하단의 화면공유(Screenshare)를 다시 클릭하면 공유된 자료가 사라진다.

PPT를 공유할 때 주의해야 할 점은 슬라이드 전환 시 반드시 마우스 커서가 PPT 화면에 위치해야 한다는 것이다. 마우스 커서가 게더타운에 있으면서 슬라이드를 전환하려고 하면 슬라이드가 넘어가는 것이 아니라 아바타가 움직이게 된다. 만약 이전의 아바타 위치가 스포트라이트 존에 있었다면 학습자는 아바타의 이동 때문에 교수자의 강의를 들을 수 없게 되므로 이 점에 유의해야 한다.

PPT 슬라이드 전환을 위해 마우스를 자료화면에 위치시킬 때는 게더타운에서 교수자의 비디오가 꺼지게 된다. 교수자의 비디오가 항상 활성화 상태가 되고자 할 때는 [그림16]과 같이 게더타운 설정 탭에서 ❶ User 항목 중 ❷ Audio & Video의 ❸ Auto Idle Muting을 비활성화 상태로 둬야 한다.

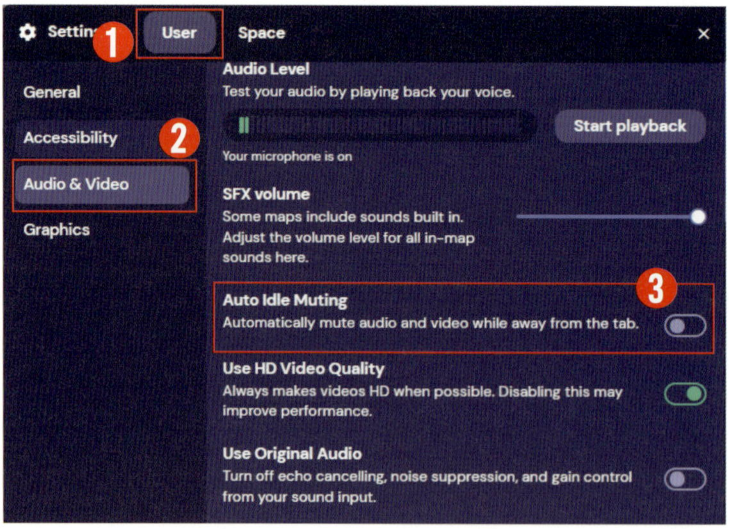

[그림16] 화면공유 시 비디오 활성화 방법

(2) 싱글모니터

모니터가 한 개인 경우는 게더타운과 자료가 동일한 화면에 있게 되므로 전체화면 탭을 선택하지 말고 창 탭을 선택한 뒤 공유하고자하는 자료를 공유하면 된다.

5) 오브젝트 활용해 수업하기

교육 효과를 극대화하기 위해서는 학습자들이 적극적으로 학습활동에 참여할 수 있도록 유도할 필요가 있다. 게더타운의 오브젝트를 적절히 활용해 참여자가 능동적으로 특정한 활동을 할 수 있다.

(1) 오브젝트와 상호작용 이해하기

아바타가 게더타운 공간에 배치된 모든 오브젝트(=사물)들과 상호작용할 수 있도록 설정할 수 있다는 사실을 이해하는 것이 매우 중요하다. 이 메카니즘을 이해해야 각자의 교육 목적에 맞도록 공간을 기획할 수 있게 된다.

예를 들어 Armchair(안락의자)를 선택한 후 배치만 한다면 아바타와는 전혀 상호작용이 일어나지 않을 것이다. 그러나 [그림17]과 같이 ❶ Object Interactions의 항목에서 아바타와 적절한 상호작용 기능을 부여할 수도 있다. 예를 들어 안락의자에 다가가 키보드 'x'를 누르면 '의장석'이라는 글귀가 나타나도록 해보자. 이를 위해서는 ❷ Note object를 클릭하고 ❸ Message란에 '의장석'을 기입하고 ❹ Activation distance에 적당한 숫자를 부여한다. 여기서 숫자의 의미는 상호작용 효과가 발생하기 위한 아바타와 오브젝트의 거리를 의미한다. ❺ Select를 클릭한 후 오브젝트를 공간에 배치하면 된다.

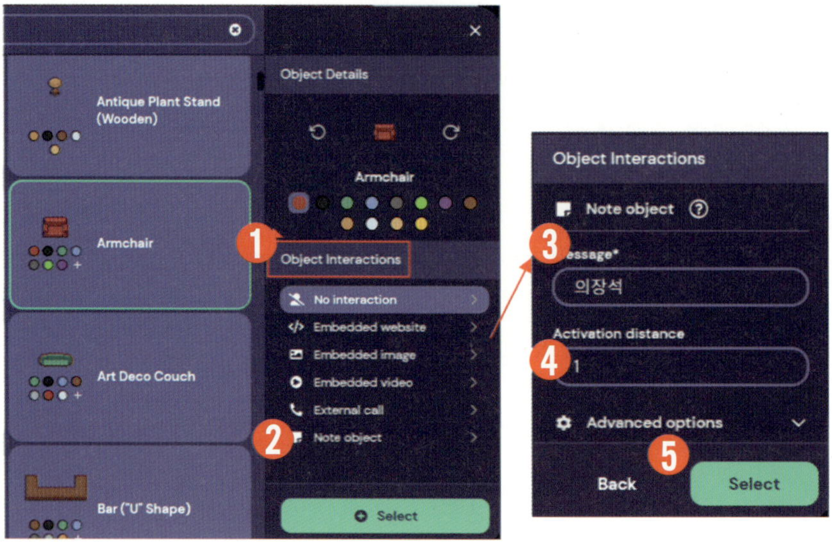

[그림17] 오브젝트 상호작용 이해하기

[그림18]과 같이 오브젝트 주위로 가면 오브젝트 주위가 노랗게 변하면서 'Press x to interact'가 나타나고 이때 키보드에서 X를 클릭하면 화면에 '의장석'이 나타남을 확인할 수 있다.

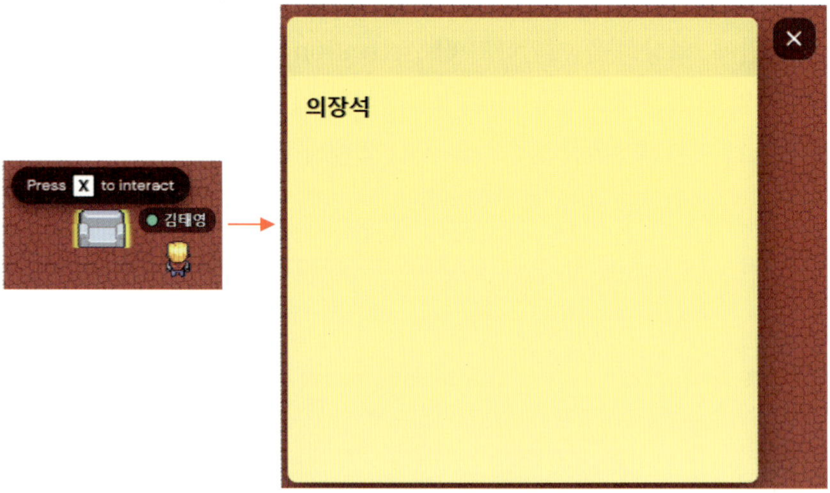

[그림18] 오브젝트와 상호작용 결과

오브젝트 상호작용을 종류별로 나열하면서 기능과 특징을 살펴보도록 하자. 교수자는 이 기능을 잘 최대 활용해 다양한 상호 소통방식을 구현해보기 바란다.

(2) Embedded website

이 기능은 아바타가 오브젝트에 다가가 X를 클릭하면 특정 웹 사이트를 볼 수 있도록 하는 상호작용이다. 거의 모든 오브젝트에 이 기능을 심을 수 있다. 교육 분야에서 이 기능은 필수적이다. 공간에 입장한 학습자에게 교수자의 블로그 링크를 줘 참고하게 하거나 특정 자료가 있는 웹 사이트를 공유하는 등 다양하게 응용할 수 있다.

[그림19]는 책상위에 있는 노트 근처로 가서 X를 클릭하면 '교보문고' 웹페이지가 나타나도록 구성한 것이다. 텍스트 오브젝트 '교보문고'를 미리 배치해 둬 아바타에게 상호작용의 내용을 미리 알 수 있는 편의 기능을 첨가했다. 교육 분야에 해당하지는 않지만 가구점 운영자라면 책상, 의자, 책장 등에 이 기능을 활용해 아바타 구매자가 특정 상품을 설명하는 웹 사이트를 방문하게 할 수 있다.

[그림19] 임베디드 웹 사이트 상호작용

(3) Embedded image

이 기능은 아바타가 오브젝트에 다가가 X를 클릭하면 이미지를 볼 수 있도록 하는 상호작용이다. 이미지를 교육 목적에 맞게 다양하게 활용할 수 있다. 예를 들어 학습 전에 유의 또는 지시사항을 전달하는데 활용할 수 있다. 게임 형태로 교육을 진행하는 경우에는 보물을 찾았을 때 결과를 그림으로 표현할 수도 있다.

사용 방법은 [그림20]과 같이 ❶ 오브젝트(주로 bulletin을 많이 사용함)를 선택하고 ❷ Object interactions의 ❸ Embedded image를 클릭하고 ❹ image에서 아바타가 X를 클릭할 때 보이는 이미지를 첨부해야 한다. 주의 할 것은 이미지 형식이 .jpeg, .pgn, .gif 이어야 한다. 이미지 사이즈도 중요하다. Mapmaker에서 바둑판의 한 네모가 32X32픽셀인 점을 고려해서 이미지 사이즈를 적당하게 변경해야 한다.

❺ Preview image는 아마타가 오브젝트에 다가갈 때 화면 하단에 보이는 이미지의 일부를 미리 보게 해주는 기능이다. ❹에 첨부한 동일한 이미지 파일을 선택해도 되고 다른 이미지를 선택해도 된다. 필요한 이미지를 첨부한 후 ❻ Activation distance를 기입하고 ❼ Select를 클릭한 다음 오브젝트를 배치하면 된다.

이미지는 직접 제작할 수도 있지만 무료 이미지를 내려 받기 할 수 있는 사이트가 많으므로 이를 적절히 활용할 것을 제안한다. 대표적인 무료 이미지 사이트로 flaticon이 있다. 한편 이미지의 사이즈를 조정해주는 iloveimag도 활용하면 좋다.

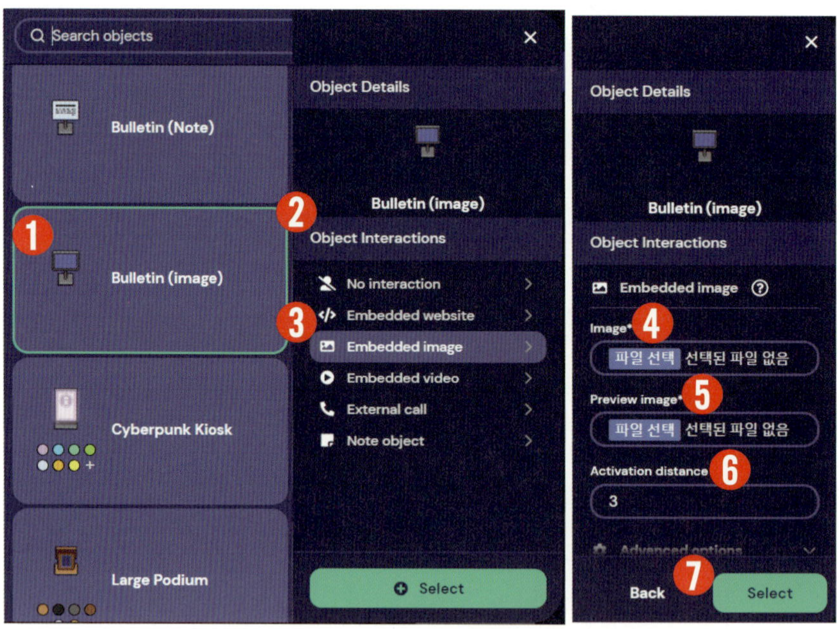

[그림20] 이미지 넣기

(4) Embedded video

교육 콘텐츠에서 아바타가 오브젝트와 상호작용을 하면서 동영상을 시청하기 위한 기능이다. 이미지와 마찬가지로 bulletin 오브젝트의 상호작용 항목을 이용한다. [그림20]의 상호작용 탭에서 Embedded video의 Video(URL) 안에 YouTube, Twitch, Vimeo에 업로드 된 동영상 주소를 기입한다. 주의할 것은 개인 PC나 단말기에 저장돼 있는 동영상은 업로드가 불가하다는 것이다. 따라서 개인 동영상을 공유할 때는 먼저 YouTube 등에 미리 업로드 해 둘 것을 권장한다.

(5) External call

외부호출 기능은 게더타운에서 Zoom, Webex, Teams 등 타 화상회의 플랫폼을 연동하는 기능이다. 게더타운 보다는 Zoom에서의 교육이 효율적인 과정이 있다면 잠시 플랫폼을 갈아타서 변화를 주는 것도 좋다.

사용방법은 External Call의 Call(URL)에 Zoom 주소를 기입하고 Activation distance를 설정한 후 Select를 클릭하면 된다. 아바타가 외부호출을 통해 다른 플랫폼으로 전환될 경우 게더타운 마이크가 자동적으로 비활성화되므로 편리하게 사용할 수 있다.

(6) 오브젝트 고급기능 이용하기

앞서 언급한 사이트, 이미지, 동영상, 외부호출, 노트 기능 외에도 오브젝트의 상호작용에 유용한 고급기능이 있다. 고급기능은 모든 오브젝트 상호작용 항목마다 'Advanced options'를 활성화시키면 나타난다.

[그림21]에서는 ❶ Object Interactions에 있는 ❷ Embedded website를 클릭한 후 ❸ 나타나는 창에서 ❹ Advanced options를 활성화 시킬 때 나타나는 ❺ 고급옵션을 보여준다. 이 고급옵션은 ❶ Object Interactions 하단의 항목에 따라 다소 내용이 다르다. 중요한 고급기능과 활용 방식을 설명하도록 하자.

[그림21] 상호작용의 고급기능

① prompt message

오브젝트의 prompt message 란에 문장을 기입하면 아바타가 해당 오브젝트에 다가갈 때 기입한 문장이 나타난다. 이때 이 문장은 상호작용 버튼 X를 클릭할 필요 없이 자동적으로 나타난다는 점에서 앞서 살펴본 Note object와 다르다.

Note object는 아바타가 X를 클릭하면 창이 새롭게 나타나면서 기입한 문장이 보이는 방식이라면, prompt message는 아바타가 오브젝트에 다가가기만 하면 저절로 문장이 나타나는 방식이기 때문에 사용자에게 오브젝트에 대한 정보를 바로 알려주는 기능을 한다.

[그림22]는 ❶ bookshelf를 선택한 뒤 prompt message에 ❷ '이건 책장입니다'를 기입하고 오브젝트를 배치한 후 ❸→❹ 아바타가 근처에 갈 때 ❺ 메시지가 나타나는 모습을 나타낸다. 교수자는 이 기능을 활용해 오브젝트의 상호작용 방식에 대해 미리 아바타에게 알려줄 수 있다.

[그림22] prompt message 기능

② active image

오브젝트에 active image 기능을 활용하면 상호작용 방식에 있어서 변환 이미지를 구현할 수 있다. 즉, 아바타가 오브젝트에 다가가면 오브젝트의 이미지가 바뀌게 해준다. [그림23]은 게더타운의 Bouquet 오브젝트를 선택하고 active image에 미리 준비해둔 꽃다발을 업로드 시킨 후 distance를 1로 설정해 만든 기능이다. 아바타가 부케근처에 접근하자 이미지가 꽃다발로 바뀌면서 '당신을 위한 선물' 문장이 나타나는 것을 볼 수 있다. 이 문장은 prompt message에 기입한 것이다.

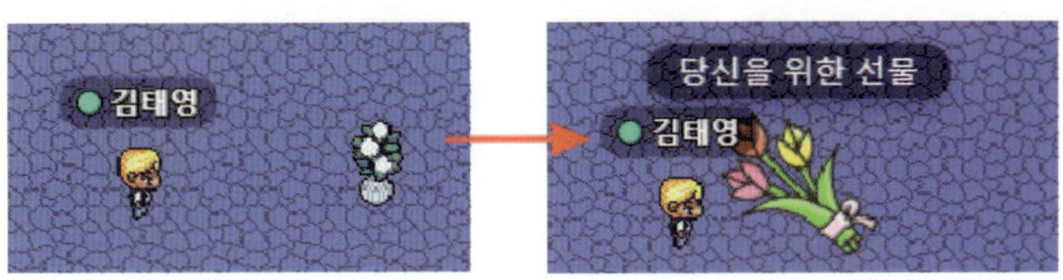

[그림23] active image 기능

③ Display 기능

이 기능은 오브젝트가 특정 시각에 나타나거나 사라지는 고급기능이며 모든 오브젝트 상호작용(No interaction도 포함)에 포함돼 있다. [그림24]는 ❶ Antique Radio를 선택하고 ❷ No interaction의 고급기능(advanced options)의 Display 기능을 세팅하고 있는 것이다. 먼저 ❸ Display(start)란을 클릭하면 ❹ 달력이 나타난다. 여기서 오브젝트가 나타날 ❺ 일자를 선택하면 하단에 ❻ 시간을 세팅하는 란(-- --:--)이 생성된다.

❼ 임의 지점을 두 번 클릭한 후 [그림24]와 같이 오전/오후, 시간, 분을 정하면 오브젝트가 화면에 등장한 시각을 세팅한 것이다. 같은 방법으로 Display(end)를 설정하면 오브젝트가 사라지는 시각을 정할 수 있다.

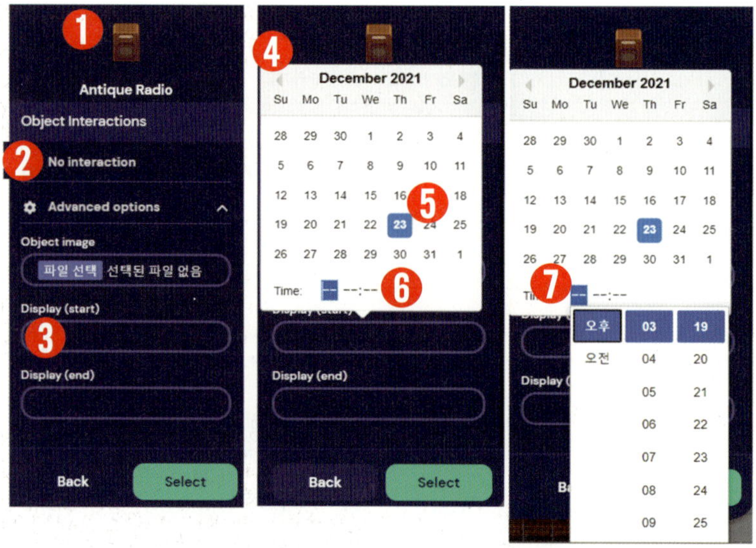

[그림24] 디스플레이 기능 세팅

6) 수업운영 방법

(1) 학습 공지 및 안내

게더타운에서는 학습공간에 입장한 학습자에게 해당 수업에 대한 공지사항을 알릴 수 있는 다양한 방법이 있다.

① 오브젝트 화이트보드 사용하기

게더타운의 오브젝트 중 '화이트보드'는 상호작용 X를 클릭할 때 [그림25]와 같은 화이트 보드로 연결된다. 교수자는 이 화이트보드의 좌측에 '오늘 수업 공지 사항'을 미리 기입해 둬 학습자에게 공지할 수 있다. 단, 화이트보드는 입장한 모든 참여자가 임의로 내용을 실시간으로 바꿀 수 있다는 점을 염두에 둬야 한다.

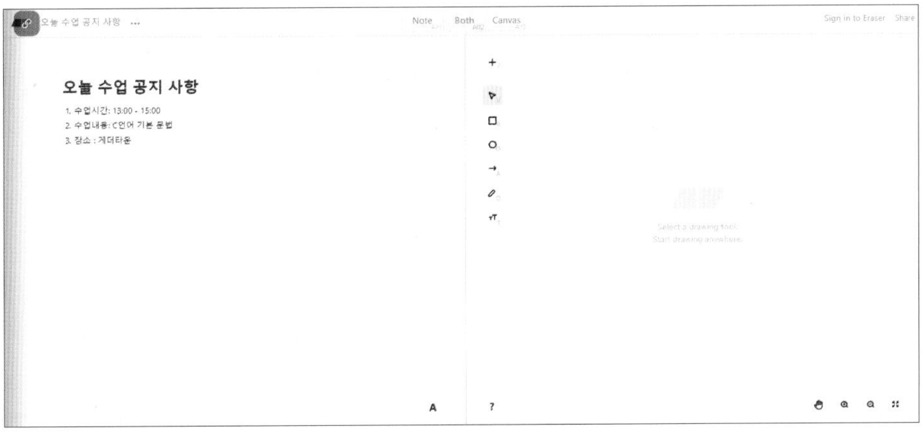

[그림25] 화이트 보드

② 상호작용 'Note object' 사용하기

[그림26]처럼 오브젝트 ❶ Bulletin(Note)를 선택하고 Message에 ❷ 공지사항을 기입한다. 이때 줄 바꿈 기능은 \n(백슬래쉬 n)을 삽입하면 된다. ❸과 같이 상호작용 X를 클릭하면 ❹와 같이 기입한 공지사항을 나타나는 것을 볼 수 있다.

지금까지 학습공간을 구성하기 전에 준비할 사항으로 오브젝트를 이용한 다양한 상호작용 방식을 설명했다. 이를 활용해 학습 공간 제작에 응용해보기 바란다. 물론 교육목적과 공간에 대한 기획이 선행돼야 할 것이다.

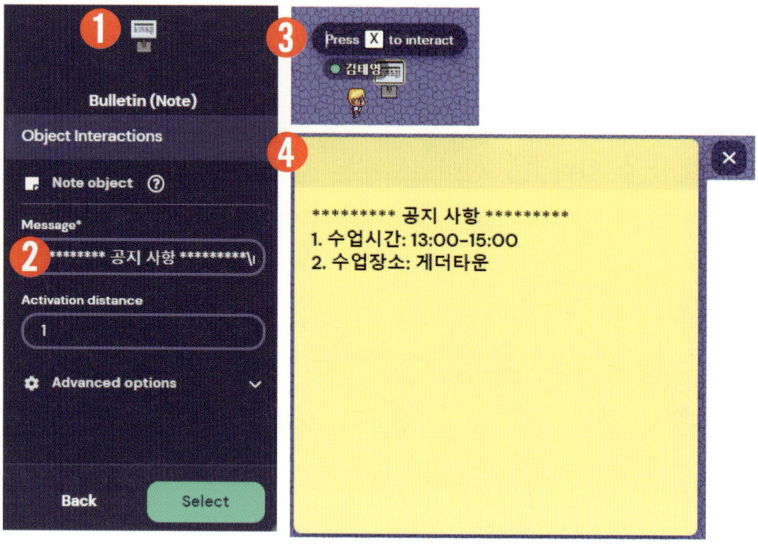

[그림26] Note object로 공지사항 알리기

Epilogue

게더타운은 2차원 기반 메타버스 공간으로는 사용자의 규모가 세계 최대이다. 지금도 계속 기능이 업그레이드되고 있으며 Ovice, Zep, 싸이월드 한컴타운과 같이 게더타운과 비슷한 플랫폼들이 나오고 있다. 이는 2차원기반 메타버스 공간의 구현이 아직은 정착기가 아니라 아직도 진화의 여지가 많다는 것을 의미한다.

출시된 플랫폼들을 분석해보면 제공하는 기능의 종류에서는 큰 차이가 없으나 디자인적 요소와 상호 소통방식의 표현에서 차별성을 두고 있다는 것을 알 수 있다. 당분간은 더 많은 종류의 유사 플랫폼들이 등장하게 될 것으로 예상되며 결국 다수의 수요층을 확보한 플랫폼이 더욱 성장할 것으로 기대된다.

살펴본 바와 같이 게더타운은 교육에 활용할 수 있는 기능들이 많다. 독자들은 이 장에서 제시한 게더타운의 기능을 익혀 활용하는 수준에 이르게 되기를 기대한다.

Chapter

5

메타버스와 만난 진로교육

박인자

Chapter

05 메타버스와 만난 진로교육

Prologue

우리는 긴 시간 동안 진로에 대한 고민을 한다. 학교에서는 진로를 초등학교부터 배우고 가정에서는 그 전부터 진로서적이나 체험을 통해 진로 찾기를 시작한다. 자신의 진로를 찾는 일은 쉬운 일이 아니다. 자신이 무엇을 좋아하는 지를 알아야하고 나의 성격이 어떠한 지도 알아야 한다. 그래서 나에게 딱 맞는 진로를 찾았다면 이제부터 또 다른 여정이 시작된다. 이 진로를 위해 나는 무엇을 해야 하고, 어떤 공부해야 하는지를 계속 알아내야 한다. 너무나도 많은 것들이 진로를 찾아가는 길목에 자리 잡고 있다. 그렇다면 이렇게 길고 힘든 여정을 어떻게 좀 더 즐겁게 할 수는 없는 가를 고민 해보자.

중학교 '진로와 직업' 교과서 머리말에 '즐거운 진로교육이 행복한 삶을 만듭니다.' 라는 글이 적혀있다. 그래서 필자는 즐거운 진로교육을 위해 메타버스에서의 진로교육을 생각해 보았다. 메타버스는 실제 현실과 같은 사회, 문화, 경제적 활동을 할 수 있다. 또 다른 하나의 세상인 것이다. 메타버스 환경에서 나의 아바타가 진로를 찾아다닌다면 진로교육도 즐거운 여행이 될 수 있을 것이다. 메타버스 환경에서 진로에 관한 체험, 정책, 교육, 직업 등을 구현한다면 진로교육을 받는 전 연령대의 아이들이 즐겁게 진로탐색이 가능할 것이다.

1. 진 로

1) 진로 찾기

언제가 신문기사를 통해 대학교에 막 입학한 한 학생의 이야기가 떠오른다. 그는 초등부터 모범생으로 생활했고 남들처럼 선행도 하고 이름만 들으면 알 수 있는 서울 유명학원 Top클라스에 다녔던 학생일 정도로 공부도 잘하고 열심히 생활한 학생이었다. 원하는 대학과 원하는 학과에 모두 입학해서 주위의 부러움을 한 몸에 받았다. 그런대 얼마 후 학생은 학교에 입학하고 수업을 들으면서 '내가 이 학과를 왜 왔지? 정말 내가 하고 싶은 공부였던가? 사람들이 모두 가고 싶어 하는 곳이라서 온건 아닌지' 등의 생각이 들었다.

이 학생은 학교를 휴학하고 자신이 정말 원하는 것이 진정 무엇인지를 진지하게 고민하고 비로써 자신이 하고 싶어 하는 것이 무엇인지 알게 됐고 자신이 진학한 학교와 학과가 아닌 자신이 흥미와 관심을 갖고 공부할 수 있는 다른 대학에 다시 입학하게 된다. 이처럼 요즘 입시에서는 자신의 진로나 흥미, 적성에 맞는 직업 보다는 의대, 치대, 한의대, 약대같이 안정적인 수입을 가져올 수 있는 전문직이 우선시되고 있다.

또한 여러 장의 원서를 적을 수 있는 입시에서 일단 붙을 수 있는 학교를 선택하는 것이 입시전략으로 통상시 되고 있다. 물론 자신의 주관이 뚜렷하거나 미래에 대한 로드맵을 잘 설계하거나 흔들리지 않고 대학브랜드나 주위의 시선에 좌지우지 되지 않고 자신의 적성에 맞는 학과만을 보고 선택하는 경우도 있다.

[그림1] 진로(출처 : 미리캔버스)

우리는 초등학교부터 학교와 지역기관에서 오랜 시간동안 자신의 진로를 찾을 수 있는 수업을 받게 된다. 그러나 학교와는 별개로 우리는 자신의 진로를 찾아보기 위해 포털 사이트를 이용하는 경우가 많다. 필자의 아들도 자신의 진로를 일찌감치 수의사로 정해놓고 여기저기서 정보를 찾아보고 이야기를 하곤 한다. 그러나 포털 사이트에서 수의대에 대한 원하는 정보를 찾는 것은 그리 쉬운 일이 아니다. 포털 사이트를 통해 수의대를 검색하면 수의대에 관한 많은 블러그와 지식들이 나온다. 내용을 자세히 들여다보면 보통 경쟁률이나 수의대편입, 외국의 수의대 진학에 대한 글들이 거의 대부분이다.

내가 알고 싶은 것은 수의대를 가기 위해 중학생이 할 수 있는 무언가를 원하는 데 그런 글들은 보이지 않고 상업적인 업체의 글들이 대부분이다. 다양한 방법으로 검색을 해 보아도 많은 정보 중에서 내가 원하는 내용은 보이지 않을 때가 많다. 물론 내가 검색을 잘 못하는 이유도 있을 수 있고, 컴퓨터에 능숙하지 않을 수 도 있지만 포털 사이트에서 내가 원하는 믿을 수 있고 유익한 좋은 정보를 걸러내는 일은 이제 매우 힘든 일 중에 하나이다.

◆"장래 희망? 잘 모르겠어요."

'흰 가운을 입은 의사'. 수성구 한 중학교 2학년인 A군의 목표다. 하지만, 제 스스로 정한 것은 아니다. 부모님이 공부를 열심히 해 의사가 돼야 한다고 늘 강조했을 뿐이다. 부모님이 시키는 대로 학원을 오가지만 성적은 중위권을 맴돈다.

"사실 딱히 되고 싶은 것도, 하고 싶은 것도 없어요. 미래에 무슨 직업을 갖고 싶은지 아직 잘 모르겠어요. 부모님도 제 성적 외에는 신경을 쓰시지 않아요. 돈 잘 벌고 사회적으로 인정받기 때문에 의사가 되라고 하실 뿐이죠."

수성구 한 고교 인문계열 1학년인 B양은 2년 뒤 수도권 상위 5개 대학에 응시할 생각이다. 어느 분야를 전공할지는 아직 결정을 내리지 못한 상태. B양의 부모는 전공은 두 번째 문제이고 우선 좋은 대학 출신이라는 '간판'이 중요하다고 했다.

"사실 저는 사학과에 진학해 역사학자가 되고 싶긴 한데 부모님이 강하게 반대하세요. 밥벌이를 하기가 어렵다면서요. 일단 명문대에 가겠다는 목표를 정해두고, 취업이 잘되는 상경계열에 갈 성적이 나오지 않을 때 그 대학의 사학과를 생각해보래요."

[그림2] "장래 희망? 잘 모르겠어요."(출처 : 매일신문 2012년 5월 22일)

2) 우리나라 직업

우리는 살아가면서 아이들에게 자주 물어보는 질문이 있다. “너는 장래 희망이 뭐니?” 이 질문의 요지는 네가 미래에 어떤 직업을 갖고 싶으냐는 것이다. 그런 질문을 하면 보통 1970년대에는 과학자, 대통령, 간호사, 선생님 등이 많았다. 그런데 요즘은 조금 더 다양해지면서 유튜버, 크리에이터, 요리사 등의 직업도 장래희망에 높은 순위를 차지한다.

그렇다면 우리나라에서 지금 현재 가질 수 있는 직업의 수는 얼마나 될까? 처음에 이런 의문이 들었을 때 직업을 하나씩 생각해 보았다. 아무리 생각해도 100개 미만에서 많아도 200개 정도밖에 생각이 나지 않았다. 여러분은 몇 개나 있다고 생각하시나? 우리나라에는 우리나라 직업을 정리해놓은 ‘한국직업사전’이라는 것이 있다. 이것은 고용노동부에서 운영하는 워크넷에 들어가면 찾을 수 있다.

한국직업사전은 우리나라 직업을 모두 담고 있으며 직업에 대한 다양한 내용도 함께 제공한다. 2019년 12월 31일 기준으로 한국직업사전에 따르면 우리나라의 직업 수는 1만 2,823개, 직업명은 1만 6,891개이다. 직업의 수를 보면 엄청난 숫자이다. 우리나라에 이렇게 많은 직업이 있다는 것에 놀랍고 아이들이 이렇게 많은 직업이 있다는 것을 알고 있을까? 하는 의문이 들었다.

아이들이 초등학교에서 고등학교를 졸업할 때까지 들어본 직업들이 몇 개나 될까? 많은 진로나 직업관련 도서에서 소개하는 직업 또한 100개 이내 일거라는 생각이 든다. 100개를 알고 진로를 결정하는 것과 직업의 종류가 1만개가 넘는 곳에서 자신에게 적합한 진로와 직업을 선택하는 것은 많은 차이가 있다. 죽을 때까지 들어보지 못한 직업이 훨씬 더 많다면 분명 우리의 진로교육은 또 다른 방향을 찾아야 한다는 생각이 든다.

진로를 찾고 고민하는 아이들이 이렇게 다양한 직업을 접할 수 있는 계기가 있다면 자신의 장래희망이 많이 달라지지 않을까 하는 생각이 든다. Worknet의 한국직업사전은 직업명과 직업 분류별, 표준 직업 분류별, 산업 분류별에 따라 검색이 가능하고 조건에 맞는 검색을 할 수 있어 자신에게 맞는 직업을 세밀하게 알아볼 수 있다.

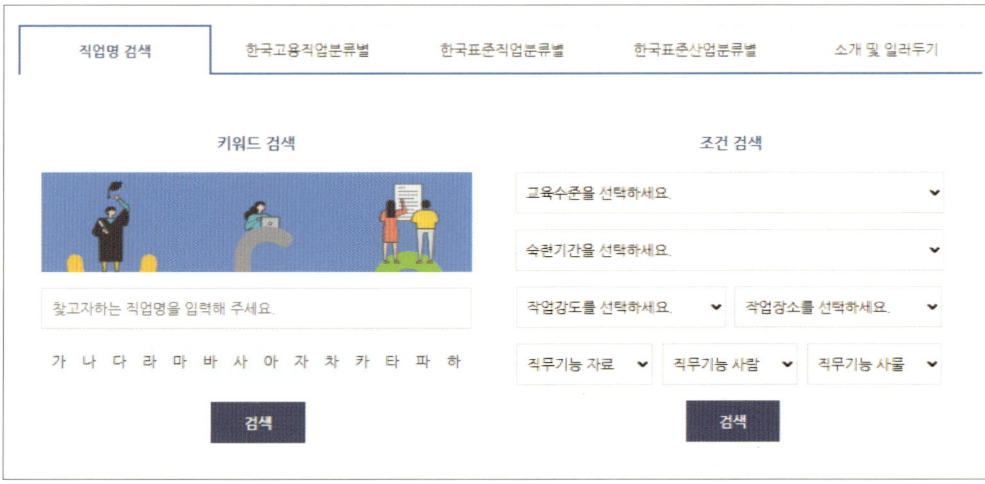

[그림3] 한국직업사전(출처 : 고용노동부 Worknet)

3) 희망직업

우리는 초등학교 때부터 희망직업을 자주 물어본다. 학교에서도 설문조사를 하고 어른들도 아이들을 만나면 종종 물어본다. 직업에 귀천은 없지만 아이가 원하는 직업이 어른들이 생각하는 일명 좋은 직업이 아니면 안 좋은 예를 들어 아이를 더 좋은 직업을 이야기 할 수 있게 설득하는 어른들도 있다.

구 분	초등학생		중학생		고등학생	
	직업명	비 율	직업명	비 율	직업명	비 율
1	운동선수	8.8	교사	8.9	교사	6.3
2	의사	7.6	의사	6.2	간호사	4.4
3	교사	6.5	경찰관	4.5	생명·자연과학자 및 연구원	3.6
4	크리에이터	6.3	군인	3.5	군인	3.4
5	프로게이머	4.3	운동선수	3.4	의사	3.2
6	경찰관	4.2	공무원	3.1	경찰관	3.0
7	조리사(요리사)	3.6	뷰티디자이너	2.9	컴퓨터공학자 /소프트웨어개발자	2.9
8	가수	2.7	간호사	2.5	뷰티디자이너	2.7
9	만화가(웹툰작가)	2.5	컴퓨터그래픽디자이너 /일러스트레이터	2.4	의료·보건 관련직	2.5
10	제과·제빵사	2.3	조리사(요리사)	2.3	공무원	2.0

[표1] 희망직업 상위 10위(출처 : 교육부 2020년 초·중등 진로교육 현황조사 결과)

그렇다면 아이들이 원하는 희망직업에는 어떤 것들이 있는지 알아보자. 2021년 2월 23일 교육부에서 발표한 자료가 있다. 교육부와 한국직업능력개발원이 결과를 발표한 '2020년 초·중등 진로교육 현황조사'이다. 조사한 결과 희망직업에 새로운 크리에이터, 웹툰 작가 같은 새로운 직업들이 등장하는 것을 볼 수 있다. 이것은 아이들의 희망직업이 갈수록 다양화되고 있다는 것을 보여준다.

학생들은 희망직업을 어떤 경로로 알게 되는 것일까? 다음 표에 따르면 초등학생과 중학생의 경우 부모님, 대중매체, 웹 사이트 순으로 알게 되고 고등학생의 경우 대중매체, 웹 사이트, 부모님 순으로 알게 됐다고 한다. 이러한 자료를 보면 학부모와 매체를 통한 자신의 희망직업이 결정된다는 것을 알 수 있다. 이것은 진로와 직업에 대한 교육이 학생에게만 이뤄지는 것보다는 학부모에게도 이뤄져야 한다는 것을 의미하고, 무분별한 매체 속에서 학생들이 직업에 대한 정확한 접근이 이뤄질 수 있도록 하는 교육이 필요하다. 학생들에게 매체를 통한 다양하고 바른 직업에 대한 정보를 제공하는 것이 중요하다는 것을 알 수 있다.

경 로	초등학생		중학생		고등학생	
	빈 도	비 율	빈 도	비 율	빈도	비 율
부모님	**2,356**	**36.0**	**2,480**	**38.7**	**2,182**	**32.8**
학교 선생님	706	10.8	1,170	18.3	1,458	21.9
학원 선생님	332	5.1	491	7.7	555	8.3
형제·자매	395	6.0	375	5.8	338	5.1
친척	338	5.2	400	6.2	388	5.8
친구	1,001	15.3	805	12.5	829	12.5
이웃 또는 아는 사람	288	4.4	444	6.9	469	7.0
대중매체·TV	**2,102**	**32.1**	**2,348**	**36.6**	**2,417**	**36.3**
웹사이트·SNS	**1,778**	**27.2**	**2,245**	**35.0**	**2,235**	**33.6**
서적(책)	808	12.4	790	12.3	862	13.0
진로체험	773	11.8	632	9.9	902	13.6
기타	265	4.1	406	6.3	505	7.6

[표2] 희망직업을 알게 된 경로(출처 : 교육부 2020년 초·중등 진로교육 현황조사 결과)

2. 우리나라 진로교육 현황

1) 학교에서의 진로교육

우리나라의 학교에서의 진로교육은 초등학교를 시작으로 중·고등학교까지 이어진다. 초등학교부터 고등학교까지 창의적 체험활동을 통해서 진로교육을 할 수 있다. 창의적 체험활동은 초·중등 교육과정에서 실시하는 교과과정 이외의 활동이다. 이러한 활동은 학교에서 교육과정 편성을 할 때 학교에서의 자율성이 부여된다. 창의적 체험활동은 4가지의 영역으로 이뤄져있으며 자율활동, 동아리활동, 봉사활동, 진로활동으로 구성돼 있다. 진로활동의 세부적 사항에는 자기이해 활동, 진로탐색 활동, 진로설계 활동으로 나눠진다.

활 동	활동 목표	활동 내용(예시)
자기이해 활동	긍정적 자아 개념을 형성하고 자신의 소질과 적성에 대하여 이해한다.	• 강점 증진활동 – 자아 정체성 탐구, 자아 존중감 증진 등 • 자기특성이해활동 – 직업 흥미 탐색, 직업적성탐색 등
진로탐색 활동	일과 직업의 가치, 직업세계의 특성을 이해하여 건강한 직업의식을 함양하고, 자신의 진로와 관련된 교육 및 직업정보를 탐색하고 체험한다.	• 일과 직업이해활동 – 일과 직업의 역할과 중요성 및 다양성 이해, 직업 세계의 변화 탐구, 직업 가치관 확립 등 • 진로정보탐색활동 – 교육 정보 탐색, 진학 정보 탐색, 학교 정보 탐색, 직업 정보 탐색, 자격 및 면허 제도 탐색 등 • 진로체험활동 – 직업인 인터뷰, 직업인 초청 강연, 산업체 방문, 직업 체험관 방문, 인턴, 직업 체험 등
진로설계 활동	자신의 진로를 창의적으로 계획하고 실천한다.	• 계획활동 – 진로 상담, 진로 의사 결정, 학업에 대한 진로 설계, 직업에 대한 진로 설계 등 • 준비활동 – 일상 생활 관리, 진로 목표 설정, 진로 실천 계획 수립, 학업관리, 구직활동 등

[표3] 진로활동 영역의 활동별 목표와 내용(출처 : 2015년 교과과정)

초·중·고등학교의 학교 급별로 진로교육이 어떻게 이뤄지는지 살펴보자. 먼저 초등학교의 진로교육은 창의적 체험활동이라는 교과에서만 이뤄지고 있다. 창의적 체험활동을 통해서 이뤄지기 때문에 학교에서의 시수 편성에 따라 진로활동 교육이 달라진다. 창의적 체험활동에서의 영역은 4가지 영역 중학교에서 편성가능하기 때문에 진로교육에 대한 선택은 학교에 달려있다.

중·고등학교의 진로교육은 수업 중에 '진로와 직업'이라는 과목과 창의적 체험활동을 통해 이뤄진다. 중·고등학교에서는 진로교육이 교과와 더불어 늘어난 것이다. '진로와 직업'은 선택교과로 해서 학교에서 선택이 가능하지만 이것 또한 필수 선택교과는 아니다. 진로교육을 더욱 활성화 할 수 있는 방법으로 중학교에서 자유학기제, 자유학년제를 기간에 심화된 체험활동을 편성·운영하고 있다. 또한 특성화 고등학교 같은 맞춤형 고등학교에서는 학생의 전공에 따라 특색 있는 프로그램을 운영해 전문성 신장에 도움이 될 수 있게 하고 있다.

2) 학부모 진로정보

[표2] 자료에서 보았듯이 초·중·고의 희망직업을 알게 되는 경로로 부모로부터 알게 된 경위가 초등학생은 36%, 중학생은 39.7%, 고등학생은 328.8%로 학교급과 상관없이 높은 수치를 나타낸다. 이러한 자료를 통해 미성년자인 학생에게 학부모의 진로정보가 얼마나 큰 영향력을 주는지 알 수 있다.

그렇다면 학부모를 위한 진로정보는 어떤 것들이 있는지 알아보자. 교육부는 학부모를 위한 진로정보 제공을 위해 두 가지 프로그램을 제공하고 있다. 학부모 맘에 쏙 드는 진로정보제공이라는 정책사업명으로 시행하게 된 프로그램들은 지금도 활발히 이뤄지고 있다.

먼저 초·중·고등학교 학부모 진로소식지 '드림레터'이다. 드림레터는 자기이해, 직업탐색, 직업 세계의 변화 등의 공통된 정보를 제공한다. '드림레터'는 초·중·고에 진로발달 단계에 따라 다르게 제공된다. 드림레터는 학부모들의 요구사항을 정확하게 파악해 제작됐고 교육정책이나 실제사례 등의 정보도 함께 제공되기 때문에 자녀의 진로를 탐색하는 데 많은 도움이 된다.

다음으로는 학부모 진로소식 프로그램은 '진로레시피'이다. 진로레시피는 드림레터가 신문과 같은 기능이라면 진로레시피는 영상으로 제공되는 진로관련 서비스이다. 드림레터가 학교 급에 따라 다르게 제공되는 것과는 다르게 진로레시피는 하나의 주제로 이뤄지는 영상자료이다. 그리고 진로레시피는 드림레터와는 다르게 진로지도 방법, 진로 이슈, 미래사회 변화 및 직업정보 등이 제공된다.

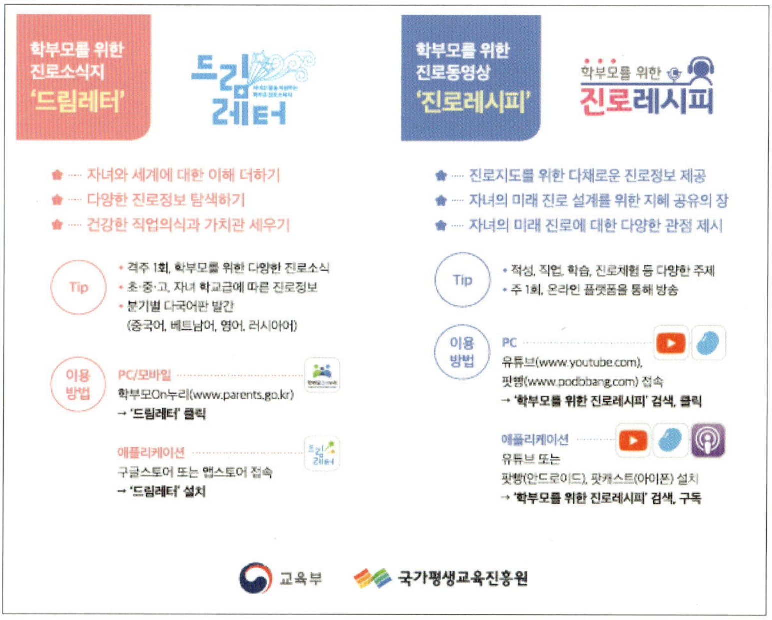

[그림4] 드림레터, 진로레시피 (출처 : 학부모 On누리)

[그림5] 드림레터 초등(출처 : 커리어넷)

[그림6] 드림레터 중학교(출처 : 커리어넷)

[그림7] 드림레터 고등(출처 : 커리어넷)

먼저 '드림레터' 초·중·고 2021-15호를 보면 초등학교에서는 진로체험의 효과, 유형, 실질적으로 적용해 볼 수 있는 '원격영상진로멘토링' 활용하기를 게재했다. 그리고 살펴본 내용을 활동지를 통해 자신의 관심직업과 연결하는 공간을 마련했다. 중학교 드림레터는 진로직업체험을 할 수 있는 직접적인 공간을 소개했다. 이곳에서는 잡월드라는 직업체험관을 소개하면서 여러 가지 진로직업체험을 할 수 있는 방법을 구체적으로 기술했다.

소개를 마치면 학생들이 체험한 공간을 활동지와 연결해 학생의 관심 직업을 정리하는 공간을 마련했다. 고등학교에서는 다양한 진로체험을 지원하기 위해 교육부가 운영하는 '꿈길'을 소개한다. '꿈길'을 통해 우리 동네에서 가능한 진로체험 프로그램을 찾아볼 수 있는 설명을 실었다. 그리고 직업체험으로 알아보는 자녀의 희망진로 부분에서 활동지를 넣어 학생의 관심 직업과의 연계를 놓치지 않았다. 드림레터는 하나의 주제를 초·중·고에 적합하게 구성했고 학교 급별로 연계성을 갖고 작성됐다.

3) 진로체험 기회격차 해소

모든 학생은 대한민국의 교육아래에서 공평하게 교육을 받을 권리가 있다. 그러나 지리적인 여건이나 경제적 여건으로 인해 교육기회가 공평하게 제공되지 못하는 경우가 있다. 대도시나 신도시 같은 곳에서의 진로체험이 소도시나 섬지역의 다른 지역보다 체험의 기회가 더 많고 질이 좋은 것이 현실이다. 이러한 지역이나 형편에 따라 다양한 진로체험의 기회를 얻지 못하는 소외지역 학교를 대상으로 교육부에서는 기회격차해소 프로그램을 3가지 운영하고 있다.

기회격차 해소 프로그램으로는 찾아가는 온·오프라인 통합형 진로체험 프로그램을 운영중인 '진로체험버스', 원격영상기술을 활용한 전문 직업인, 전문 멘토링을 실시하고 있는 온라인형식의 '원격영상진로멘토링' 그리고 마지막으로 2016년부터 도서벽지, 읍/면지역의 중학생들에게 대학과 연계해서 '대학진로탐색캠프'를 추진하고 있다. 이러한 기회격차 해소 프로그램은 초·중·고 뿐만 아니라 학교 밖 청소년까지 그 범위를 확대했다.

[그림8] 진로체험버스(출처 : 교육부)

[그림9] 진로멘토링(출처 : 교육부)

(1) 진로체험버스

'진로체험버스'는 교육부와 한국과학창의재단이 함께 하는 프로그램으로 진로체험 기회 격차해소를 위해 농산어촌, 구도심 등에서 상대적으로 체험기회가 부족한 학생을 대상으로 멘토 또는 체험버스가 학교로 직접 찾아가거나, 학생들이 체험 가능한 체험공간으로 찾아오는 형태로 운영되는 프로그램이다.

진로체험버스를 이용하려면 '꿈길' 사이트를 통해 신청하면 되고 전국의 초·중·고, 특수학교, 학교 밖 청소년 기관이 지원대상이다. 진로체험버스는 체험버스가 학교로 찾아가는 유형인 체험버스 이동형, 전문가 멘토가 학생들에게 제공하는 방식인 멘토 방문형, 체험활동을 하는 곳으로 학생들이 찾아가서 체험하는 체험처 방문형이 있다.

(2) 원격영상진로멘토링

'원격영상진로멘토링' 프로그램은 체험기회에서 소외된 지역의 학교를 대상으로 전문 직업인 진로 멘토링을 실시하는 프로그램이다. 이 프로그램은 다양한 분야의 전문가를 멘토로 만날 수 있다. 멘토가 전문가로서 그 분야에 직업을 갖고 있기 때문에 현실적인 직업정보를 접할 수 있다는 장점이 있고 학생들이 멘토에게 직접 질의를 하고 응답을 받음으로써 정확한 정보를 얻을 수 있다. 프로그램에 참여한 학생들은 전문가와의 수업에서 그 분야에 대해 깊이 있게 알게 된 점과 실시간으로 궁금증 해결을 할 수 있는 점을 장점으로 꼽았다. 이 프로그램에 참여한 멘토들은 학생들의 진로에 도움이 됐다는 점에서 큰 만족감을 느꼈다고 한다.

(3) 대학진로탐색캠프

대학진로탐색캠프는 체험활동에서 소외된 학교, 학생을 위해 체험활동 인프라가 확보된 대학교에서 체험활동 캠프를 여는 프로그램이다. 대학들은 자신들이 갖고 있는 여러 가지 인프라를 활용해 학생들에게 제공하고 학생들은 자신들에게 미흡했던 진로체험활동을 대학진로탐색캠프를 통해 채우는 방식이다. 매년 많은 대학들이 대학진로탐색캠프에 참여를 하면서 기회격차 해소를 점점 줄여가고 있다.

4) 진로체험

자신의 진로를 결정하기 위해서는 다양한 활동을 통해 자신과 맞는 진로를 찾는 과정이 필요하다. 학교에서 진로를 배웠다면 이것을 직접 체험해 볼 수 있는 기회가 있다면 더 확실한 진로교육이 될 것이다. 교육부에서는 청소년들의 진로체험을 한곳에서 살펴 볼 수 있게 '꿈길' 사이트를 운영하고 있다.

'꿈길'은 진로체험에 대한 사이트이며 이곳에서는 우리 지역의 다양한 체험처와 체험프로그램에 대한 정보를 제공한다. '꿈길'은 개인이 체험을 신청할 수 있는 것은 아니며 초·중·고등학교 및 특수학교에서 학교 단위로 신청이 가능하다. 만약 개인이 '꿈길'을 통해 원하는 체험이 있다면 학교 선생님과 의논해 신청이 가능하다.

[그림10] 진로체험 꿈길(출처 : 꿈길)

5) 커리어넷

'커리어넷'은 학교를 다니면서 학생이 필요한 진로에 대한 모든 정보를 볼 수 있는 진로종합사이트이다. 진로심리검사, 진로상담, 직업정보, 학과정보, 진로동영상, 진로교육자료로 이뤄져있다. 중·고등학생들이 진로정보를 주로 획득하는 공간이기도 하다.

[그림11] 커리어넷(출처 : 커리어넷)

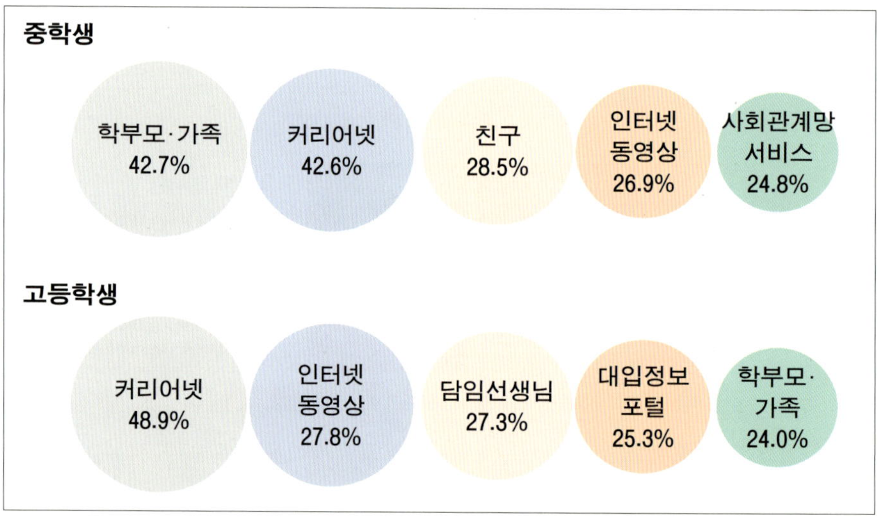

[그림12] 중·고등학생의 진로정보 획득경로
(출처 : 교육부 2020년 초·중등 진로교육 현황조사 결과)

(1) 진로심리검사

중·고등학생용과 대학생·일반용으로 나눠 검사를 받을 수 있다. 한 검마다 30문항에서 100문항 정도로 이뤄져 있고 회원이 아니라도 검사를 받아볼 수 있다. 중·고등학생용 심리검사종류는 6가지로 구성돼있고 대학생·일반용은 4가지로 이뤄져 있다.

[그림13] 진로심리검사(출처 : 커리어넷)

(2) 진로상담

진로상담 메뉴는 진로에 고민이 많은 학생들이 사용하기에 적절하다. 누구나 신청 가능한 진로상담 신청하기와 초·중·고등학생만 신청 가능한 진로퀘스트가 있다. 다른 친구들이 상담한 것들과 비공개로 한 것이 아니면 둘러볼 수 있다. 진로탐험대도 눈에 띄는 부분이다. 진로탐험대는 직업섬, 진로섬, 진학섬, 학습·적응섬으로 나눠지고 자신이 궁금한 부분에 대한 스스로 해결해 나갈 수 있는 부분이다. 이곳에서는 다양한 상담사례도 확인할 수 있다.

[그림14] 진로상담(출처 : 커리어넷)

(3) 직업정보

직업정보에서는 직업을 키워드 검색, 적성유형별로 검색, 조건별 검색, 직업분류 검색들로 세분화해서 좀 더 자세하게 자신의 진로를 찾아볼 수 있게 했다. 그리고 해외직업도 검색이 가능한데 그 직업에 나오게 된 배경부터 준비과정, 적성, 관련단체나 기관까지 정보를 제공한다.

미래직업은 테마별 검색이 가능하고 여기서도 심리검사결과 중 어떤 강점이 이 일과 잘 맞는지, 어떤 학과를 가야하는지, 어떻게 준비하는지 등이 제공된다. 그 외에도 직업카드뉴스와 여러 분야에서 주도적인 역할을 하는 분들을 인터뷰하는 직업인 인터뷰메뉴가 있다.

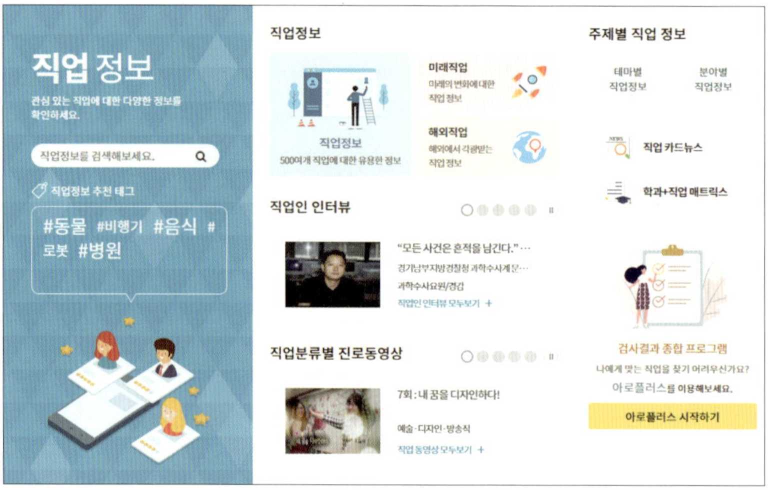

[그림15] 직업 정보(출처 : 커리어넷)

(4) 학과정보

다양한 학과를 검색 확인할 수 있다. 학과정보를 선택하면 대학과 고등학교에 있는 학과를 검색할 수 있고 학과를 선택하면 학과개요, 개설대학, 학과전망, 학과인터뷰, 이 과를 보는 회원 특성을 확인 할 수 있다. 학교정보를 선택하게 되면 전국에 있는 초·중·고등학교, 대학교, 특수학교 등을 검색가능하며 키워드뿐만 아니라 지역별, 유형별, 설립구분별로도 검색이 가능하다. 그 외 학과인터뷰, 학과탐방, 학과카드뉴스, 학교+직업매트릭스 항목도 이용이 가능하다.

[그림16] 학과정보(출처 : 커리어넷)

3. 메타버스로 들어온 세상

몇 년 전만 해도 우리는 지역의 축제를 찾아다니던 때가 있었다. 봄, 여름, 가을, 겨울 매년 열리는 우리나라의 축제는 너무나도 즐길 거리가 많은 곳이다. 그러나 코로나19 시대에 접어들면서 점점 사람들이 모이는 것에 대한 위험이 증가하게 되고 이런 축제들은 하나 둘 취소가 됐다.

처음에는 이러한 현상을 위험으로 감지하고 경제는 점점 위축되고 사람들은 지쳐갔다. 당장 생계를 위협받는 사람들도 많아졌다. 이러한 시대에 나타난 새로운 패러다임이 '메타버스(metaverse)'이다. 메타버스가 코로나19로 새롭게 생겨난 단어가 아닌 1992년 소설 〈스노크래시〉에서 쓰였던 것을 보아도 오래전부터 메타버스에 대한 관심은 있었던 것이다.

메타버스에 대한 조그만 변화들이 이뤄지고 있던 상태에 코로나19로 인한 비대면 활동이 많아지면서 메타버스가 더욱 빠르게 우리 생활에 들어오는 계기가 된 것이다. 오프라인으로 할 수 없는 지역축제, 학교 입시설명회, 회사 취업설명회, 자동차회사 신차발표회 그리고 유명 가수들의 팬 사인회 등이 메타버스로 눈을 돌렸다.

이러한 변화는 성공적이었다. 코로나19로 멈춘 줄 알았던 사회활동들이 메타버스에서 이뤄지게 된 것이다. 이러한 흐름이 진로에도 이어지고 오프라인에서 했던 많은 진로박람회, 직업체험박람회들이 메타버스 안으로 들어오게 됐다.

[그림17] 2021 여주시 온라인 진로박람회

(출처 : 여주시청 홈페이지)

[그림18] 2021 온라인 진로직업박람회

(출처 : 성북구청 홈페이지)

4. 메타버스에서 진로 활용하기

1) 메타버스 현황

매년 구글은 나라별 카테고리별로 구글을 이용해 검색한 검색어 순위를 발표한다. 2020년 국내 구글 사용자가 가장 많이 검색한 검색어는 '로블록스'이다. '로블록스'는 대표적인 메타버스 게임 플랫폼이다. 2위가 '코로나 백신예약', 3위가 '오징어 게임' 인 것을 보면 메타버스에 대한 관심과 로블록스의 인기가 어느 정도인지 알 수 있다.

메타버스에 대한 인기나 관심이 우리나라에 국한된 것은 아니다. '페이스북'이 2021년 '메타'로 사명을 바꾼 것을 보아도 메타버스에 의한 가상세계를 일상생활에서 쉽게 경험할 날이 그리 멀지 않은 듯하다.

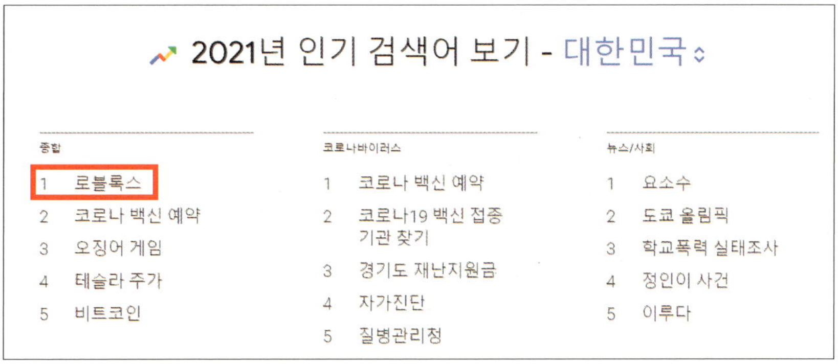

[그림19] 2021 인기 검색어(출처 : 구글)

메타버스는 게임과 접목해서 생각하는 경우가 많으며 일반 어른들보다 학교를 다니고 있는 연령대의 아이들이 더 쉽게 접하게 된다. 한국인공지능윤리협회(KAIEA)가 초등학생 4·5 학년을 대상으로 메타버스 서비스 이용현황 조사결과에 따르면 메타버스 서비스를 이용해 본 비율이 92%, 메타버스 서비스 중 로블록스를 가장 많이 하는 것으로 나타났다.

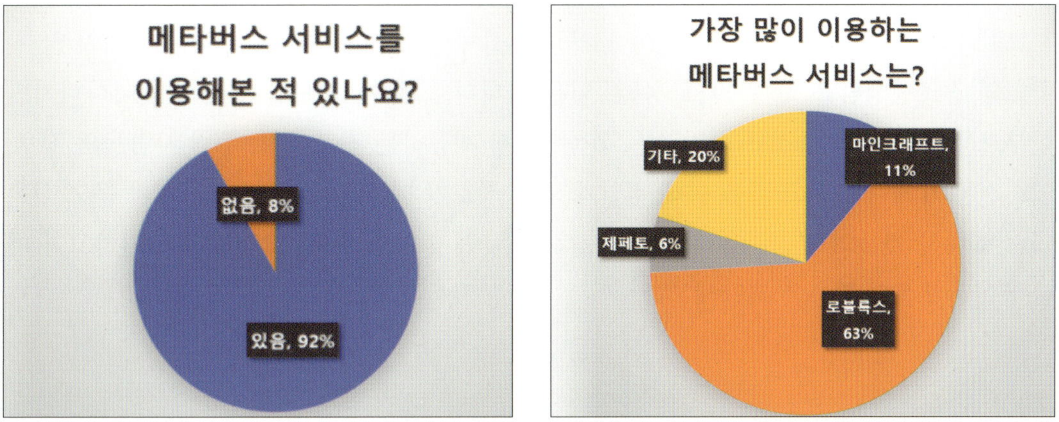

[그림20, 21] 메타버스 설문(출처 : KAIEA)

2) 메타버스 어떻게 접목시킬 것인가?

학생들에게도 태어나서부터 죽음에 이르기까지 계속적으로 고민하게 되는 것이 진로이다. 학생 못지않게 진로로 많은 시간을 고민하고 보내는 사람이 바로 부모다. 부모는 아이들이 첫 직장을 잡기 전까지 끝없이 아이들을 관찰하면서 고민을 한다. 진로에 대한 책을 읽고 진로에 맞는 교육을 해주기 위해 매일 매일 인터넷 검색에 매진한다.

[그림22] 메타버스(출처 : 미리캔버스)

그렇지만 많은 시간을 투자하는 것에 비해 아이에게 맞는 정보, 내가 진정으로 원하는 정보를 찾기는 쉽지 않다. 그래서 부모들은 아이들의 진로를 위해 많은 금액을 지불하는 입시컨설팅, 진로컨설팅 등의 여러 업체를 찾게 된다. 그렇지만 누구나 이용하기에는 너무도 고가이고 잘 몰라서 그마저도 못하는 부모들이 대부분이다.

그렇다면 학교를 이용해보자. 그러나 지금 현실에서의 학교 방문은 생각보다 쉽지 않다. 학교의 진로선생님을 찾아가기도 쉬운 일은 아니다. 그렇게 정보를 열심히 찾아다니지만 학부모들이 알게 되는 정보의 경로는 교육부에서 제공하는 진로서적, 주변 사람들의 정보, 입시전문 카페나 블로그 등을 통해서 알게 되는 정보가 대부분이다. 그래도 내가 묻고 싶은 입시에 대한 것들의 궁금증을 완전히 해결하기는 쉽지 않다. 이런 고민들을 해결하고자 메타버스 플랫폼의 활용을 제안해본다.

(1) 이프랜드에서 활용

첫 번째로 메타버스 플랫폼인 '이프랜드(ifland)'를 활용해보자.

[그림23] 이프랜드(출처 : 이프랜드)

이프랜드는 메타버스 플랫폼 중 가장 사용하기 쉬운 플랫폼이다. 이프랜드의 장점은 일단 쉽다는 것이다. 남녀노소 누구나 링크만 갖고 들어가서 1시간 정도만 살펴봐도 누구나 습득하기 쉽게 돼있다. 소규모·대규모 모임이 모두 가능하고 핸드폰을 잘 사용하지 못하는 사람들도 유용하게 사용할 수 있는 플랫폼이기도 하다.

이프랜드에서는 나를 대신하는 아바타를 통해 활동한다. 아바타를 통해 나를 표현하기도 하고 나를 꾸밀 수도 있다. 이프랜드에서 아바타를 꾸미는 데 사용되는 비용은 없다. 아바타용 의상이나 소품은 모두 무료이다. 이것 또한 이프랜드의 장점이다. 이프랜드를 통한 모임은 양방향 소통이 가능하다. 서로의 목소리를 들으면서 대화를 나눌 수도 있고 채팅을 통해 참여할 수도 있다.

그리고 또 하나의 이프랜드만의 장점은 대형 스크린이다. 대형 스크린을 통해 발표를 하거나 자료를 송출할 수 있다는 것이다. 진로를 이프랜드에 접목한다면 진로를 어렵게 생각하는 학부모들을 위해 정기적으로 정보를 제공하고 피드백을 받는 공간으로 활용해보면 좋을 것이다.

이프랜드를 통해 정기적으로 진로에 대한 상담을 하거나 새로운 정책들이 나왔을 때 학부모에게 알리는 기능, 진로에 대한 방향 등에 대한 서비스를 활용하는 것이 좋다고 생각한다. 이프랜드에서 드림레터나 진로레시피처럼 정기적으로 전문가와 만나는 시간을 갖게 하는 것도 좋은 방법이다.

[그림24] 고교학점제 단계적 이행계획(출처 : 이프랜드, 교육부)

[그림25] 고교학점제 단계적 이행계획(출처 : 이프랜드, 교육부)

(2) 게더타운에서 활용

두 번째 활용방안은 메타버스 플랫폼인 '게더타운(gathertown)'에서의 활용이다.

[그림26] 게더타운(출처 : 게더타운)

게더타운은 화상회의에 최적화된 플랫폼이다. 게더타운은 기존 화상회의 프로그램과는 다른 강점이 있다. 화면에서 서로 얼굴을 보면서 서로 대화를 나누고 화면을 공유하면서 자료를 함께 나누는 기존 화상회의와는 다르다. 즉 '맵'이라는 것을 제작해 실제 사무실이나 학교, 파티장 같은 다양한 공간을 이용해 좀 더 현실적인 곳에서의 화상회의에 접근했다.

게더타운은 상호작용이라는 무기도 장착을 했다. 게터타운 맵에는 동영상, 그림, 웹 사이트, 구글 폼, 패들렛과 같은 외부기능을 연결해 사용할 수 있다. 게더타운을 이용한 소모임도 좋은 기능이다. 공간 내에서 'Private area'를 설정해 소모임이 가능하게 했고 'Spotlight zone'을 둬 방송을 할 수 있게 했다.

메타버스 플랫폼이라는 말에 적합하게 게더타운에서는 자신을 대신하는 아바타가 존재한다. 그렇지만 아바타만으로 게더타운에 참여하는 것은 아니다. 화상회의에 참여해 비디오를 켠다면 현실의 내가 참여하는 화상회의가 되는 것이다.

그렇다면 게더타운에 어떻게 진로를 활용할 것인가? 현재 진로를 위해 자주 찾는 진로사이트는 '커리어넷'이다. 이곳에서 학생들과 학부모들은 많은 정보를 얻게 된다. 게더타운으로 시각화된 커리어넷을 만들어 보는 것을 제안한다. 게더타운은 모델하우스에서 제공하는 아파트 평면도 같은 모습이다. 시각화 돼 있는 맵을 보면 한눈에 어떤 메뉴가 들어있는지 쉽게 찾을 수 있어 학생들의 관심이 높아진다.

[그림27] 게더타운(출처 : 게더타운)

5. 진로 맵 활용하기

메타버스 플랫폼을 이용해 진로관을 만들어보았다. 필요에 따라 로그인을 하거나 사용자 등록을 요구하는 곳이 있지만 필자는 맵을 만들면서 누구나 이용할 수 있도록 개인정보를 요구하는 부분을 두지 않았다. 다만 상담을 할 때는 피드백을 위해 개인정보를 요구할 수 있게 했지만 구글 폼에 저장돼 피드백 받는 용도로만 사용하면 된다.

Icograms의 시작적인 효과와 게더타운의 기능을 최대한 활용해 만들었다. 먼저 초기화면으로 진로관, 직업관, 학부모자료실, 강당으로 크게 나눴다. 먼저 진로관은 초·중·고학생들에게 필요한 진로에 관한 것을 담아둔 공간이다. 초등부터 배우는 진로에 대한 지식이나, 직접 해볼 수 있는 체험 그리고 자신의 진로에 대해 궁금하거나 배우고 싶은 곳을 찾는 곳도 있다. 게더타운을 이용해 상호작용이나 소모임 회의에 활용했다.

진로 맵은 누구나 이용할 수 있게 만들어야 하고 적성검사나 상담 등의 경우도 익명을 이용해 자신이 궁금해 하는 것을 질문하고 피드백 받을 수 있게 했다. 직업관은 직업에 대한 궁금증을 전문가에게 들어볼 수 있는 공간과 자신이 관심 있는 직업을 찾아볼 수 있고, 구체적인 학과나 졸업 후의 활동 등도 찾아볼 수 있다.

그리고 메타버스 시대나 미래시대에 주목받는 직업과 이색 직업도 알아 볼 수 있게 했다. 학부모자료실은 학부모들이 특히 진로에서 관심 있어 하는 정부정책, 입시정보 등에 대한 자료를 담았으며 아이의 진로를 직접 물어볼 수 있는 상담부분도 포함돼 있다. 강당의 경우는 명사를 초청해서 강의를 들을 수 있는 용도로 사용된다.

[그림28] 진로 맵 Career Land(출처 : Icograms)

1) 진로관

진로관은 학생들이 주로 이용하는 곳으로 진로상담실, 진로 체험실, 진로 토론실, 고민 Q&A, 진로 도서 찾기, 적성검사실, 멘토&멘티로 구성했다. '진로 상담실'은 진로에 대해 전문가에게 상담을 받는 부분이고, '진로 체험실'은 진로와 관련된 다양한 체험을 할 수 있는 곳이다. '진로 토론실'은 자신과 유사한 진로를 가진 학생들이 진로에 대해 이야기 나눌 수 있는 곳이다.

다음으로 '고민 Q&A'는 학생들이 가장 많이 하는 질문을 간추려둔 곳이며, '진로 도서 찾기'는 자신의 진로에 맞는 도서를 추천해주고 추천을 받기도 하는 곳이다. '적성 검사실'은 여러 가지 진로에 관한 검사를 실시할 수 있는 곳이다. 마지막 메뉴 '멘토&멘티'는 대학생들과 초·중·고등학생들과 멘토와 멘티를 맺는 곳이다.

자신의 진로에 대한 다양한 경험과 실제 이야기를 듣고 자신의 고민도 들어주고 같이 공감해주는 대학생 멘토를 맺어주는 메뉴이다. 이곳 진로관은 학생들이 자신의 진로를 찾기 위해 다양한 메뉴를 뒀고 상호작용 기능과 비대면 화상회의 기능을 여러 곳에 둬 좀 더 생동감 있는 진로 탐색 맵이 될 것이다. 진로 맵 중 '진로 토론실', '적성 검사실', '진로 도서 찾기'에 대한 구현을 해 보았다.

[그림29] 진로관(출처 : Icograms)

(1) 진로 토론실

'진로 토론실'은 정기적으로 개설한다. 토론 주제를 미리 정해두고 신청자를 받는 방식이다. 토론실에는 5개의 소모임이 만들어지고 각각 주제에 맞는 토론을 한다. 게더타운의 소모임은 소모임간에 대화소리가 전혀 들리지 않는다. 자신이 선택한 주제 방에 들어가 맘껏 토론을 할 수 있게 Private area를 만들어 놓은 것이다. 각 모둠에서 회의 한 결과는 화이트보드에 적어서 캡처해서 전송한다.

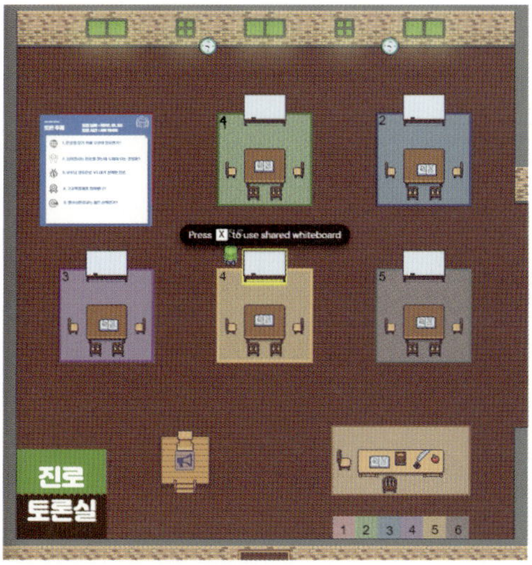

[그림30] 진로 토론실
(출처 : 게더타운)

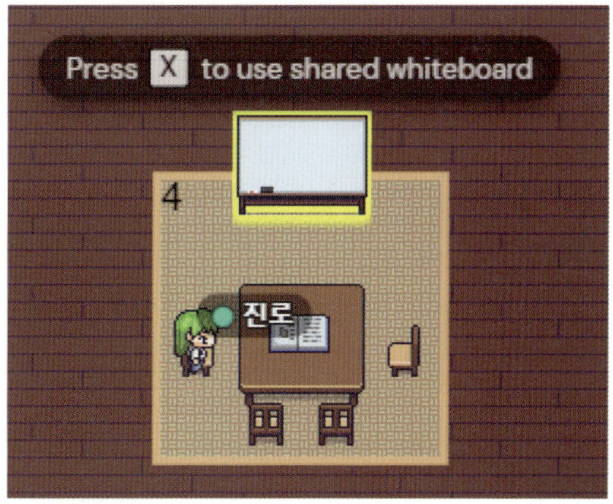

[그림31] 진로 토론실
(출처 : 게더타운)

(2) 적성 검사실

자신의 진로를 검사할 수 있는 '적성 검사실'이다.

[그림32] 적성 검사실(출처 : 게더타운)

진로에 관한 적성검사로는 진로 성숙도 검사와 진로개발역량검사가 있다. 게더타운 공간에서 두 검사 중 받고 싶은 검사 컴퓨터로 가면된다. 컴퓨터에서 상호작용으로 각 검사가 있는 커리어넷에 바로 연결돼 검사를 받을 수 있게 된다.

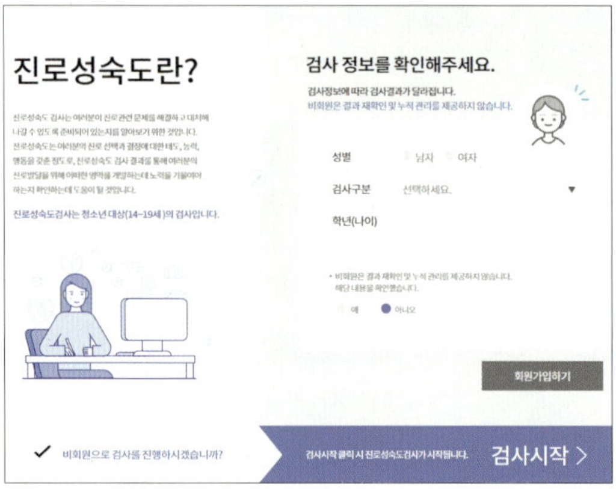

[그림33] 진로 성숙도 검사(출처 : 커리어넷)

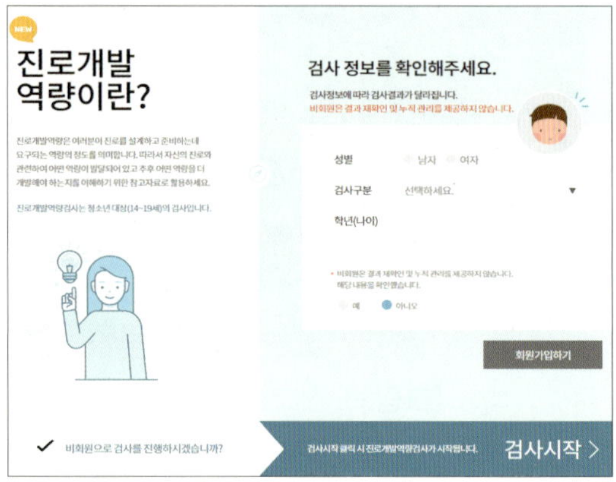

[그림34] 진로개발역량검사(출처 : 커리어넷)

(3) 진로 도서 찾기

'진로 도서 찾기'는 진로와 관계 된 연령별 도서를 검색하기 위한 곳이다. 이곳에서는 각 자리마다 컴퓨터를 통해 구글 폼을 작성해 자신의 진로에 관한 이야기를 보내면 전문가 또는 다른 사용자들이 그 진로에 맞는 도서를 선택해 구글 폼에 남긴 메일로 보내주는 서비스이다. 구글 폼에는 자신의 진로, 책을 추천받고 싶은 이메일, 자신이 속한 학교, 자신이 추천해주고 싶은 도서를 적어서 제출하고 이메일로 답글을 받는다.

[그림35] 진로 도서 찾기(출처 : 게더타운)

[그림36] 구글 폼(출처 : 구글)

[그림37] 책 추천 메일(출처 : 네이버)

2) 학부모자료실

앞에서 보았듯이 학생들의 진로에 가장 큰 영향을 주는 사람은 바로 부모이다. 이러한 이유를 봐도 부모가 진로에 대해 많은 정보를 갖고 있어서 아이들에게 적시에 필요한 정보를 제공한다면 우리의 아이들은 자신의 진로를 좀 더 잘 접근할 수 있을 것이다. 학부모자료실은 입시에 대해 관심이 많은 고등학교 학부모를 위한 곳이다.

[그림38] 학부모자료실(출처 : Icograms)

진로전문가 상담에서는 진로에 대한 전문가들이 학부모들의 필요한 부분이 있을 시 비대면 방식을 이용해 상담해주는 방식이다. 진로소식지는 학교에서 매주 보내주는 드림레터 같은 소식지를 초·중·고등학교 별로 모아 놓아 원하는 정보를 쉽게 찾아 볼 수 있는 곳이다. 그리고 교육정책 메뉴는 우리의 교육과정에 따라 달라진다. 교육부에서 발표하는 중요한 입시정책들을 최신의 것까지 바로 볼 수 있는 메뉴이다. 마지막으로 학부모 의견방은 이 맵에서 더 필요한 자료나 개선돼야 할 사항들을 자유롭게 제시하는 방이다. '교육정책', '진로소식지'를 구현해보고자 한다.

(1) 교육정책

'교육정책'은 새로 시행되는 정책이나 교육과정에 대한 내용을 알고 싶을 때 이용하는 곳이다. 이곳에서는 예약제로 이뤄지고 예약시간에 맞춰 원하는 정책을 관계자에게 들을 수 있는 방식이다. 학부모들이 궁금해 하는 것으로 교장공모제, 한국판뉴딜, 고교학점제, 혁신학교, 2015년 교육과정을 뒀다.

이 시스템 이용의 예를 들면 교장공모제에 대해 궁금하다면 미리 맵에서 예약을 잡아두자. 예약이 확정되면 문자로 시간과 찾아 들어오는 방법이 전송되고 예약자는 시간에 맞춰 교장공모제 테이블로 가면된다. 그곳에 교장공모제에 대해 설명해 줄 수 있는 교육관계자가 미리 기다리고 있고 궁금한 부분을 설명해주는 방식이다. 온라인으로 이뤄지니 예약부터 상담까지 시간·공간에 제약이 없고 그 분야에 대해 잘 아는 관계자가 대응함으로써 정확한 정보를 얻을 수 있다.

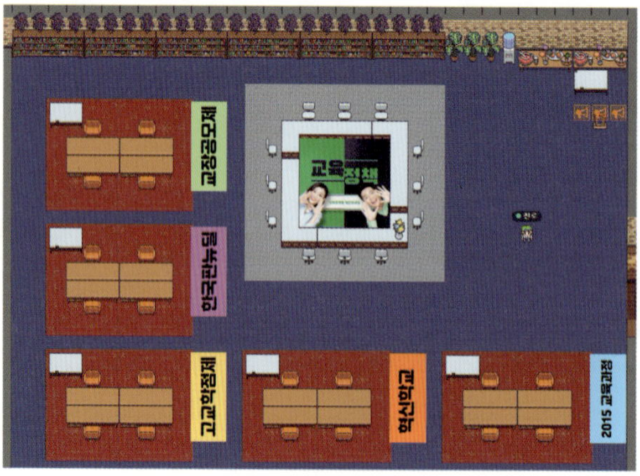

[그림39] 교육정책 (출처 : 게더타운)

(2) 진로소식지

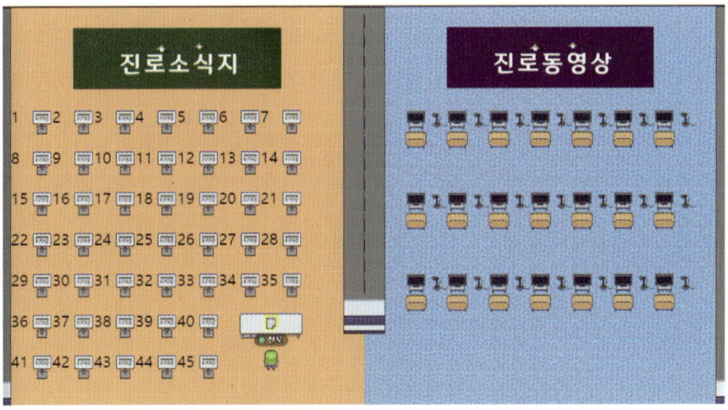

[그림40] 진로소식지(출처 : 게더타운)

'진로소식지'는 교육부에서 시행하고 있는 진로소식지 드림레터와 진로에 관한 동영상을 제공하는 진로레시피를 더 널리 알리고 학부모들이 적극 활용해 보자는 취지에서 만들어 보았다. 진로소식지는 진로에 대한 정보지를 제공하는 곳이다.

[그림41, 42]처럼 진로소식지 방에는 진로소식지 전체에 대한 내용이 들어있는 리스트 종이가 존재하고 그것을 통해 자신이 원하는 진로소식지가 있는 테이블에 가서 상호작용하는 방식이다. 진로동영상은 컴퓨터를 지나가면 각각의 컴퓨터에 어떤 동영상이 제공되는지가 텍스트로 안내되고 자신이 원하는 동영상을 시청할 수 있다.

진로소식지 번호	
1	겨울방학 체험처
2	신학기 준비
3	진로적성검사안내
4	직업의 세계
5	커리어넷 알아보기
6	진로는 무엇인가?
7	이런곳도 있어?
8	학점은행제
9	학군을 알아봐요
10	우리나라 직업은 몇개?
11	메타버스 시대 새로운 직업
12	이런것도 학폭이야
13	봉사활동
14	자율활동
15	동아리활동
16	진로활동
17	세계 100대부자 어렸을 때 꿈은 무엇일까?
18	TV로 만나는 진로교육
19	줌으로 만나도 우리는 친구
20	비대면 시대 새로운 직업세계

[그림41] 진로소식지 리스트

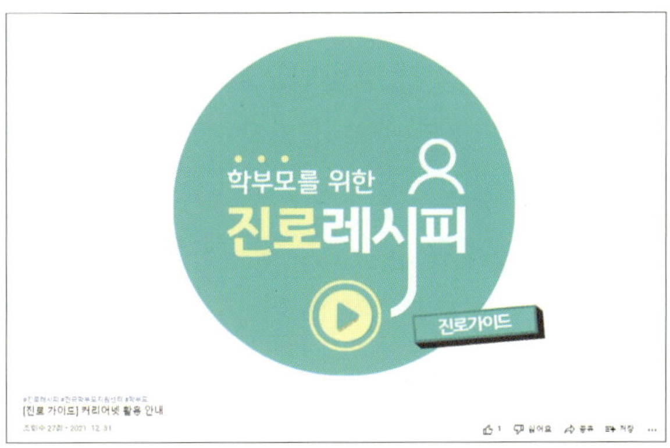

[그림42] 진로레시피(출처 : 유튜브 진로레시피 채널)

3) 직업관

'직업관'에서는 우리나라에 있는 다양한 직업들을 알아볼 수 있게 만들었다. 자신의 직업능력을 찾아보는 직업능력검사와 다양한 직업을 동영상을 통해 만나볼 수 있는 직업영상 그리고 자신의 분야에서 열심히 일하고 있는 전문직업인에게 묻다, 직업을 직접 체험하고 체험관을 예약, 찾아볼 수 있는 직업체험, 나의 진로를 찾았다면 나의 직업도 찾아는 활동을 해보는 나에게 맞는 직업 그리고 우리나라에 수많은 직업의 종류를 알아볼 수 있는 직업종류 메뉴도 있다. 직업관에서는 '전문직업인에게 묻다' 와 '직업능력검사'를 구현해 보았다.

[그림43] 직업관(출처 : Icograms)

(1) 전문직업인에게 묻다

직업에 관한 정보를 얻는 방법으로 여러 가지가 있다. 그 중 현재 그 직업에 종사하는 사람을 통해 정보를 얻는 방법이 가장 정확한 정보일 것이다. '전문직업인에게 묻다'는 현재 그 직업을 갖고 있는 이들에게 직접 궁금한 것을 물어보는 방식이다. 맵을 통해 학생들이 궁금해 하는 직업을 구글 폼으로 작성하게 해 수집한 뒤 청소년들에게 멘토가 될 만한 이를 찾고 청소년들과 소통하게 해 직업에 대한 궁금증을 해결해주는 방식이다.

학생들은 강연의 스케줄을 미리 확인하고 시간에 맞춰 강연을 듣고 자신이 궁금한 것을 질의응답 하는 방식이다. 청소년기는 특히 주위 사람들에게 많은 영향을 받는 시기이다. 친구, 부모님, 선생님, TV에서 본 유명인들이 특히 많은 영향을 미친다. 진로에 관한 구체적이고 현실적인 이야기를 그 직업에 만족하고 있는 전문직업인에게 직접 듣는 것은 어떤 책보다 더 청소년들이 진로를 결정하는 데 큰 도움이 될 것이다.

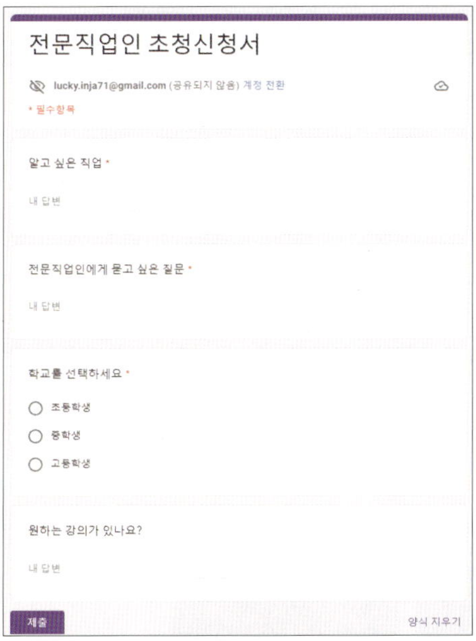

[그림44] 전문직업인 초청신청서(출처 : 구글) [그림45] 전문직업인에게 묻다(출처 : 게더타운)

(2) 직업체험

직업관의 '직업체험'에서는 전국에 있는 직업을 체험해 볼 수 있는 공간을 지도와 함께 게시해 자신이 속한 지역에 어떤 체험관이 있는지를 나타내준다. 그리고 체험관의 유료, 무료 여부, 예약여부 등을 표시해 준다.

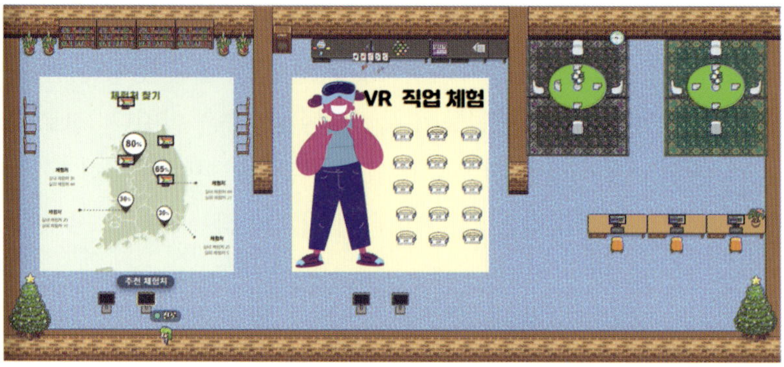

[그림46] 직업체험(출처 : 게더타운)

'VR 직업체험'은 가상현실에서 직업을 체험하는 방식이다. VR 기기를 통해 그 직업세계를 직접 체험해보는 것이다. VR 기기 HTC VIVE, 오디세이 플러스, 오큘러스 퀘스트2가 있어야 체험활동을 할 수 있다. VR 기기가 없는 경우도 간접적인 체험은 가능하다. 체험에 대한 활동을 한 후 체험활동을 신청할 수도 있고, 체험을 한 후 자신의 진로와 연계해 체험활동이 어떤 도움을 줬는지 적어보는 활동지도 작성할 수 있게 했다.

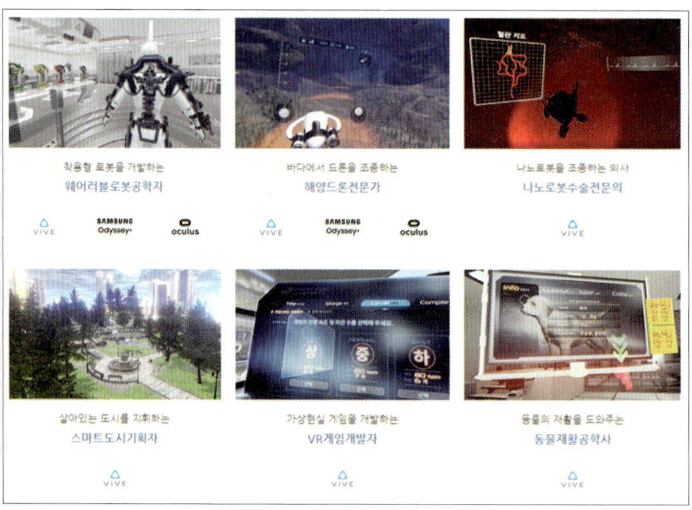

[그림47] VR 체험(출처 : 워크넷)

Epilogue

인터넷을 검색해 진로박람회, 취업박람회가 메타버스에서 개최됐다는 것을 찾는 것은 이제 쉬운 일이 됐다. 2021년 12월 31일 제야의 종소리도 메타버스를 통해 이뤄졌고, 2021년 10월 21일 누리호 발사도 메타버스가 함께 했다. 이렇듯 메타버스가 우리의 생활 깊숙하게 들어와 있다.

진로교육도 마찬가지로 메타버스 환경과 만나 더욱 더 새로워지고 더 발전돼 아이들을 찾아갈 것이다. 상상하는 모든 것이 현실이 되는 메타버스에서 우리 아이들이 자신의 진로를 찾아가는 활동이 좀 더 즐겁고 흥미롭기를 기대해본다.

Chapter 6

메타버스 시대의 도서관의 변화

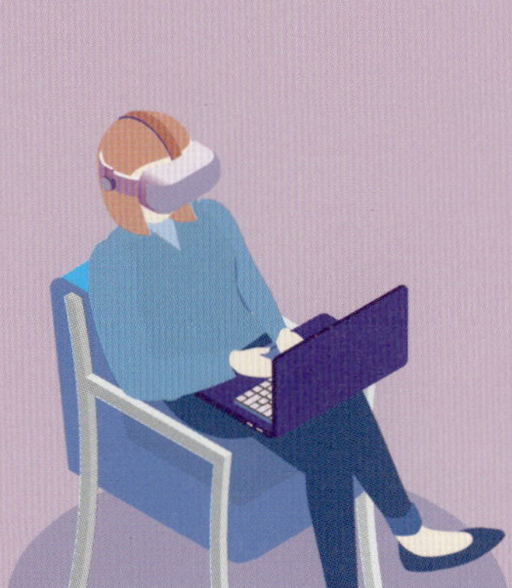

김남선

Chapter

06 메타버스 시대의 도서관의 변화

Prologue

새로운 시대를 맞아 온라인 가상공간 메타버스 열풍이 불고 있다. 막연하게 지속되는 코로나 19로 인해 대면이 필요한 일들은 우리의 사회에서 대부분 배제되고 있다. 코로나19로 인해 교육현장은 혼란의 연속이었다. 학교, 학원의 수업, 코미디빅리그 같은 예능프로그램, 콘서트는 물론 버스킹까지 심지어는 학교에서 방학식 혹은 종업식, 졸업식 등도 원격으로 진행이 됐다.

우리사회에 이러한 재난으로 큰 변화가 생겼듯이 사람은 적응의 동물이라 했던가! 코로나 바이러스 위험을 대비해 대면이 필요했던 요소들을 비대면으로 바꾸기 시작했다. 다행히 줌을 통해 학습이 이뤄지고 그 효과로 코로나바이러스에 대한 사람들의 대처도 발전해 갔다. 불과 몇 주 전 시행했던 위드 코로나 정책도 대면으로 돌리자마자 곳곳에서 코로나 환자들이 생기기 시작했고 결국 한 달도 못가 다시 거리두기 체제로 변경됐다. 이러한 현상들을 보면 사회의 변화는 무엇을 의미할까? 더 이상 얼굴과 목소리만 공유하는 줌, 구글미트 같은 체제들 보단 사람들은 비대면에서도 '대면의 효과'를 느끼고 싶어 할 것이다.

최근 가장 핫한 '메타버스(metaverse)'의 출연으로 메타버스의 다양한 플랫폼을 통해 같은 비대면이어도 코로나가 시작되기 전 느꼈던 분위기와 감정들을 느끼기 위해 사람들은 얼굴과 목소리만 공유하는 것이 아닌 온라인상으로 함께 있는 공간, 그 공간을 온라인의 이

점을 이용해 취향 것, 입맛에 맞게 꾸미는 것, 다함께 하는 화상통화 비대면이어도 프라이빗 한 공간을 점점 추구하는 추세로 가상의 공간에서 생활하며 변할 것이다.

이러한 것들을 모두 누릴 수 있는 메타버스 플랫폼 게더타운. 필자는 게더타운 속 가상도서관에 대해 이야기하고자 한다. 게더타운은 크롬에서 원활하게 작동하며 누구나 쉽게 이용할 수 있다는 장점과 도서관행사 등도 펼칠 수 있다. 가상공간, 과연 가상의 도서관은 어떨까? 새로운 유형의 도서관 서비스를 제공할 수 있음을 조명해 다가오는 메타버스 시대에 도서관의 변화를 제안하고자 한다.

1. 도서관에서의 메타버스

코로나19로 기존의 오프라인 세상이 온라인 세상으로 빠르게 전환하고 있다. 줌을 통한 온라인 수업, 재택근무가 일상화되면서 학교행사, 입학식, 졸업식마저도 대면이 아닌 온라인을 통한 비대면으로 진행하고 있다. 이러한 현상으로 가상세계가 현실로 확장을 도모하며 메타버스에 대한 관심이 높아지고 있다.

메타버스는 '가상, 초월'을 뜻하는 그리스어 메타(Meta)와 '세계, 우주'를 뜻하는 유니버스(Universe)의 합성어로 1992년에 미국 SF 소설가 닐 스티븐슨의 〈Snow Crash〉라는 소설에서 처음 등장했다. '아바타(Avatar)'라는 용어를 처음 사용해서 더 유명한 이 소설은 메타버스라는 가상세계에 들어가기 위해 사람들이 아바타라는 가상의 신체를 빌려 활동한다는 내용으로 구성돼 있다.

소설 속에서 작가는 현실과 가상세계의 차이점을 분명히 표현하고 있다. 메타버스는 아바타가 살아가는 가상현실, 증강현실 등으로 이해했다면 이제는 초월적인 나로 살아갈 수 있는 공간을 의미한다. 가상과 현실이 상호작용하는 디지털공간이라고 할 수 있다. 그 속에서 사회·경제·문화 활동이 이뤄져 가치를 창출하고 메타버스는 현실의 만남을 대체해 줄 수 있는 또 하나의 세상이다.

도서관 또한 메타버스에 진입해야 한다. 2006년 도서관 협력체 ALS는 '세컨드 라이프'에 가상도서관을 지었으며, 2021년 국립중앙도서관도 '실감서재' 서비스를 시작해 이용자들에게 새로운 경험을 제공하고자 했다. 전통적인 도서관이 제공할 수 없었던 새로운 유형의 서비스를 제공할 수 있음을 선보였기에 앞으로 메타버스 시대의 도서관의 변화에 전략이 필요하다.

2. 도서관에서 만나는 메타버스 활용

코로나19 팬더믹은 우리의 일상을 많이 바꿔 놓았고 일선 교육현장 역시도 많은 변화가 있었다. 줌(zoom)으로 교육을 하게 됐고 재택근무와 원격수업이 일상 속에서 줌이 자리를 잡으면서 그 피로도로 인해 또 다른 메타버스의 필요성이 대두되기 시작했다.

줌은 여러 사람이 나를 보고 있어 줌으로 계속 진행하다 보면 피곤함을 느끼게 된다. 줌 피로증으로 인해 다른 메타버스 속 나만의 공간에서 새로운 개념의 실시간 화상교육의 교육적 활용도가 좋은 플랫폼이 게더타운이다. 게더타운 도서관을 상상해 보자.

1) 게더타운(gather town)이란?

'게더타운(gather town)'은 미국 스타트 업 회사인 '게더'가 만든 줌이나 구글 미트와 같은 2D기반 2차원 가상공간 템플릿을 제공한다. 아바타를 통해 학생들과 협업할 수 있는 기능들이 특화된 온라인 화상회의 플랫폼이다.

대학을 갓 졸업한 필립 왕은 친구들과 VR로 친구를 만나고, 대화하고, 가상공간을 여행하고자 했다. 가상사무실에서 근무하고 멀티스크린을 공유하면서 VR로봇제어 실험으로 가상인간으로 보이게 하는 등 여러 실험과 연구를 했다. 다양한 시도 끝에 게더타운은 보통사람들은 생각지도 못한 재밌고 특이한 서비스가 됐다.

[그림1] 게더타운을 만든 필립 왕과 친구들

게더타운은 이제 교육, 행사, 업무, 도서관 활용 등에서 중요해지고 있다. 제페토와 이프랜드와 같은 메타버스 플랫폼과의 차별성은 아바타들이 가까워지면 캠이 켜지면서 실제 인물의 얼굴을 볼 수 있다는 점이다. 그리고 이프랜드는 휴대폰에서만 가능하고, 제페토는 휴대폰과 PC, 게더타운은 PC에서 가능하다.

2) 게더타운의 특징

가상공간을 만들고 아바타를 이용해서 가상공간을 돌아다니며 대화도 가능하다. 화면공유가 돼 각종 오브젝트를 활용해 화이트보드와 웹 사이트, 유튜브, 이미지 업로드, 다른 앱들과의 연동하기가 쉬워 다양한 맵을 제작할 수 있다. 온라인 공유가 가능하기 때문에 자신이 원하는 대로 나만의 공간을 만들고 상호작용을 할 수 있다. 다양한 메타버스를 구현할 수 있으므로 모둠수업, 토론수업, 독서교육, 도서관운영에 적용할 수 있다.

학생들은 메타버스 게임인 로블록스와 제페토, 마인 크래프트와 익숙하기 때문에 게더타운 가상공간에도 친숙할 수 있다. 비대면 상황에서 여러 가지로 사용가능하다. '가상도서관'을 만들어서 도서관 행사를 진행 할 수 있다.

3) 게더타운 시작하기

(1) 게더타운 회원가입

게더타운 홈페이지 주소는 http://gather.town로 크롬 브라우저 주소 창에 URL을 입력하고 접속하면 게더타운 홈페이지에 접속할 수 있다.

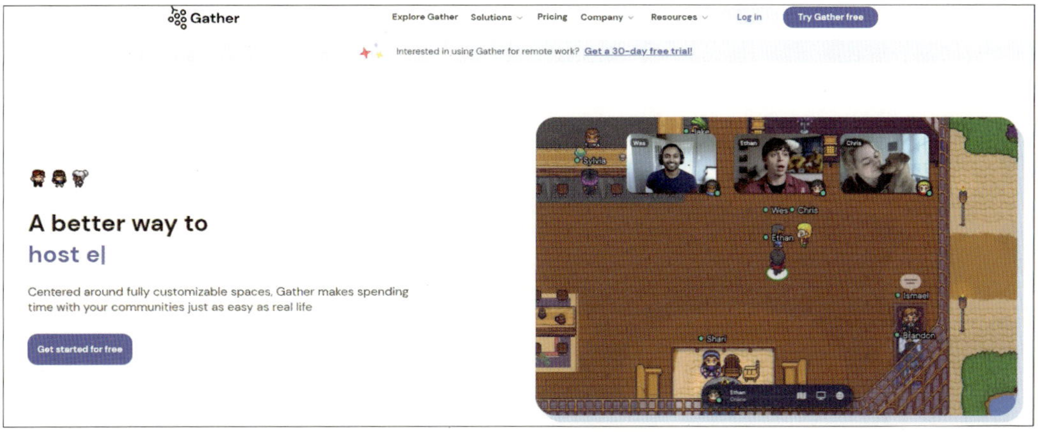

[그림2] 게더타운 홈페이지

참여자일 경우는 가입이 필요하지 않지만 운영자는 공간을 만들고 활용하기 위해 회원가입을 해야 한다. pc크롬 브라우저에 접속하고 게더타운 홈페이지에서 'sign in'을 누르고 회원가입을 한다.

[그림3] 회원가입은 sign in 버튼

회원가입 화면에서는 이메일이나 구글계정을 사용해서 회원으로 가입할 수 있다. 평소 구글 계정을 사용한다면 'Sign in Google' 버튼을 클릭하면 된다.

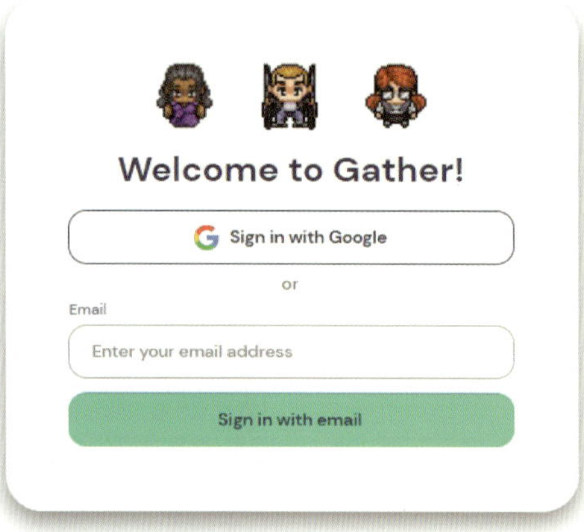

[그림4] 회원가입 화면

(2) 나만의 캐릭터 만들기

회원가입이 완료되면 캐릭터 꾸미기를 한다. base(피부, 머리카락, 수염), clothing(상의, 하의, 신발), Accessories(모자, 안경), Special(특별캐릭터) 선택한 후 Next Step을 누른다.

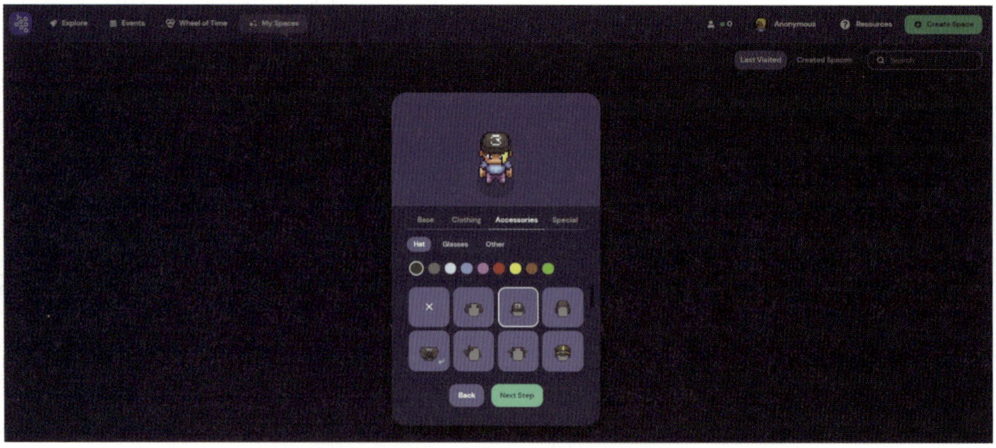

[그림5] 캐릭터 선택하기

캐릭터 입력하기는 한글이름으로 입력도 가능하며 언제든지 바꿀 수도 있으니 본인 이름을 입력한 후에 Finish를 클릭한다.

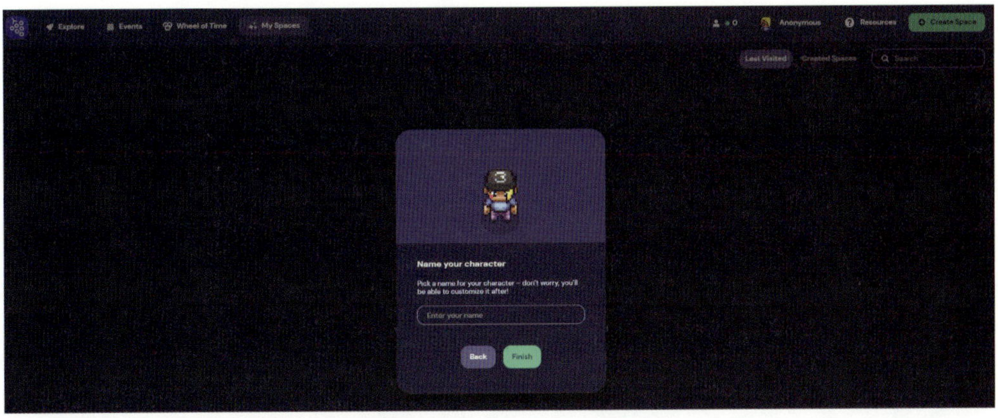

[그림6] 캐릭터 이름 입력하기

(3) 게더타운 공간(Gather Space) 만들기

캐릭터 설정을 완료했으면 오른쪽 위에 해당이름으로 로그인이 돼있으며 공간을 만들려면 오른쪽 위에 있는 'Create Space' 버튼을 누른다.

[그림7] 새로운 공간 만들기

스페이스는 게더타운의 메타버스 공간이다. 다양한 기본 템플릿이 들어있는데 사무실, 회의실, 강의실 등 가상공간을 선택할 수 있을 뿐만 아니라 직접 새로운 공간도 만들 수 있어 만드는 사람에 따라 작은 교실, 학교, 도시가 될 수도 있다. 스페이스를 새로 만들면 해당 스페이스의 URL이 생기고 하나의 웹 사이트를 만든다고 보면 된다.

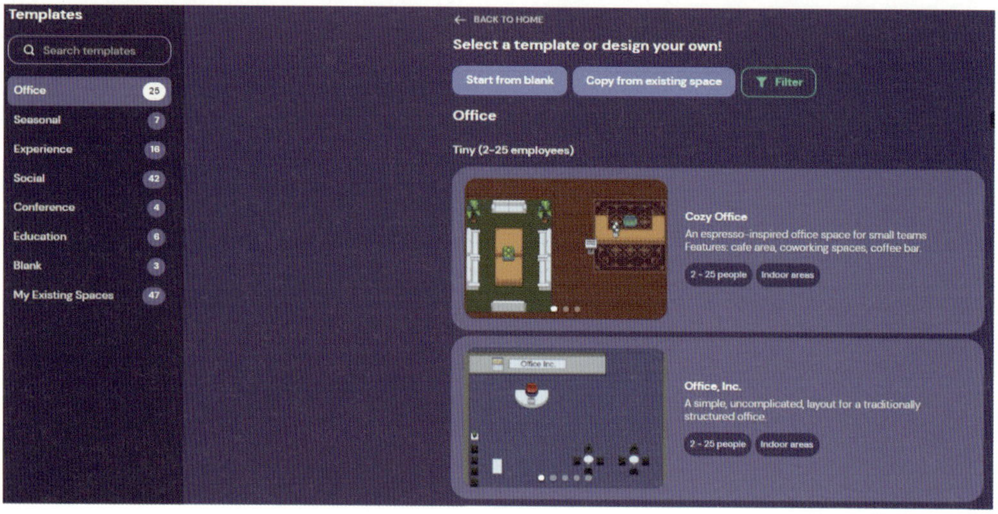

[그림8] 다양한 공간템플릿 선택하기

3. 도서관 공간을 가상현실 세계로 확장

1) 게더타운 가상도서관 활용

메타버스 플랫폼 중 하나인 '게더타운(Gather. Town)'에서는 다양한 공간 템플릿을 선택해 만들 수 있다. 공간적 제약이 존재하지 않는 게더타운 내에서 기존 서비스를 확장해 제공 할 수 있다.

학교도서관은 학생과 교원의 학습·교수 활동을 지원하기 위한 오프라인 도서를 소장·활용하는 곳으로 이용자 중심으로 도서를 이용할 수 있도록 운영되고 있다. 그러나 코로나19로 온라인 수업이 본격화 되고 비대면 사회로 전환되면서, 학생들이 도서관에서 자유롭게 책을 열람 및 대출 그리고 도서관 활용수업도 제한적이 됐다.

그러나 지금은 온라인 공간으로 확장해 다양한 체험중심의 독서활동 제공을 통해 학교도서관 활용을 극대화하고 가상공간과 현실을 결합해 적극적으로 상호작용하는 공간으로 다양한 서비스를 해야 한다.

[그림9] 메타버스 가상도서관

메타버스 학교 도서관에 방문해 보자. 가상 도서관 공간에 도서관 소식, 이용안내 및 서가의 공간을 별도로 만들 수 있다. 이용자가 로그인하면 아바타가 등장하며 키보드의 W, A, S, D 키 또는 마우스를 통해 내가 가고 싶은 곳으로 가상 도서관을 돌아다닐 수 있다. 친구를 만나면 말을 걸고 함께 대화를 나누거나 책이야기를 나눌 수 있고 서로 소통하면서 즐길 수도 있다. 친구들과 대화를 할 수 있기 때문에 도서관에 직접 방문하지 않아도 가능한 일이다.

집에 있지만 가상 도서관에서 책을 골라 볼 수도 있고, 전자책을 보거나 자료를 찾을 수도 있다. 전자도서관을 구축해 바로 사이트에 연결을 할 수 있도록 가상도서관을 이용하면서 독서의 재미와 흥미를 느낄 수 있기 때문에 독서활용에도 큰 도움이 된다.

가상과 현실을 통해 책과 친구가 되기도 하고, 가상세계의 공간에서 함께 책읽기를 통해 서로생각과 경험을 공유할 수 있다. 그러기위해서는 동기유발 및 협력적 독서, 사회적 상호작용 등 독서교육 기능과 교육과정과 연계된 학년별 맞춤 도서관 프로그램 서비스를 확대해야 한다.

게더타운 학교 도서관 맵을 통해 새로운 책 소식과 독서교육 활동 결과물 및 도서관 활동 홍보 안내를 다양하게 적용하는 것이 메타버스 시대의 도서관 운영에 적합하다.

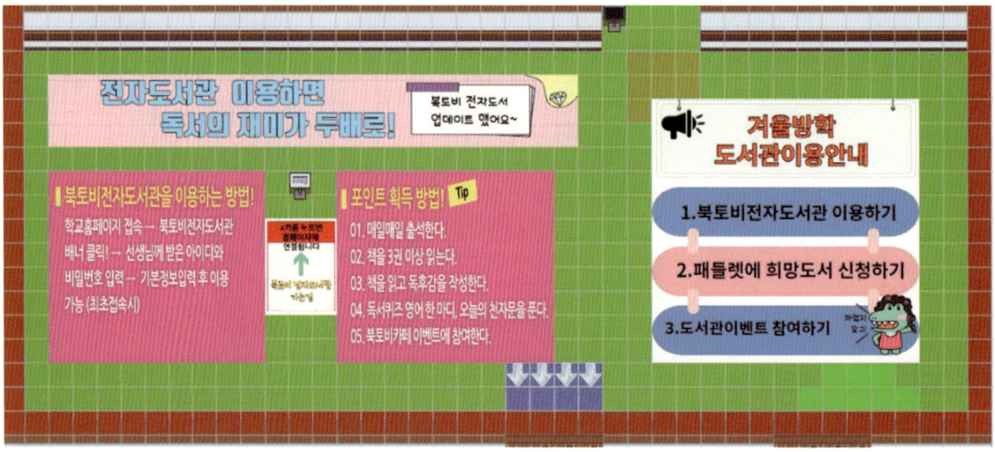

[그림10] 겨울방학 전자 도서관 이용안내(전자 도서관 바로 연결 서비스)

(1) 메타버스, 북 큐레이션을 통한 즐거운 책읽기

북큐레이션이란? 북(book)과 큐레이션(Curation) 즉 책 선택에 어려움을 느끼는 이용자에게 주제를 선정해 책을 연결해 주는 도서 서비스이다. 북 큐레이션을 통해 작가별, 가족, 친구, 사랑 등 테마별로 인기 도서를 전시함으로써 책 읽기에 도움이 되고 독서습관을 길러 줄 수 있다.

빠르게 변화하는 최근 상황으로 볼 때 학교 도서관이 자료만 소장하고 안내하기 보다는 가상 도서관에서 북 큐레이션 활동을 활발히 함으로써 도서관의 미래를 위한 새로운 도서관의 역할이 필요하다.

[그림11] 북 큐레이션 활용

(2) 메타버스 시대의 '작가와의 만남' 토론의 즐거움

공간의 제약이 없는 메타버스 속 도서관 공간에서 작가와의 만남을 갖는다면 참석자 수에 제한이 없으므로 전교생을 대상으로 할 수 있다. 또한 직접 책을 쓴 저자와 의사소통이 가능하고 토론도 할 수 있기 때문에 책에 관심도 높아진다.

[그림12] 작가와의 만남

화상회의 장소를 지정하는 타일은 '프라이빗 에어리어' 기능으로 여기서 가상 도서관 독서토론대회를 치를 수 있다. 모둠별 토론을 위해 나눠 들어갔을 때 교사가 일일이 해당 모둠실로 이동하지 않고 옆에 프라이빗 에어리어를 배치하면 쉽게 각 모둠실 화상회의에 참여할 수 있다. 따라서 토론 수업이 가능하기 때문에 비대면으로도 독서토론대회가 가능하다. 책을 활용한 독서토론 행사에 모두가 즐겁게 참여하는 분위기를 조성할 수 있다.

(3) 독서토론을 게더타운에서 해보기

게더타운은 다른 비대면 화상프로그램에 비해 귀여운 아바타들이 움직이면서 서로 대화도 나눌 수 있고, 그냥 지나 칠 수도 있고, 찾아가서 대화를 할 수도 있으며 소통이 가능하기 때문에 학생들에게 색다른 즐거움을 선사한다.

서로 의견을 나누고 자신의 생각을 나누는 모둠활동 및 토의·토론 수업과 독서토론이 비대면으로 원활하지 않았다면 게더타운 플랫폼에선 가능하다. 공간의 세부적으로 설계가 가능하며 프라이빗 에어리어 기능을 활용해서 토론수업에 최적화된 대회장도 만들 수 있다.

게더타운은 공간의 세부적 설계가 가능하기 때문에 수업을 위한 가상공간, 모둠별 활동공간, 토론대회장 등 실제 수업을 하는 공간과 친구들과 이야기를 나눌 수 있는 비밀대화공간도 설계가 가능하다. 토론 시 준비하는 시간, 찬반의견, 자기구역별 대화를 나눌 수 있는 공간 마련도 가능하도록 설계할 수 있어 토론수업에도 적합하다.

[그림13] 독서토론대회(프라이빗 에어리어 기능)

룸 전체에 방송하는 타일은 '스포트라이트 타일'로 이펙트 기능을 활용해 '독서 골든벨'과 같은 프로그램을 진행할 수 있다. 이는 참가자에게 강의를 하거나 안내를 할 때 사용하는 기능으로 '도전 독서 골든벨 대회' 시 활용도가 높다. 이 기능을 활용하면 대회장 내 멀리 있는 사람까지 다 들린다. 대회장 가운데에 스포트라이트 영역을 설정하고 단상을 추가로 배치해 다함께 참여가 가능함으로 넓은 가상공간에서도 원활하게 진행할 수 있다.

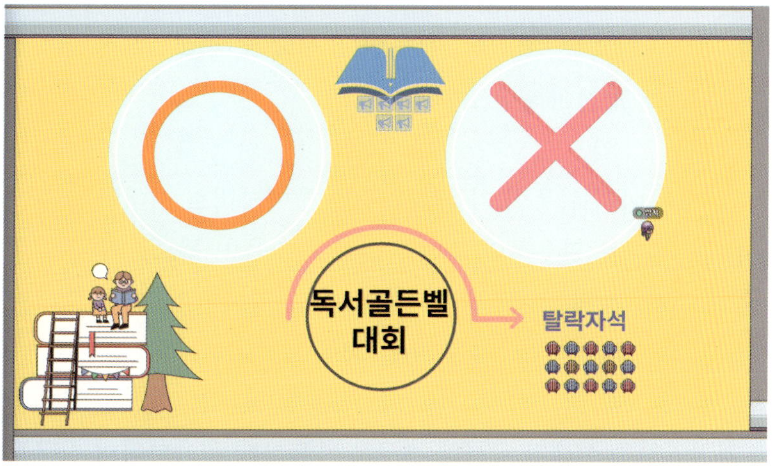

[그림14] 독서골든벨 대회(스포트라이트 기능 활용)

[그림15] 책 탈출게임(프라이빗 에이리어 기능)

2) 가상도서관 체험을 통한 이용자 확대

(1) '제페토(Zepeto)'를 활용한 독서동아리 운영

메타버스 플랫폼 중 하나인 '네이버 제페토(Zepeto)'는 스마트폰으로 쉽게 접근할 수 있다. 나의 모습과 비슷한 아바타를 만들 수 있고 월드에서 다양한 경험을 할 수 있다. 메타버스 세상인 월드에서 친구를 만나고 소통도 가능하다.

[그림16]처럼 교실을 구축해 '제페토 월드' 안 교실에 모여 독서동아리나 학교를 방문하듯이 가상공간에서 학부모 참여를 유도할 수 있다.

온라인에서도 독서동아리 활동이 가능하기 때문에 메타버스 시대의 주축인 MZ 세대 이해를 하고 도서관 서비스로 활용하면 좋다. 가상도서관을 만듦으로써 도서관에 대한 흥미를 유발하고 친숙함을 느끼게 할 수 있고 다양한 메타버스 가상세계의 도서관 서비스를 제공함으로써 체험하면서 책과 가까워질 수 있는 교육이 이뤄진다.

이렇게 만든 가상공간은 실제와 유사해 곳곳을 자유롭게 돌아다니며 친구들과 동아리 활동을 할 수 있다. 색다른 경험과 다양한 콘텐츠를 소개하고 참여를 유도함으로써 독서동아리에 대한 관심도 높아지고 좋은 결과물도 기대할 수 있게 된다.

[그림16] 제페토 플렛폼 교실 월드(독서동아리 운영)

(2) '이프랜드(ifland)'를 활용한 독서캠프 운영

코로나19로 인해 다양한 미디어에 연결한 미디어 리터러시 수업은 비대면 서비스로 방향을 바꾸고 운영하면서 학생들의 참여 확대를 유도하고 있다.

메타버스 플랫폼 중 하나인 SKT에서 출시한 '이프랜드(ifland)'는 스마트폰으로 쉽게 접근할 수 있어 학생들과 도서관에 직접 와서 캠프를 하지 못해도 온라인 독서프로그램을 확대해 진행할 수 있다. 랜드 안에서 공간적 제약을 극복할 수 있고, 다양한 체험과 이용자와의 친밀감도 높일 수 있고 이 안에 도서관을 구축해 독서캠프를 이용자들과 함께 진행할 수도 있다.

교육과정을 통해 독서교육 추진계획 안내 및 독서교육에 대한 궁금증이나 홍보효과를 높일 수 있다. 이프랜드 독서캠프 플랫폼을 활용함으로써 131명까지 많은 인원이 참여할 수 있으며 요즘처럼 코로나19로 인해 거리두기가 강화돼 여러 행사가 취소되는데 이프랜드에서는 거리두기도 할 필요가 없다.

독서캠프 활동하기에 시공간을 초월해 도서관에 쉽게 접근해 다양한 독서 및 독후활동이 가능함으로써 독서에 대한 흥미를 유발하고 창의성을 키울 수 있다. 자료공유가 가능함으로써 도서작품전시, 책 소개, 전시, 공연 등을 게임처럼 할 수 있다는 장점으로 인해 흥미유발 및 상상력을 키울 수 있다.

방학동안 독서캠프를 운영함으로써 수준별 책읽기 지도, 맞춤형 프로그램을 제공해 독서능력을 향상시킬 수 있다. 메타버스를 활용해 가상공간에서 더 다양한 서비스를 통해 독서캠프를 확대할 수 있도록 해야 한다.

[그림17] 이프랜드 플랫폼 도서관 랜드(독서캠프활동)

4. 도서관의 메타버스 활용사례

코로나19 사태의 영향으로 비대면 문화가 사회 전반적으로 확산되면서 부각된 메타버스가 도서관에서도 환영을 받고 있다. 전국도서관대회를 전국도서관대회·전시회로 새롭게 명칭을 변경하고, 도서관대회 최초로 메타버스 공간에서 세미나와 전시회를 개최한다.

1962년부터 시작한 '전국도서관대회·전시회'는 전국의 도서관 사서들을 비롯한 도서관 관련 단체와 문헌정보학과 교수, 학생, 전시 관계자 등이 참석해 각종 현안 등에 대해 의견을 나누고 서로 소통하고 교류하는 도서관계 최대 축제이다.

한국도서관협회가 올해 전국도서관대회를 메타버스 환경에서 진행하고 한국도서관협회는 '메타도서관 새로운 세상과의 연결'이란 주제로 '제58회 전국도서관대회 및 전시회'를 메타버스 공간에서 개최했다. 슬로건은 공모를 거쳐 '도서관인 축제, 여러분도 메타버스 타보세요!'로 정했다. 행사에 활용되는 메타버스 플랫폼은 게더타운과 제페토다. 행사장과 전시장을 조성한 뒤 참가 대상별 아바타를 생성해 가상세계에서 전시, 워크숍, 상담, 온라인 모임, 이벤트 등을 진행한다.

- 전시부스에 직접 방문해 최신 기술과 제품을 확인하세요. 전시관계자들과 상담을 통해 많은 정보를 얻으실 수 있습니다.

〈tip〉 메타버스 전시장을 체험하시어 각 도서관 현장에서의 도서전 및 독서축제 등 각종 전시회 행사 추진 시에 참고하실 수 있습니다.

[그림18] 전국도서관대회 전시회 (출처:전국도서관협회)

- 대회기간 메타버스 체험 존에서는 참가자들을 위한 미로 찾기, 방 탈출 게임이 진행됩니다.

〈tip〉 각 도서관 현장에서도 메타버스 행사 기획 시 이용자들의 많은 참가를 유도하기 위한 게임 및 체험 공간으로 활용하실 수 있습니다.

[그림19] 전국도서관대회 전시회(출처 : 전국도서관협회)

MZ 세대 학생들과의 소통과 도서관 이용 활성화를 위해 제페토 플렛폼을 통해 대학도서관 최초로 메타버스 도서관 '한성 북니버스'를 개관했다. '한성 북니버스'는 '한성대 북(Book)·유니버스(Universe)'의 합성어로 한성대 학술정보관의 모습을 구현해 만들었다. 학생들이 제페포 플랫폼에 접속해 자료실과 열람실을 둘러보고 사서와의 실시간 채팅으로 도서관 투어도 함께할 수 있다. 특히 '상상독서' 전시 코너에서는 대학의 주요 독서프로그램을 확인 할 수 있으며 전자책과 오디오북 열람도 바로 할 수 있다. 학생들이 직접 참여할 수 있도록 보물찾기, 도서관 탈출, 인증 샷, 게임공간도 마련했기 때문에 다양하게 즐길 수 있도록 했다.

[그림20] 한성대가 구현한 메타버스도서관 '한성북니버스'(출처: 한성대학교-교수신문)

-로블록스 국회도서관 메타버스 축제

https://www.youtube.com/watch?v=T9WmfxCtPdE

-국립중앙도서관 실감서재

https://www.nl.go.kr/NL/contents/N41801000000.do

5. 메타버스와 도서관의 미래

요즘 코로나19 이후 도서관은 4차 산업혁명 기술을 적극적으로 도입해 최신 기술을 접목한 비대면 서비스에 신속하고 능동적으로 대응하고 있다. 차세대 기술을 적용한 서비스에 가장 활용도가 높은 어린이와 청소년들을 위한 도서관의 새로운 패러다임으로 전환을 시도하는 시점이다.

독서활동의 선진국 사례를 살펴보면 웹 사이트를 개설해 도서목록, 책 관련 영상물, 포스터, 홍보영상 제작 등을 통해 독서의 정보를 수시로 공유하고 자주 도서관에 방문하도록 유도하고 있다. 학생들의 자율적인 활동을 중심으로 운영할 수 있도록 책 읽기에 큰 비중을 둔다.

우리나라 도서관 서비스도 뒤처지지는 않지만 선진국에 비하면 독서량은 감소하는 실정이다. 앞으로 메타버스를 활용해 도서관의 접근성을 높이도록 노력을 기울여 이용자들의 지속가능한 발전을 도모해야 한다.

도서관이 다양한 메타버스 플랫폼 활용을 시도하고 있다. 이 같은 현상은 지식생산 플랫폼으로 확대되는 메타버스의 가능성이 전통적으로 지식정보 생산의 기반이었던 도서관의 역할과 일맥상통하는 것으로 평가되기 때문이다.

코로나19 시대에 비대면 추세가 가속화되면서 가상세계에 대해 주목하는 지금, 도서관 서비스는 꾸준히 비대면 방식으로 선구적인 입지와 전력을 쌓아오며 가상의 세계를 연결하는데 있어 적극적인 서비스를 해야 한다. 가상 이용자의 요구와 전통적인 도서관 이용자의 요구는 다르므로 지금까지 도서관과는 다른 모습 다른 형태의 새로운 서비스를 제공해 이용자의 참여와 커뮤티케이션을 지원해야한다. 가상도서관을 만듦으로써 도서관에 대한 흥미를 유발하고 친숙함을 느끼게 해야 한다.

Epilogue

지금까지 게더타운 플랫폼을 중심으로 소개하고 가상세계 내부에서 운영되는 도서관 서비스를 활용한 가상도서관에 대해 알아보았다. 게더타운 가상공간의 수없이 많은 테마 중 하나겠지만 이 기술로 비대면 서비스에서 학교에서 큰 부분을 차지하는 도서관을 대체할 수 있다는 사실이 굉장히 효율적이고 이로 인해 얻을 수 있는 이득도 상상할 수 없을 만큼 큰 것 같다.

4차 산업혁명인 정보통신 기술이 짧은 시간에 기하급수적으로 증가하고 있고 그 결과로 현재 코로나19 상황에서도 기술력으로 바로 바로 대처할 수 있는 것 같다. 커스터마이징이 가능한 귀여운 아바타는 가상도서관뿐만 아닌 회사, 학급 교실 등으로 활용도와 취향에 걸

맞게 사용자와 게더타운, 비대면 활동에서 빠질 수 없는 요소가 될 거라고 장담하며 앞으로도 더더욱 많이 쓰일 것이다. 비대면이 가능한 기술력뿐만 아니라 사람들의 취향과 원하는 것들을 모두 두루 갖춘 게더타운, 인기가 없을 수가 없는 서비스 될 것이다.

향후 코로나가 종식된다 해도 이젠 비대면 서비스가 있고 그 중심엔 '게더타운'이라는 서비스가 존재할 것이다. 게더타운의 매우 많은 테마 중 하나인 가상도서관 하나에서도 필자가 말했듯이 새 책 알림, 도서전시, 북 큐레이션, 작가와의 만남, 모둠활동 독서토론 등 매우 많은 서비스를 누릴 수 있다.

향후 기술이 더더욱 발전해 시각과 청각만 충족시키는 지금의 서비스와는 달리 후각과 촉각까지 충족시킬 수 있는 기술이 나오게 된다면 그때의 인류는 더 이상 대면에 의존하지 않아도 될 것이다. 메타버스 기술 활용으로 도서관이 성장할 수 있고 도서관의 밝은 미래를 기대해 본다.